海棠花前·绽放的记忆

邓在军 著

人民出版社

策　　划:周　苓
责任编辑:侯俊智
封面设计:杨　阳

图书在版编目(CIP)数据

海棠花前·绽放的记忆/邓在军 著.
-北京:人民出版社,2013.10(2014.1 重印)
ISBN 978－7－01－012372－1

Ⅰ.①海…　Ⅱ.①邓…　Ⅲ.①邓在军-自传　Ⅳ.①K825.78

中国版本图书馆 CIP 数据核字(2013)第 171061 号

海棠花前·绽放的记忆
HAITANG HUAQIAN ZHANFANG DE JIYI

邓在军　著

人 民 出 版 社 出版发行
(100706　北京市东城区隆福寺街 99 号)

北京汇林印务有限公司印刷　新华书店经销
2013 年 10 月第 1 版　2014 年 1 月北京第 2 次印刷
开本:710 毫米×1000 毫米 1/16　印张:26　彩色插页:24 页
字数:360 千字

ISBN 978－7－01－012372－1　定价:58.00 元

邮购地址 100706　北京市东城区隆福寺街 99 号
人民东方图书销售中心　电话 (010)65250042　65289539

邓在军近影

周恩来、邓颖超与侄儿周尔均、侄媳邓在军（1962 年）

邓颖超与邓在军

周恩来、邓颖超在西花厅与亲属合影（后排左 2 为邓在军、左 3 为周尔均。1960 年）

12 岁的女小兵（1950 年）

剧照：在歌舞剧
《刘海砍樵》中饰演
刘海（1954 年）

初进中南海时的海
军文工团员（1955 年）

在东海
舰队文工团
（1956 年）

人生的又一转折——从部队转业到地方工作（1959 年）

走上中央电视台导演工作台（1959 年）

导演早期的电视文艺节目——与郭兰英谈镜头（1960 年）

担任央视最早的大型文艺晚会《民族团结的赞歌》总导演，获国家奖励。图为为杨丽萍等演员谈镜头（1981 年）

早期导演的电视专题艺术片《在希望的田野上》，其主题歌流传全国（1982 年）

开创中央电视台春节晚会。担任 1979、1980、1983、1987、1988 年多届"春晚"导演。图为与 1980 年"春晚"部分演员合影（前排左起为蒋大为、赵青、邓在军、金敏捷、罗天婵、刘文山，后排左起第三人马季、胡松华、唐杰忠、刘荣发，最右为郑宏宇。1980 年）

在 1987 年"春晚"导演工作台上

1987年"春晚"结束后，陪同广播电视部副部长王枫宴请主创人员和港台演员（左起：费翔、苏叔阳、王枫、叶丽仪、邓在军）

1988年"春晚"，山西省歌舞剧院的《看秧歌》和《黄河儿女情》受到观众好评。图为剧院演员对总导演表示感谢

首次在天安门广场导演国庆四十周年文艺晚会，图为在天安门广场谈镜头（1989年）

陪同李瑞环审查国庆四十周年晚会节目（1989年）

担任我国首次国际性体育盛会——第十一届亚运会开、闭幕式播出总导演。图为向李铁映汇报工作（1990 年）

首次运用直升机航拍电视风光艺术片《黄山》。图为在现场指挥拍摄（1989 年）

担任 21 集电视艺术片《毛泽东诗词》总导演。图为指挥拍摄百名将军大合唱（1992 年）

担任电视专题艺术片《百年恩来》总导演。图为首次策划会议合影（前排左起：石泓、邓在军、程思远、李琦、周尔均。后排左起：刘武生、廖心文、力平、黄秀高、杨卫、周苓。1995 年）

上图：李鹏与邓在军谈拍摄《百年恩来》的构想（1996年）

下图：拍摄《百年恩来》，应柬埔寨国王西哈努克邀请，在金边王宫留影（左起：周苓、周萌、周尔均、西哈努克、邓在军、周强。1996年）

导演拍摄刘欢演唱《百年恩来》主题歌《你是这样的人》(1997 年）

摄影珍品《沉思中的周恩来》的作者、意大利著名摄影家焦尔乔·洛迪，把他在1973年1月拍摄的这张原版照片送给周尔均和邓在军，并题词："百年恩来，世纪伟人"（1997年）

焦尔乔·洛迪与周尔均、邓在军合影（1997年）

担任周恩来诞辰 110 周年大型情景音乐会《你是这样的人》总导演。图为晚会演出前与中央领导同志合影（左起：韩芝萍、刘延东、王兆国、郭兰英、曾庆红、拉姆措、贾庆林、邓在军、谭晶。2008 年）

筹办《你是这样的人》晚会顾问组会议合影（前排左起：于恩光、谷建芬、佟琦、乔羽、邓在军、曾庆淮。后排左起：许红海、曹勇、周尔均、廖心文、任卫新、徐沛东。2007 年）

在中央电视台召开的邓在军电视艺术研讨会上（1992年）

接受演艺界好友的热烈祝贺（左起：张暴默、郁钧剑、李扬、董文华、曹勇、靳大力、邓在军、贾章顺、韩伟、陈受谦、韦唯、闫维文、谢莉斯、倪萍、程志、前坐者为殷秀梅。1992年）

授予邓在军国际勋章 英国剑桥国际传记中心

新华社北京6月21日电 中央电视台高级编导邓在军最近被英国剑桥国际传记中心授予国际勋章，以表彰她对中国电视文艺做出的开创性贡献。

这个中心是国际上权威的名人传记机构，被授予国际勋章是这一中心对世界一些在各自领域做出杰出贡献的人物给予的最高荣誉，获得该勋章的在全球仅500人。邓在军长期在中央电视台从事电视文艺工作，曾执导多届春节联欢晚会，多次获全国性大奖。她先后被英国剑桥国际传记中心列入《世界名人录》、《世界名人辞典》、《远东和澳洲名人录》；被美国人物传记研究所评为"20世纪最有成就的人物"之一。

与此同时，华文出版社近日出版了《邓在军电视艺术》一书，系统总结了邓在军在电视文艺实践中的探索和经验。此外，由邓在军出任总导演的大型电视艺术片《毛泽东诗词》已进入最后制作阶段。这部21集的大型电视片做为中央电视台纪念毛泽东诞辰100周年的"重点工程"，从一个独特的角度，反映了毛泽东同志作为伟大的民族英雄、人民领袖，同时又是一代伟大诗人的崇高品质和广阔胸怀，深刻展示了毛泽东诗词的意境和艺术创造。

人 民 日 报 要 闻

邓在军获英国剑桥国际传记中心勋章

中央电视台著名导演邓在军日前被英国剑桥国际传记中心授予国际勋章，这是一项授予世界500名人的特殊荣誉。

（易 凯）

英国剑桥国际传记中心授予邓在军国际勋章，新华社、人民日报、中央人民广播电台作专题报道。（1993年）

担任中国文联委员和中国电视艺术家协会理事。图为与部分中国文联委员合影（左起：张绍林、邓在军、刘兰芳、李瑛、王夫棠、高占祥）

被北京师范大学、上海交通大学、上海师范大学聘为兼职教授。图为上海交通大学校长谢绳武授予聘书（1998年）

获首届"中国德艺双馨百佳电视工作者"称号。图为李岚清与参会者合影（二排右四为邓在军）（1998年）

多次获国家大奖。其中
多次获中国电视艺术最高奖
项"金鹰奖"与"星光奖"

在东京接受日本创价大学校
长授予荣誉博士学位（后中为日
本创价学会名誉会长池田大作。
1997 年）

先后出版《邓在军电视艺术》、《缪斯的女儿》、《屏前幕后》等专著，总结多年的电视创作经验。图为在《屏前幕后》一书首发式上（2003 年）

与出席《屏前幕后》首发式的朋友们合影（左起廖莎、田华、林丽韫、聂力、周巍峙、邓在军、王昆、叶矛。2003 年）

初恋（1955 年）

与丈夫周尔均将军金婚合影（2008 年）

合家欢（2013 年）

作 者 简 介

  邓在军,我国著名电视艺术家。1938 年 1 月出生,重庆市人,大学文化程度。1950 年参加中国人民解放军,从事军队文艺工作。1959 年调中央电视台任导演,现任中央电视台高级编导、国家一级导演。历任中国文联委员,中国电视艺术委员会委员,中国电视艺术家协会理事,中国少数民族声乐学会理事,中国人口文化促进会理事,北京影视家协会理事,中国音乐家协会会员,中国舞蹈家协会会员,中国电影家协会会员,广播电影电视部艺术系列高职评审委员会委员,北京师范大学、上海交通大学、上海师范大学兼职教授。是中国首批享有国务院政府特殊津贴的专家。

  邓在军是我国电视文艺和春节晚会的重要开拓者。50 多年来,编导制作了各类电视节目一千多台。60 年代和 70 年代初,编导播出了《东方红》、《白毛女》、《长征组歌》、《红色娘子军》、《洪湖赤卫队》、《霓虹灯下的哨兵》、《江姐》、《茶馆》、《宝莲灯》《天鹅湖》、《茶花女》等多台大型文艺节目,受到人民群众的广泛好评。70 年代后期至今,主要担任电视文艺专题、大型晚会的导演。曾执导 1979 年、1980 年、1983 年、1987 年、1988 年等多届春节晚会并任总导演,中央电视台首届综艺节目《周末文艺》导演,我国首次都市性广场艺术《亚运前夜》大型文艺晚会总导演,在国际上具有重大影响的第十一届亚运会开、闭幕式电视播出总导演,国庆 40 周年大型晚会《我爱你,中国》总导演,电视系列艺术片《毛泽东诗词》总导演,电视专题艺术片《百年恩来》总导演,电视风光艺术片《在希望的田野上》、《黄山》、《自古华山》、《林都伊春》总导演,纪念毛泽东同志 110 周年诞辰大型音乐会《中国出了个毛泽东》总导演，纪念周恩来同志110周年诞辰大型情景音乐会《你是这样的人》总导演，解放军总政治部全国双拥晚会《春天与你们同行》总导演，公安部大型春节晚会《光荣啊，共和国之盾》总导演，以及多届中国国际管乐节总导演，多届全国救灾义演晚会总导演等。

邓在军编导节目中的创作歌曲《祝酒歌》、《在希望的田野上》、《同一首歌》、《你是这样的人》、《春天的故事》、《血染的风采》、《我们是黄河泰山》、《思念》、《今天是你的生日，我的中国》、《烛光里的妈妈》、《当兵的人》、《当兵的故事》、《故乡的云》、《冬天里的一把火》等风靡全国，具有深远影响。

邓在军多次获全国电视大奖和文艺大奖，其中十多次获全国电视文艺"星光奖"，包括"最佳节目奖"、"最佳导演奖"，中国电视艺术"金鹰奖"，中宣部"五个一工程奖"，国家音像出版奖，中国音乐家协会和中国舞蹈家协会分别颁发的"多年成就奖"和荣誉奖章，中国广播电视学会颁发的"春节晚会特殊贡献奖"，并获广播电影电视部通令嘉奖，亚广联开拓时期特别奖，亚运会组委会书面表扬，被评选为中央电视台"好编导"。1992年3月，中央电视台召开"邓在军电视艺术研讨会"。1998年5月，被中国电视艺术家协会推选为首届"中国百佳电视艺术工作者"。2005年，被全国妇联和天津市人民政府授予"感动中国的十位母亲"的称号。1993年6月，英国剑桥国际传记中心以其"在电视艺术领域做出的突出贡献"授予她国际勋章。1997年5月，应邀出席在美国洛杉矶召开的世界杰出妇女代表大会。1999年11月，以池田大作为名誉会长的日本创价学会在东京授予她日本创价女子大学荣誉博士学位。

主要著述有：中央电视台研究室出版的《邓在军电视艺术汇编》、华文出版社出版的《邓在军电视艺术》、国防大学出版社出版的《缪斯的女儿——邓在军》、重庆出版社出版的《屏前幕后——我的导演生涯》等。其中，《屏前幕后——我的导演生涯》一书获"第十四届中国图书奖"。

目　录

第二篇　屏前幕后

第三篇　心灵深处

第四篇　家里家外

前　言

海　棠　情　思

　　书桌上的茶杯，融进一缕夕阳，几片刚泡进的海棠花瓣，如仙子般在水中缓缓舒展。这些花瓣是去年采摘的，风干后，和花叶泡在一起，便有了一种我所喜爱的特殊味道。淡淡茶香中，我缓缓踱到窗前，静静凝望远处的海天。窗外海风轻拂，归帆点点，落霞灿烂。有一瞬间，西天的彩霞好像发生变化，它们不再是花团锦簇的云霓，分明成了一团团、一簇簇正在盛开的海棠，你看，那些红的、白的、粉的海棠花儿，开得好艳。

　　我知道这又是美丽的幻觉。不过，熟悉我的人都知道，海棠花的确是我这辈子的最爱。

　　我出生在天府之国的四川农村。在童年的记忆里，既有挥之不去的贫瘠与苦难，也时时闪现美好的田园风光。那层层绿色、绵亘起伏的梯田，坑洼不平、曲折延伸的田埂，鲜艳夺目、遍布山岗的野花杂草，交织在濛濛细雨之中，构成一幅幅色彩斑斓的山村画景，栩栩如在眼前。

　　爱美的我，小时候最喜爱多姿多彩的鲜花。在各色花朵中，海棠花独树一帜，盛开之际，好像染满天际的朝霞晚晖，不但艳丽动人，又呈现一种朦胧的美。海棠树结出的果实——海棠果，酸中带甜，也正合我的口味，儿时常常用来一快朵颐。

　　但是，海棠花给我留下最刻骨铭心的记忆，还因为她是中南海西花厅里一道美丽独特的风景线，是七伯周恩来总理和七妈邓颖超生前最为钟爱的。也正是在西花厅的海棠花前，我有幸第一次见到了两位敬爱的长者。

　　时光回溯到58年前,一个海棠花盛开的春天。那年我18岁,是一个穿着海军服、扎着辫子,蹦蹦跳跳、不知天高地厚的女孩。神采奕奕的七伯和七妈亲切慈祥地同我握手寒暄。七伯用他特有的炯炯有神的目光,端详了我好一会儿,然后点点头笑着说:"好!好!"七妈转过脸来对伯伯说:"她是独女,我也是独女,而且都姓邓,好!"这时,傻乎乎的我多少明白了,他俩是用这种方式表达了对未来可能成为侄儿媳妇的肯定。那一刻,我身旁的海棠花也为我绽放出笑容,变得更加美丽灿烂了!

　　此后,我时有机会陪同七伯、七妈在海棠树下散步,聆听他俩亲切的教诲,亲身体验这两位为革命事业并肩战斗一生的亲密爱人与战友之间最崇高、最深切的爱。西花厅的海棠花,见证了两位伟人为中国人民的幸福呕心沥血的日日夜夜,也记录下我一生中这无限美好的时刻。

　　就在这海棠树下,七伯抱着我不满两岁的女儿,逗着她喜笑颜开,周围欢声一片。

　　就在这海棠树下,七妈用心爱的方框相机,为尔均和我拍下了我俩至今珍藏的照片。

　　就在这海棠树下,七伯、七妈亲切地嘱咐我:你所从事的电视事业责任重大,要好好学习,掌握知识,提高自己,全心全意为人民服务。

　　西花厅是洋溢着爱的世界,海棠花是爱和幸福的象征。

　　时光无情。如今,七伯、七妈都已离我们远去,他俩的骨灰洒入了祖国的山河湖海,千秋万代,与人民永远在一起。恩来伯伯去世后,七妈对我们说:"你们伯伯虽然肉体不在了,但他的骨灰在祖国大地河流里作为肥料,继续为人民服务,物质不灭,生生不已。"七妈自己身后,也实践了与七伯生前的共同誓言。

　　是的,无论是在精神上或物质上,七伯与七妈都与这个世界长存,与世间万物共存。哪里有他们钟爱的海棠花,他俩就在哪里。

　　七伯、七妈逝世后这些年来,我曾不止一次来到西花厅海棠树前,眼前不由得浮现出两位老人家亲切慈祥的笑容,回响起伯伯爽朗的笑声,回响起七妈在伯伯逝世后用诗一般的语言表达的深切怀念之情:

　　春天到了，西花厅的海棠花又盛开了。

　　看花的主人已经走了，离开了我们，他不再回来了。

　　你不是喜爱海棠花吗？解放初期，你偶然看到这海棠花盛开的院落，就爱上了海棠花。也就爱上了这个院落，到这个盛开着海棠花的院落来居住。

　　你住了整整二十六年，我住得比你还长，到现在已经三十八年了！

　　你不在了，可每到海棠花开放的时候，大家一边赏花，一边缅怀你，想念你，仿佛你仍在我们中间。

　　你到哪里去了啊！海棠花开了，你离开了他们，你离开了我们，你不再回来。我认为，你一定随着温暖的风，又踏着严寒冬天的雪，你随着春风的欢送和踏雪的足迹，已经深入到祖国的高山平原，也飘进了黄河长江，经过黄河长江的运移，你进入了无边无际的海洋……

　　写下这篇感人肺腑的感怀后仅有四年，七妈也离开了我们。她在盛开海棠花的西花厅住了整整42年。

　　对西花厅海棠花的眷恋，使我把童年时代对海棠花的喜爱升华到了一个新的高度。我的这种不解情结，被个别好友知道了。2008年，为纪念周总理诞辰110周年，我和同事们在人民大会堂策划、导演了一台大型情景音乐会《你是这样的人》。演出前夕，在现场彩排时，我陡然发现，人民大会堂偌大舞台的上下左右，竟然铺满了海棠鲜花！这可不是原来的设计方案啊？这样多的鲜花，该要花多少钱哪？剧组的经费已经很拮据了。见我着急，一旁的舞台总监、好友李振兴赶忙过来解释说："这些鲜花，是全体舞美人员自己掏钱买来、精心布置在舞台上下的，我们用它来表达对周总理和邓大姐的衷心敬仰和热爱。这也是我们对你邓导的心意，这些天可把你累坏了！"对好友们这番出自肺腑的真情，我除了向他们表示深深的感谢，还能说什么呢？

　　窗外，远天仍然流光溢彩，勾勒出窗前四棵海棠树苗的逆光剪影。这几棵树苗,是重庆友人特地给我送来的。2001年我做了一次肺部手术,按照医嘱,在家人的关怀下,每年冬天我都会到海南三亚休养一段时间。住处有这么个小院子。于是,我亲手栽下了这几棵海棠。眼看着它们一天天茁壮成长、结蕊开花。多么幸福啊,我又能同心爱的海棠花朝夕相处了!

最近,承人民出版社约请,出版一部我的自传。此前有关出版社曾经出过我的几本书:《邓在军电视艺术》、《缪斯的女儿——邓在军》、《屏前幕后——我的导演生涯》。这次,我在原有基础上作了认真校订与修改调整,充实了新的文字与照片,特别是增添了深切怀念敬爱的恩来伯伯和颖超伯母的内容。因此,书的内涵与形式已经不是原来的模样了。那么,这本新的自传体作品,就以《海棠花前·绽放的记忆》作为书名吧!

这里要感谢好友欧阳中石先生,他特地为本书题写了书名。

2013年,正值周恩来总理诞辰115周年。我满怀敬意,把它奉献给敬爱的七伯、七妈,同时奉献给尊敬的各位读者,敬请你们给予指正。

邓在军

2013年春末于海南三亚

第一篇·海棠依旧

十二岁出走

许多人眼里,我的名字像个男孩:邓在军。

小时候对名字不在乎,后来感到有点别扭,又不好改了;再到后来,经历增多,知道名字只是人的符号,重要的是符号后面的内容,也就顺其自然。

有趣的是,名字也给我带来过一些美丽的小麻烦。那是 70 年代末以后,连续几年,我担任中央电视台春节晚会的总导演。我和整个创作集体都很努力,运气也不错,那些晚会群众反应很好。此后,中央电视台的春节晚会影响越来越大,过春节看晚会,也成了中国人的特殊习惯,成为一道独特的中国文化盛宴。作为总导演,自然会被各种媒体盯上,邓在军这个名字,也频频曝光,因此引起一些女孩子的注意和误解,给我寄来不少照片和滚烫的情书。我乐了,我不是男儿身,对于这些热情靓丽的青春女孩,只能抱以无奈的歉意。

青春的美丽,和一个人的不成熟有关。在我看来,青春就是激情,也意味着某种盲目和冲动。这种认识,我是从自己的生命体验中感悟的。因为我也年轻过,当年,也有过类似的盲目和冲动。

1950 年 9 月的一天,我悄悄离家,踏上了通向远处的山路。这一天,离我 13 岁生日,还差三个月零几天。

这是出远门,应该多带几件衣服,但是,又害怕妈妈发现,便耍了花招:只背了书包,装着上学的样子。这是一个胆大妄为的举动,我没想过父母是否会伤心,没想过其他后果,只觉得很好玩,把它看成又一次开心的恶作剧。我一门心思就想快点逃走,甚至没敢回头再看一眼渐渐远去的家。就这样,我第一次远离了父母,远离了家乡,走进了此后新的人生。

当时,我的目的很简单:赶上前面那群会演戏的女兵。

　　我的家乡是个小山村,在四川荣昌(现属重庆)县郊。前不久,村里来了解放军,我家里也住了一些当兵的人。在这之前,国民党造过谣,说共产党解放军很坏,杀人放火,共产共妻,我们很害怕。但是,我很快就发现不是那么回事,解放军的纪律很严明,同志间很亲密,长官也不打骂士兵。我还听说了,他们是第二野战军12军35师103团,师长李德生带领的部队,是来剿匪的。

　　尤其让我高兴的是,这支部队还有一个宣传队跟着,宣传队里有许多小女兵,她们比我大不了几岁,还都会演戏。

　　女兵们演戏,白天晚上都演,舞台就设在我读书的伯桥中学,我是初中一年级的学生。宣传队演的是《兄妹开荒》和《白毛女》。她们演戏,我就逃学看演出,《白毛女》让我流了好多次眼泪。我从小就喜欢跳,喜欢唱,现在发现军队有女兵,戏也演得好,就特别羡慕她们。在这之前,18军进军西藏,也曾路过我们村,学校里一些高年级的同学参军走了,我也想走,可是妈妈不同意:"女孩子哪有去当兵的?"我只好打消了这个念头。可是,看到了这群会演戏的女兵后,我又想当兵了,而且脑袋发热,打算不惊动父母,悄悄去当兵。

　　有人讲,性格决定命运。作为一个12岁的女孩子,我这么干确实太莽撞,可这不能怪我,得怪我祖父。他从小就把我当男孩子来培养,让我很少有女孩子的娇柔,而调皮大胆我行我素的男孩子毛病,却学得很到家。

　　我学习成绩好,考试总是前三名,长得也乖巧,祖父特别喜欢我,放学后,常把我带上街玩。街上有许多卖锅盔(注:烧饼)的,只要路过,总有人要给我锅盔吃,而且不肯收钱。祖父是卖泡粑出身,县里有青红帮,在这些卖泡粑的人里头,祖父似乎是个头头,很受他们尊重,大家都喊他邓大爷。哪一家吵了架,谁家里有什么事,都找我祖父去评理。我不懂什么青红帮,也不懂"邓大爷"的含义,因此惹了大麻烦,这是后话。当时,听到别人夸奖我,祖父很高兴,就对人讲:"哎呀,我的在军要是个孙子就好了,绝对了不起呀!"

　　我是独女,妈妈对我家教很严,但有祖父作后台,我并不怕她。家里有

参军后与家人合影（1952年）

个小橘园，田野里还有各种各样的野菜，果子成熟了，别人用竿子采摘，我却喜欢爬到树上去摘。枝条上有刺，衣服常被剐破，妈妈知道我又爬树了，就让我罚站。第二天，只要嘴馋了，我还是要上树。

有一回我害怕了。星期六，我和几个小孩子"过家家"，跑到地里头去偷人家的蚕豆，被狗咬了，裤子破了，腿也咬破了，流了血。我知道这下惹祸了，不敢回来见妈妈。天黑了，月亮也出来了，我还躲在外面。邻居发现，给我包扎后送我回了家。妈妈这下动了大火，不仅罚站，还不准吃饭。罚站是应该的，但不准吃饭，我觉得妈妈太过分，反抗情绪很强。我就赌气站在那里，一动不动。后来妈妈喊我吃饭，我也不吃。当时我最着急的是另一件事情：上茅房。可是我想，我一动，就算输了。讨厌的是，体内的那股多余的液体不想和我保持一致，急急忙忙要出来。我很想撒腿就跑，可是，我还是不肯服输。最后，我作出了一个当时觉得很了不起的决定：我就站着尿尿。当我的裤子果然变成茅房的时候，祖父出面干预了，批评了我妈妈。妈妈挨骂了，我这才破涕为笑。

　　我还有过许多类似的恶作剧。这当然不是值得自豪的事情，但我却心存感激：成年人的爱心和宽容，使我的心灵从小就有一个很大的活动空间，能够自由生长，敢于大胆想象，这对我后来的艺术生涯极有帮助。

　　当时虽然大胆，我也有心细的一面。离家前我想过，妈妈肯定不会同意，不能给她讲；但是我还小，部队也不会随便收留。于是，我先找了县长。县长叫何君辉，原来是在我们那里开米店的，我们也常到他那里去买米。后来才知道他是地下工作者，而且当了县长。我说要参军，请他给我开证明。他问："爸爸妈妈同意吗？""同意。"我撒谎的水平已经很高，他没看出来。

　　拿到介绍信，我就成了一匹脱缰的野马。回家后，为了造成上学的假象，我把小物品都放进书包，别的就不敢带了。正是九月天气，很热，我怕以后没衣服穿，一下子穿了两件长袖衣。我无法无天，只顾自己高兴，哪想到大人的着急。事后我才知道，我的出走让家里翻了天，妈妈找了我一天一夜，也哭了一天一夜。

　　妈妈哭的时候，我却高高兴兴爬上解放军顺路的军车，离家越来越远了。

　　现在想来，我这么迫不及待地远离家门，原因之一就是好奇。我不想再过家里的那种日子，想寻找一种新的生活。在家里，我是独女。父亲在县里当小职员，解放后当了煤矿工人。母亲是位家庭妇女。当时，祖父已经去世五六年，家里很败落。我有两个伯伯：大伯有两个女儿，二伯有三个女儿。据说大伯不太争气，被祖母骂跑了，以后再没回来。我们这一大家人住在一起，大多是吃闲饭的，日子过得非常窘迫。有个细节印象很深，就是祖母发油。那时没电灯，照明用油灯：一个小碟子，放上油，里面有根灯草。祖母在家里掌握财权，家里穷，不敢随便用油，几个小家，每家一天一勺菜油。点不了多久，油没了，屋里黑漆漆的，我很害怕，也很不喜欢。我上的是新学堂，五岁就上学了，成绩也不错，可是因为穷，有一年交不起学费，在家里停学了大半年。这种日子，肯定算不上是幸福的童年。

　　还有一个原因，就是我不服气。在家族的排行里，我是"在"字辈；至

入伍之初（1950 年 9 月）

于名字里的"军"字，是因为我们家族里一直没男孩，我出生前正好赶上抗日战争爆发，家里人想添个男孩。于是，我就"在军"了。稍稍懂事后，就觉得不服气，为什么女孩子就不行呢？我非得行，一定要胜过男孩，胜过别人。这种念头也给了我很大的激励和勇气，让我义无反顾地去追赶部队。这样，我也就名副其实，真地"在军"了。

追赶部队的时候，碰上了几个高中同学，男女都有，全比我大，但想法一样，都是去参军的。我们拦住一辆敞篷军车，迎着山风，在车上高兴地大喊大叫。

我又见到了那些女兵。宣传队长姓刘，指导员叫苗先魁。见我太小，他们不肯收留，我就又唱又跳，拼命自我推销。我长得不差，从小就喜欢唱歌跳舞，有基础。我的表演和从军热情发挥了作用，他们终于开恩了。

部队当时在永川县，离我们荣昌县不近，没想到妈妈突然找来了。见到我还好好活着，妈妈又惊又喜，让我跟她回去。我当然不干："不回去，就要在这儿！"我的犟脾气妈妈是知道的，加上部队领导对她很热情，看看周围情况，她也基本放心，只好同意了。

就这样，我不满 13 岁，却不知天高地厚，为自己选择了人生的道路，成为一个小女兵，从而改变了自己的一生。

第一次站岗

军队生活、尤其是战争年代的军队生活,是一种催化剂,能使年轻人迅速成长,这点我很有体会。

部队当时正在剿匪,战争环境很残酷。四川不少地区是和平解放的,但解放了却并不太平。这里是国民党老窝,国民党残部和土匪很多。对一些投降的国民党部队,解放军派人进行整编。解放军去的人少,整个体系还是国民党原部。有的老老实实接受了整编,有的有特务策反,一叛乱,我们的人就惨了,派去的军代表被他们成批杀害。有支国民党投降部队,叛变后,把我们一个司务长扔到大锅里煮了。总之,斗争非常残酷,新兵开小差的很多。

我也害怕,但我从没想到要离开部队。我最害怕的倒是另一个东西:鬼。

像所有小孩一样,我怕鬼,又爱听鬼故事。过去,常缠着舅公给我讲。听的时候,要求妈妈坐在前面,身后也要有人保护。油灯下,火苗摇晃不定,想象中的各种妖魔鬼怪,激起我一阵阵胆战心惊的兴奋。鬼故事听得越多,就越怕鬼。当了兵,对鬼的恐惧却一点没减少。领导发现这一点后,作出的决定让我大吃一惊:让我站岗。

这不是在家,没法撒娇。当兵十几天后的一个晚上,我不很情愿地拿上枪,走上哨位,开始了第一次站岗。

那天夜里有风,不大,还有月亮。可是,月亮是从坟山后面升起来的。我们住的那家房东,水井在他屋后,旁边有几个坟堆。在我的知识里,鬼和坟山是连在一起的,因为坟山是埋死人的,是鬼的家。上岗时,天刚黑不久。分队长是个女的,她说,因为我是第一次站岗,她陪我一起站。可是,过了一会儿,她说要四处看看,就离开了,把我一个人留在那里。我的位置在房子侧面,稍一扭头,就能看见那几个坟包。这时,我看见了月亮。是很大一个黄黄的月亮,从坟包方向的小树林后面升起。在恋人眼里,这个月亮会充满诗情画意,城里现在很少能见到这样妩媚的月亮了。可那会儿,月亮很恐怖,我觉得它是从坟包里爬出来的,是鬼的灯笼眼;周围萤火虫飞来飞去,在青幽幽的月光下,简直就是晃动的鬼影,随时要向我扑来。

我很害怕,觉得大人们很可恶。我这么小,还没枪高,为什么让我站岗。起风了,一阵一阵,吹得树叶沙沙响,就像什么东西的脚步声。我高度紧张,不停地左顾右盼,风也变凉,像鬼在朝我吹气。我不怕!我是女兵,我不怕!我给自己暗暗鼓劲。可是,还是觉得全身都起了鸡皮疙瘩,就盼望分队长快点过来。

我越来越紧张,越来越害怕,虽然不断提醒自己是个女兵,但还是没能坚持住。当分队长的脚步声响起的时候,我认定那是鬼的声音,是来抓我的。我大叫一声,丢开枪,哭了。

四周立即出现了两三个人影,喊着我的名字跑过来。我这才知道,他们都躲在附近保护我,让我站岗,是为了锻炼我的胆量。我很委屈,但不恨他们了。

这么一吓,让我明白了一个道理,人有时候是自己吓唬自己。在有人陪着的情况下,后来我还站过一次岗。从此以后,我的胆子越来越大,不过,他们却不再让我站岗了。

那段时间,部队忙着行军剿匪,住在农村,生活条件很艰苦。印象很深的有两件事:睡通铺和"多用脸盆"。

在战斗部队,清一色男人,睡觉不是问题。宣传队不同,有男有女,要用现在的标准衡量,麻烦就大了。几十年后的今天,为了拍影视片或执导晚会,我曾有几次带领一群演员歌星去外地;每到一地,如果住不上星级宾馆,有些演员歌星的脸色就不好看,仿佛受了天大委屈。而当时,我们整天跟着部队转,全都住农村。农村条件本来就差,一下子涌进这么多部队,哪来那么多床铺。部队从来讲求实际,解决的办法既实用又简单:不分性别,睡通铺。

多年后与原中共中央副主席、当年的 12 军 35 师师长李德生共忆往事（1995 年）

所谓通铺，就是一堆稻草上面铺张大席子，相当于眼下一张双人床大小。不过，不能只睡两个人，人要在上面横着睡。不脱衣服，不分男女，能挤几个算几个。这就是所谓睡通铺。

我年纪小，什么也不懂，在我眼里，队长指导员就像父母一样，睡通铺只觉得新鲜有趣，根本无所谓。但是，那些大哥哥大姐姐，正是青春年华，挤在一个通铺上，会不会浮想联翩，难以成眠，我就不清楚了。

部队成天行军打仗，不可能带上许多坛坛罐罐，这样一来，脸盆的作用就放大了，变成了"多用脸盆"：它可以洗脸，洗脚，同时还是菜盆。

洗脸简单，人挤的时候，有人会在水塘里将毛巾沾湿，脸上一抹就算完事。但是，行军很累，到驻地后，如果有条件洗个热水脚，谁都不会轻易放弃。脸盆少，因此都是集体洗脚。洗完脚，再把盆洗干净，第二天就当菜盆用。

这似乎很不卫生，也不文明。可当时就这条件，只能因"时"制宜。不过坦率讲，回想起来，当时很少有因这种"不卫生"而产生的疾病，反正我从没因此拉过肚子。至于"文明"问题，在我看来，只是不同条件下的不同习惯而已。后来我多次住五星级宾馆，包括带有温泉的宾馆，我的感受中，它所带来的舒畅感，似乎并不比当年集体泡脚时的滋味强多少。人在体验愉快的能力方面，到底有什么盲点或是缺欠，我到现在也搞不清楚。

当兵不久，我还有一个大发现：人能够边走路边睡。

当时部队的任务就是剿匪，行动频繁，几乎每天都要行军。宣传队跟在部队后边，锅碗瓢勺，乐器锣鼓什么的全要扛着走。我人小，受照顾，只需要背自己的背包，外加一个小水壶。俗话讲，远路无轻载。我背的东西不多，但两条腿至少要驮上我这个人吧，一天走七八十里，最多走过一百多里，实在累得不行，脚上全磨了泡。到了驻地，就想办法将泡穿个洞，把水放出来，再烫烫脚，倒头就睡。那段时间，脚上密密麻麻全是白泡，大家很乐观，说我们是"脚底板开花"。

行军通常都是白天，可有一回却在晚上。也就是这一回，我体会到了走路睡觉的滋味。我从来都是晚上睡觉，这一次行军，把我的生物钟搞乱

参加剿匪战斗。途中，103团宣传队留下这张合影（前排左起第2人）

了。部队是天黑时出发的，我从没走过夜路，开始还很兴奋。我又要强，提醒自己不要丢脸，一定跟上队伍。可是，眼皮不听话，没走多远就打瞌睡。队列里，似乎前后左右都有人，没人说话，只听脚步响。为了不打瞌睡，我就捏鼻子咬嘴唇掐大腿，可这不管用，就觉得眼皮比什么都重。猛然间，就撞到了前面的人，这才发现刚才睡过去了。一撞就撞醒了，不能吭声，又接着走；忽然又撞了人。可我一直没摔倒过。后来才知道，是队长安排了人，前后左右护着，给我当"栏杆"。没有车，他们也不可能背着我行军，这么安排，是当时能够做到的最实际的帮助。

回想起来很有趣，我一边睡觉，睡得还挺香，两条腿却能够保持节奏往前走。直到现在我都没悟出其中的道理，我猜想，可能人体里还躲着一个我们没发现的乐队指挥。

我还干过一件傻事：填入伍表时，把家庭出身错填成了"地主"。

刚到部队，什么事也不懂，也不会做，就连报纸也不知道按什么顺序看，整天就跟着大家这儿看看，那儿玩玩。部队当时住在一个老百姓的祠堂里，那天，我在炊事班帮着择菜，女分队长把我叫过去了。她拿着张表，让我填写。名字年龄好填，可是一到"成分"我就傻眼了。弄明白什么叫"成分"后，我说不知道家里是什么成分，反正我爷爷是"大爷"。分队长说："'大爷'，就是地主嘛。"我说大概是吧。于是，我不知轻重利害，就很干脆地把家庭出身填成了"地主"。

我稀里糊涂，成了"地主"后代。那些个年代"左"得很，搞"四清"，搞各种运动，虽然也说"重在政治表现"，但实际上，血统论给每个人脑门上都烫上了阶级等级的烙印。后来若干年间，我也为此受了很多委屈。好在我既没从政的兴趣，也没从政的能力，虽然出身不好，但跳舞唱歌不错，而且当初年纪小，也就没有受过大的冲击。到了后来，恋爱了，出身问题就变得微妙了。现在的年轻人恐怕很难理解，当时，恋爱也讲究"成分"。好在这已经是一个遥远的恶梦。在这一点上，我特别感激我的丈夫。不管外部环境有多大压力，他没有因为出身问题嫌弃我，也从不让我因此受委屈。他心地纯洁善良，充满了人性的温馨和爱心，他是我的终身所托。这一辈子,我一直为此由衷庆幸。

当兵不久,朝鲜战争爆发。上级决定我们部队参加抗美援朝。我不满13岁,太小,被留在了国内,成了这支部队唯一的例外。

部队这时剿匪剿到江津。我和宣传队的战友们分手了,从江津上船,来到西南军区后勤卫生部设在重庆的学员大队,学习了几个月。学习结束,同学们有的去学护士,有的去考军医大学,一个个全分走了。

如果说离家出走,是我人生道路的一个转折点的话,这时,我又站在了另一个转折点上。看到一个个同学去学医生护士,我很兴奋,以为自己也会有同样的机会。我特别希望当护士,更希望能当医生。可是很不幸,我莫名其妙,又孤零零一个人被留下来了。其实,还是因为我年龄太小。

医生护士都没我的份儿,我十分失望。这种"医生情结"陪伴了我几十年。后来我有了四个子女,我也希望里头有个当大夫的,但他们都没能学医;我又希望,女婿或媳妇中有一个当大夫的也行,但也没这个缘分。

1951年,调到西南军区卫生部学生大队(第五排左起第二人)

命运之手比我更强大。我被分到了西南军区后勤卫生部文工队,不久文工队合并到军区后勤文工团,从此成了正儿八经的文艺兵,一干就是十年。

"牧童"与贺龙

给贺龙元帅敬酒,让我第一次体会了醉酒的滋味。

那是1953年,西南军区举办文艺汇演。汇演结束,在军区驻地重庆浮图关举行了颁奖大会,然后会餐。这时,我当兵已将近四年,也参加了这次汇演。团里参加汇演的节目中,有个叫《牧童山歌》的歌舞剧。排练前,团领导为扮演"牧童"的人选犯愁。我性格活泼,整天风风火火,舞功也不错,就被选上了。于是,我女扮男装,在这个节目里出演牧童。我是第一次参加这么大场合的演出,有点紧张。出人意料的是,这个节目竟然获了奖,

参加西南军区文艺汇演饰演《牧童山歌》中的牧童,获军区表演奖(1953年)

而且还是比较高的奖,这并不容易。当时是整个西南军区的汇演,参加的单位有川东、川南、川西、川北四个军区,还有贵州和云南军区,再加上十八军等若干个野战军,而西南军区后勤文工团只是其中的一个军级单位的参演队。我还得到了奖品,是几本书,其中有一本《鲁迅选集》;奖状是一片黄纸条儿,油印机印了几个字,盖了章,贴在书上,虽然简陋,但很珍贵。

团里有节目获奖,团长很高兴,会餐时,就让我代表全团,去给坐在首长席的贺龙敬酒。

这些军队的高级领导人,刚从战火硝烟中过来,一个个都很豪爽,也没架子。见我端着酒杯来了,有人就快活地嚷起来:"哦,小同志来敬酒了。"

这一嚷,引起全场人的注意,我成了大家注目的焦点。演员是不怕成为焦点的,我不在乎;至于面前是不是大首长,我就更不在乎了。老实讲,我只怕鬼,人是不怕的。我不慌不忙,笑着走到贺龙司令员面前。

中国人民解放军是两年后才第一次授衔,鼎鼎大名的贺龙元帅,当时还是西南军区司令员。贺龙司令员先开了口:"小家伙,你给我们敬酒?"

我说:"对,我代表全团给首长敬酒。"

贺司令员认真盯了我一眼:"你会喝酒?"

我很干脆:"会。"

我没吹牛,的确会喝酒。不过,我这个"会"和贺龙司令员理解的"会"有很大差异。我父亲爱喝酒,又爱逗我,吃饭时常用筷子在酒杯里沾一下,让我品一品。因此,我很小就知道了酒的滋味,也以为这就叫"会"喝酒。没想到这下要出洋相了。

听到我充满底气的回答,贺龙司令员乐了:"好,喝酒!"

贺龙一口干了杯中酒。

我不甘示弱,也一口干了。在我计划中,喝了这杯就算完成了任务,没想到,其他首长不干。他们以为我有能力叫板,一定是喝酒奇才,每人都要求我敬酒。我这才明白,刚才讲了大话。但是,我不想让别人看笑话,便麻起胆子,一人敬了一杯。

这下更惹了麻烦。我的傻大胆,大概又让他们发生误解。桌上有八九位首长，我敬了一圈，脸已经红得像关公，但并没有变成林黛玉，他们真以为我是酒中豪杰了。

贺龙司令员站起来，对桌上其他首长下了命令："不能光让小家伙给我们敬酒，她这次得了奖，你们，每个人也得给她敬一杯！"

这些人都是战场的虎将，男人中的翘楚，哪肯放过这种较劲的乐子。他们全都欣然从命。

我傻眼了。我会喝酒，而且从没醉过，这都是事实；但前提是，每次只喝筷子头上沾的那么一点点酒啊！

所有人都望着我。我扭头向团长方向求救，可是，已经半醉，眼光矇眬。这个桌上，首长们像一群叫寨挑战的武士，似乎不应战就誓不罢休。我性格中不服输的二杆子劲儿又上来了："喝就喝！"

我又喝了一圈。三钱左右的杯子，前后喝了十来杯。我硬是撑着没倒，自己走着离开首长席的。不过心里清楚，世界全都变样了。首先我自己变了，变成了一片羽毛，轻飘飘的，仿佛想飞就能飞起来。脚底下也变了，土地变得松软，像棉花堆，人像走在云里雾里。醉是醉了，思维却很清楚，只是说话不方便，大舌头。我找不到本团的饭桌了，门口最亮，我就朝最亮的地方走去。我感觉到来了两个人，一边一个，把我架回了宿舍。会餐是在中午，我醒来时，睁眼看到了满天星星。

这是我一生中唯一的一次醉酒，没撒酒疯，是文醉。

那个时候风气很好，人很单纯，欲望简单。比如评级，我虽然年纪小，但从资历讲，算是参军好几年的"老团员"。可是，我的级别还是评成了最低一级。没有其他理由，凭的就是团政委一句话："她那么个小不点儿，评那么高级别干什么。"

我没意见，真的没意见。而且就算有意见，我也不好意思提出来。因为我的确是"小不点儿"，进文工团的时候，我还领"儿童费"呢。

一个军人，还需要领"儿童费"，古今中外大概罕见，算是中国军队的特色吧。

中国军队的成长历程特殊，生活条件艰难，新中国建立前，不管职务多

领"儿童费"的小文工团员（一排右一孙慧君、右三高师德、二排中邓在军、三排右二解宗祥。
1953 年）

高的军队将领,都很难有安定的家庭生活。这也影响到他们的后代。他们
的子女没有良好的生活环境,无法享受正规的学习教育的权利。作为出路
之一,许多孩子很小就子承父业当了兵。于是,中国军队里,出现了一批十
五岁以下的领"儿童费"的军人。在我们文工团,就有"大眼儿"解宗祥和
孙慧君、高师德等好几个,我们结下了深厚的情谊。50 多年后,这些"儿
童"早就成了老头老太,偶尔难得地聚会一次,都会兴奋地缅怀过去的
时光。

当时实行供给制,但由于有了"儿童费",我便立即成了"万元户"。我
又是女人,还有资格享受每月一万元的"妇女卫生费"。我似乎很富有,不
过,这些钱买了牙刷牙膏和肥皂后,剩下就不多了。到了 1955 年,供给制
改成薪金制,随后国家进行币制改革,我的"万元户"就当不成了。按照
当时的换算,一万元等于薪金制后的一元钱。

因为年纪小,我还有过一个奇怪的愿望:希望自己长疥疮。

在歌舞剧《刘海砍樵》中饰刘海（右，1955 年）

原因很简单：为了能洗澡。那是当兵一年左右的时候，部队生活条件简陋，住老百姓民房，要不就是祠堂破庙，卫生状况很差，许多人身上都长了疥疮。我很奇怪，为什么自己不长疥疮？我希望长，长了就可以享受不同的洗澡待遇。当时有规定，没有疥疮的，要半月一个月才能洗一次澡，而长疥疮的，一个礼拜就可以洗一回。开会的时候，大家都在挠痒，手抠抠这儿，抠抠那儿，这种动作，使我联想到洗热水澡的滋味，我好羡慕。可是，我哪儿也没抠的，就觉得特别遗憾，也难为情，好像自己是个不走运的怪物。

我们还是睡通铺，男女已经分开了，我和大姐姐们挤在一起睡。为了能长上疥疮，睡觉时，我有时故意在她们身上蹭，以为这样就能幸运地把疥疮蹭过来。

那个时候，洗澡是天下最好的享受。要求并不高，也许就是间破屋子，能简单遮挡就行，烧上热水，倒进木盆，就着白漾漾的热气擦干净身子，然后，拎起木盆，哗地一下，从头上浇下来。哇，就像小孩子吃东西，把最好的一口留在最后，水从头上浇下来的那一刻，我会有简短的停留，让自己做好心理准备。一切就绪，木盆开始倾斜，温暖的甘露从天而降。这一美妙时刻，人间的幸福，全都有了。

想洗澡的愿望，后来在进西藏地区慰问时更加强烈。

二 郎 山 上

当时,为了保障西藏地区的军民供应,部队正在修建川藏公路。1954年春天,上级派我们去前方慰问筑路部队和汽车部队。西藏是世界屋脊,海拔高,氧气少,很多人不适应,一进藏就喊头疼。

西藏也是许多人心目中的圣地,来到这里,给人以强烈的宗教感。我觉得,这种特殊感觉,除了信仰和心理原因,很重要的一点,大概是地理位置的关系。从生理上讲,人对生存环境的变化很敏感。从普通环境来到缺氧地带,生理上不适,就影响到心理,产生对大自然的敬畏。我猜想,同样的道理是,如果来到几千米深的海底世界,人们可能也会产生类似感觉;更不用说,一旦独自一人到了火星,与上帝对话的愿望一定会更加强烈。

我当时不会想到这些,虽然瘦小,却很皮实,一点高原反应也没有。在文工团,我除了演戏跳舞,还唱独唱,算个主角。我们翻过二郎山,下了折多山的时候,好多人都吐了,不能吃东西,有的不得不躺下。这么一来,我就更成了台柱子,在西藏的蓝天白云下,我连蹦带跳,如鱼得水,根本没事儿。

当然也有苦恼的事,首先就是没法洗澡。

不是没水。西藏的河流很多,水清澈极了。不能洗澡是因为太冷。这里温差大,早晚穿皮大衣也不保暖。白天要演出,只能利用中午时间洗洗换下的衣服。紫外线又强,为了保护皮肤不被晒爆,人们都用酥油擦脸。我们倒是从内地带了一些擦脸油。那时的擦脸油有两种:一种是老祖宗传下来的蚌壳油,质量不错,但没有香味;另一种是唯一的国产品牌,名叫"维尔肤",用圆圆的小铁盒装着,既滋润又有香味,最受大家欢迎。50年代没有当今听烦了的广告用语,人们给它编了个流行的形容词:"'维尔肤'上台以来,人人面目一新。"不过,尽管有了擦脸油,但是不洗澡光换衣服，身上就都攒下难闻的气味，同擦脸油的香味混在一起，更让人难以忍受。好在大家都是不分彼此，也就无所谓了。进西藏这三个多月，我虽然换了不少次衣服，始终没能洗一次澡。至于防紫外线的太阳镜，那时绝对是奢侈品，谁也没有一副，从山上下来那一刻，几乎人人都睁不开眼睛。

后来回到内地营区，人们从我们脸上看到了西藏的阳光，说我们个个是"黑美人"。一面夸着，一面又连连后退。想必是身上难闻的气味，让这些小伙子也不得不退避三舍。

进入西藏地区，所到之处，除了筑路部队，就是兵站，清一色的男人世

排练舞蹈《士兵舞》（左起第四人。1954 年）

20

界。这样一来,女同志上厕所成了一件麻烦事。何况路上行军,除了山连着山,就是平缓高原,很难避开旁人的目光。

动物世界倒是没这种讲究。而万物之灵的人好在有创造力。下车后几个女同志拉起大衣做一道墙,男左女右,分别完成身体的吐纳功能。我们住在车上,男女分开,晚上似乎应该方便些。但是,晚上又有晚上的麻烦。车下是草原,广阔天地,不怕旁人的目光了,怕的是狼和其他野兽。一旦内急,只好喊醒一两个同伴相互壮胆。

吃,有时候也是个问题。

长途行军,我们带的干粮是饼干和豆饼。那次去二郎山,遇到塌方,车被堵在半路。干粮很快就吃完了,可是,前不着村,后不着店,部队也离得老远,只得下车在野地里找吃的。总算运气不错,发现了一块萝卜地,大概是筑路部队以前种的。我正纳闷:这种高寒地带也能长好萝卜? 没想到拔出一看,萝卜长得又白又长,一口咬下去,水也又多又甜,味美极了。

这些萝卜解决了大问题,也给我们带来了意想不到的困扰。萝卜进到胃里,就会产生多余的气体,就要打嗝。坐在大篷车上,一个跟着一个打嗝,风往后刮,臭气熏天。所以每当登车,大家都争抢前面的位子。

我们遇到的这些困难,其实只能算是一些生活琐事。与施工部队、汽车部队的艰苦卓绝相比,不过是"小菜一碟"。记得当年有一首军旅歌曲《歌唱二郎山》,流传很广,它是著名作曲家时乐濛谱写的。在那次慰问部队时,我也唱过。其中有这样几句歌词:

二呀二郎山,高呀高万丈。

古树荒草遍山野,巨石满山岗。

羊肠小道难行走,康藏交通被它挡,那个被它挡。

二呀二郎山,哪怕你高万丈。

解放军,铁打的汉,下决心坚如钢,

要把那公路修到那西藏。

不怕你风来吹,不怕你雪花飘。

起早睡晚忍饥饿,个个情绪高。

开山挑土架桥梁,筑路英雄立功劳,那个立功劳。

二呀二郎山,满山那红旗飘。

公路通了车,运大军修边疆,

开发那富源呀,人民享安康。

为了修通川藏公路,必须首先征服二郎山、雀儿山、折多山。它们都是自古以来荒无人烟的崇山峻岭。解放初期,部队不具备现代化施工的条件。战士们不得不冒着严寒酷暑,在几千米高的悬崖峭壁上,凭着铁锹钢镐,甚至用自己的双手开山劈岭。他们流下了不尽的汗水和鲜血,许多人还为此献出了宝贵的生命。其艰难危险的程度,完全不亚于他们在不久前经历的与敌人的白刃格斗。

由于路况差、塌方多,山路险峻,车辆坠崖事故也时有发生。在我们途经的山坡上,常常能见到一座座烈士的坟墓。其中埋葬的,既有筑路部队、也有汽车部队遇难的战友。在一处急转弯的悬崖旁,树立着一块醒目的碑石。战士们告诉我:这是纪念一位西北军区汽车大队的大队长,他的高超驾驶技术闻名全军区。一次,他途经二郎山突遇塌

赴西藏慰问演出,为驻藏部队演出《新疆好》(1954 年)

方,紧急时刻竭尽全力把车辆刹停在悬崖旁,车头越过山边一尺多。车保住了,他自己却不幸失手,坠入万丈深渊,英勇牺牲了!类似的英雄故事,沿途能听到许多许多。

几年前,我与时乐濛老师和他夫人谈起这段往事,大家都不胜唏歔伤感。乐濛老哥深情地说:"那时候的苦与难,今天很难想象。没有他们(筑路部队的战士),就没有西藏的解放。当年二郎山上的战士,他们是真正的英雄!"乐濛老师现已离我们远去。他是一位充满智慧与情感,一生正直清廉的有良心的音乐家,我非常尊敬他、怀念他。

这些都是60年前的往事了。今天,当我们乘坐宽敞、舒适的高速列车前往西藏天域,一路观赏美好风光的时候,请不要忘记那些当年为人民解放事业付出了巨大牺牲的烈士们!

回想起那段在部队当文艺兵的日子,虽然生活艰苦,却是一段无忧无虑的快乐时光。我不太善于记小事,但生活中曾经经历的朵朵花絮,有时也会泛起在记忆的涟漪里。

比如演出中掉裙子的事情。我们排演了个彝族舞蹈,女演员不够,队领导灵机一动,盯住了男演员。队里当时有姓陶的兄弟俩,一个叫陶松生,一个叫陶槐生。陶槐生长得白白的,很乖,我们都叫他"白陶"。他被选中,男扮女装,成了彝族姑娘。那天给部队演出,假姑娘陶槐生也上场了。他跳得还行,化妆时又抹了粉,涂了红嘴唇,标致得很,台下没人看出他是假的。可是百密一疏,后场准备时有些匆忙,他腰带没系紧,跳着跳着,裙子突然掉了下来,一下子露"馅"了。台下哄堂大笑,"白陶"也闹了个大红脸。

那时,西南军区的主要首长就四个人:司令员贺龙、政委邓小平、副政委张际春、副司令员兼参谋长李达。班子很小很精干,却统领几十万大军打遍半个中国,不像现在的机构庞大臃肿。前不久听说,广东省有个县政府下属的一个局,居然有19个副局长!那时的军区首长也没有一点架子,经常和我们开玩笑,军区机关的干部,上上下下也都熟悉。有一回我们给军区机关演出,报幕员是女独唱演员鹏图。有个山东快书节目,叫"李逵

在西南军区后勤部礼堂排练豫剧《小姑贤》（左。1953 年）

夺鱼"，讲的是水浒的故事。副司令员李达的"达"字，繁体字和"逵"字很相像。也许字写得太草，也许鹏图真的不认识这个字，面对台下许多双眼睛，她一本正经地报幕："下面请听山东快书——'李达夺鱼'。"台下观众愣了一会儿才反应过来，全场哄堂大笑，一个个乐坏了，笑死了，李达副司令员和其他几位军区首长更是笑得直不起腰。

偷烟，也是留在我记忆中一件有趣的事儿。50 年代初，交谊舞盛行，都爱跳，为了学会跳舞，有的老干部抱着椅子练习。也有不爱跳的。政治部主任是老红军，对跳舞就特别反感，一些部长只能偷偷跳，一听主任来了，赶紧开溜。我们是初生牛犊，什么都不懂，也没有乌纱帽可丢，照样跳，还经常给首长伴舞。首长大都爱抽烟，还都是好烟，乐队的坏小子们眼馋，就找我们来了："哎，今天给我们偷点烟回来啊！"于是，我们就成了空空妙手，经常舞会还没结束，首长的烟就不翼而飞了。

说心里话，我非常感激这十年的部队生活，感激军队对我的培养。且不说军队生活对我思想性格的锻炼，就是这段时间的文艺实践，对我后来在中央电视台当导演也有极大帮助。刚到文工团时，让我练舞；后来发现我声音好，又让我领唱，有时候还担任独唱，演歌舞剧，如《牧童山歌》、《刘

海砍樵》等；排演话
剧，也给我安排了
不少角色，如《人往
高处走》、《三个战
友》、《明朗的天》
等等。这种看似
"万金油"似的艺
术实践，使我对这
些艺术门类有了综
合性的认识与理
解，尤其后来又上
了戏剧学院，从理

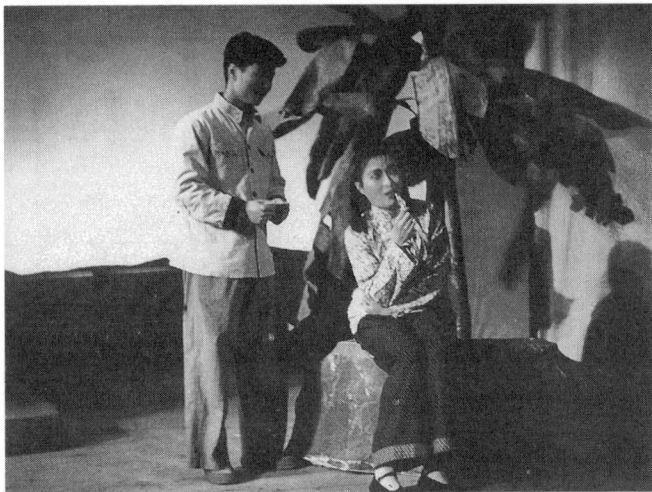

演出话剧《三个战友》，饰军人未婚妻（右。1954 年）

论上提高了水平，当起导演来，也就能运用自如了。后来在编导一些综艺
节目时，我很快就能把握住关键要害，以致有些资深导演也很吃惊："邓
导，你怎么记得那么准确？怎么记的？"其实没有什么秘密，不过是熟能生
巧、巧能生花罢了。

恋 爱 风 波

50 年代的开头几年,对我们这些年轻军人来讲,恋爱是件奢侈的事情,因此,一些同龄人要想恋爱,就得秘密活动,像是地下党员。我入伍近 30 年后才真正入党,但在当时,倒是提前体会过这种"地下党"的滋味。

我的初恋很甜蜜,但是,却来得很被动,很突然。文工团当时住在重庆大坪,今天熙熙攘攘、车流拥堵的繁华市区,当年仅有不多的几栋平房。我们住的营房,是国民党军队的一个仓库改建的。那天中午,打字员季国珍到宿舍找我,带着兴奋又神秘的样子对我说:"小邓,你来,我跟你说件事。"

季国珍原来也在文工团,和我关系不错,后来调到政治部当打字员。我跟她进了打字室,关门后,她笑着问我:"知道周尔均吗?"

我莫名其妙:"知道啊。"

"你觉得这个人怎么样?"

"人挺好的,挺老实的。怎么啦?"

"周尔均让我问你,如果他提出要和你建立关系,和你相爱,你会同意吗?"我的脸一下烧红了。我已经十七八岁,是个大姑娘了,一般来讲,应该早就情窦初开,但老实讲,在这之前,我还从没具体想过这种事情。我也清楚,在文工团里,我长相出众,又是台柱子,喜欢我的人不少。不过,这我早就习惯了,没有太当回事,虽然偶尔也会飘过一些美丽的念头,但在内心里,却从没有真正产生过那种神奇的波动。当然,还有一个重要原因,就是环境不允许。当时,部队里对这种事规定很严,团里年轻人中,还没有一个敢谈恋爱的。

现在坏了,有人指名道姓挑明了这事,捅破了窗户纸,我的心就怦怦狂跳起来。文工团和军区后勤政治部同在一个院里,周尔均我时常见到,但基本上没有说过话。在我感觉中,我和他是两类人。我没心没肺,无拘无束,一天到晚嘻嘻哈哈,是个什么都不懂的小女孩;他不同,白白净净,很斯文,很沉稳,也很有学问的样子。没想到他会喜欢上我,还这么胆大,敢向我提出来。我办事更多是凭直觉作决定,在我的直觉中,觉得他似乎适合我。后来有一次我撒娇地问尔均:"文工团那么多女同志,又数我最小,你怎么单单挑选了我呢?"他回答说:"其实很早我对你就有好感了。那次开会'拉歌'(开大会时,政

尔均送给我的第一张照片(1955年)

治部和文工团常在一起,按部队习惯,会前常常互相'拉歌':'政治部来一个!''文工团来一个!''呱唧、呱唧、呱唧!'),文工团是你领唱《敖包相会》,当你唱到'如果没有天上的雨水呦,海棠花儿不会自己开。只要哥哥你耐心地等待,你心上的人儿就会跑过来'那几句时,我的内心深深地被打动了。当时我就想:她就是我要选择的终身对象!"看来,人的婚姻恋爱上天自有安排,想不到我从小喜爱的海棠花,在我俩的婚姻中竟然也起到了奇妙的媒介作用!

恋爱是件很个人的事情,是男女到一定年纪就会自然发生的。但在那个年代,军队刚从战争中过来,对军人的婚恋要求很严,没有放开,明确规定了"二八、五、团"和"三五、五、营"的婚恋标准。即满28岁任职5年以

上的团职干部,或满35岁任职5年以上的营职干部,才有资格谈恋爱和结婚。周尔均资历比我老一点,但我清楚,我们两个人都不够上级规定的恋爱资格"标准"。我本来就不是一个喜欢受约束的人,现在,面临"个人问题",我觉得更不是"问题",霎那间,我12岁出走的那种勇气露面了。我没再犹豫,回答得很干脆:

"我同意。"

这天晚上,我失眠了。过去是没想过这事,我可以安安静静,一门心思跳舞唱歌,累了倒头就睡。现在,心窗被人突然打开,让我伸出脑袋,看到了窗外的青春风景。这是人生只有一次的情感状态,在这种状态中,我的想象力极为奔放,探索未知世界的热情如高山瀑布,一泻千里。我美滋滋地难以入眠。

后来,一个突然蹦出来的问题让我的想像力刹了车。我觉得不对头,我还没弄清楚:周尔均是什么出身哪?

第二天,我傻头傻脑,找周尔均的上级——政治部宣传处长去打听。

当初,我从没想过会和周恩来总理攀上亲戚,也不会想到,周尔均会是周总理的侄儿。实际上,正式确立恋爱关系后好长一段时间,我仍不知道他们的这层关系。

处长叫李海泉,听到我的问题,他嘿嘿一笑:"啊,小邓,你问这干嘛?"

我说:"我就是想了解他家里什么出身。"

"哎呀,小邓,你放心吧,他们家没问题,我们组织上给你保证。"

"是吗? 真的没问题呀?"

"没问题呀! 你放心好了——你是不是爱他呀?"

我脸立刻就红了。我无法回答,转身就跑回了宿舍,趴在床上悄悄笑起来。

我才十七八岁,第一次有人向自己表达爱情,第一次经历这种事,心里很高兴,总想大声笑,想让全世界的人都来分享我的快乐;但另一方面,我又很紧张,心里发毛,坐立不安,生怕别人知道这个秘密。我很清楚,文工团要是知道了,首先团长政委就不干。当时还有一个特定情况是,西南军区上级已经决定撤销，文工团也要分走，分到哪个单位还没定。我是团里的台柱子，一旦在这里找了对象，说不定就不会跟着文工团走了，团领导不会满意的。

可是，人一恋爱就会变成勇士。当时的心情，有点像决堤的洪水，只想往前冲，老想见到他。恋爱是情商表达得最充沛的时候，不过，也是智商降低的时候，我变得有点傻乎乎了。政治部和文工团住在操场两边，中间只隔五六十米的一个球场，为了见到他，有意无意间，我的眼睛总是朝操场对面瞅；出门晾件衣服，脚步也会不由自主往对面多走几步，希望他这时正好也能出来，两人能对上眼。

站在政治部办公楼和文工团之间的操场上（1955年）

这段时间，我的"间谍"才能得到了锻炼。当时电话不方便，约会需要提前口头约定，于是，饭堂和操场就成了经常性的接头地点。我们在一个饭堂吃饭，排队买饭，人闹哄哄的，不容易引起注意，我们就会寻找机会，快速地对上一句话，电报一样简洁：几点、某地。有时在操场，对上眼神后，再瞅瞅周围，一见没人注意，便擦身而过，又是一句"电报"。一旦"密电码"接收完毕，心里就偷偷乐，直到无人处才敢笑出声。

　　不过,真的约会时,我们又变得拘谨起来。当时男女授受不亲的观念还很重,见面后,两人虽然满腔激情,表达得却很含蓄,牵个手都很紧张。不像现在的青年,一谈恋爱,就又抱又接吻。当然,古今中外,没谁规定过恋爱的操作模式,也定不出最正确的恋爱程序。不同的表达方式,都有其合理性。如果硬要有个标准,我想可以套用一句现代的词儿:就看你有没有"过电"的感觉。现在社会文化观念变化很快,前些年报上报道说,校园里有的年轻人已经"懒得恋爱"了。我猜想,他们大概有过了恋爱经历,而且一开始就"电流"过猛,神经被灼伤了,才会变得麻木起来。我很幸运,在那个年代,我们这一代人的恋爱方式显得节制些,因此能够"细水长流",神经也很敏感,每次牵手,我都会被他"电"上一回。

　　纸包不住火。我们的"间谍"才能毕竟有限,加上人们在这种事情上全都是火眼金睛,不到两个月,我们的恋情就被人发现了,为此引起了一场风波。

热恋中偷偷进城拍下的合影(1955 年)

　　尔均是个很守纪律的人,当时勇气十足,"提前"恋爱,其实有两个原因。一是上级关于"二八、五团"和"三五、五营"的婚恋规定有了松动,准备取消,大家也听到了风声;更重要的是,我快调走了,他不得不"铤而走险","抓落实"。但尽管相应规定有所松动,毕竟还不是事实,军队需要严格管理,文工团年轻人又多,因此不敢放松,抓得很紧。枪打出头鸟,我正好变成了这只捣乱的"鸟"。

　　团政委找我谈话了。在他看来,团里是把我作为重点骨干培养的,现在我却要找对象,想"当家属",这太对不起文工团了。他说大家对这件事情反映强烈,要求我慎重考虑,不要继续造成不良影响。

　　实际上,就在这段时间,部队关于婚姻问题的新规定即将出台,透明度越来越高,团里也就没有用违反规定这一条批评我。如果去掉这一条,实际上,团里就没有任何正当理由不让我恋爱。但是,政委关于"想当家属"的这一指责,却使我感受到很大压力。

　　我一向要强,希望进步,而"想当家属"这一条,翻译成现在的话,则等于说"不想进步"。这在当时,是非常没出息和丢脸的事情。

　　当时的人们有一个很微妙也很荒唐的观点就是:军队的年轻女同志找对象时,排在优先位置的,不应该是和自己年龄相仿的男同志。这也和那时军队的婚恋政策有关,因为结婚条件限制很严,够资格结婚的,通常都是团营以上干部;而这些老干部大多从战争中过来,年龄偏大,解决婚姻问题更显迫切。所以,女同志找对象,似乎也应该优先考虑这些资历老的军人;否则,就有点"追求资产阶级情调"的味道,让人看着不顺眼,影响不好。

　　也有另一种情况,就是一些高级干部进城后闹家庭"改组",把目光瞄准年轻貌美的女同志。军区邓小平政委对这件事抓得很紧,撤了两个军级干部的职务,其中就有我们后勤政治部的上一届老主任。这是题外的话。

　　谈到群众反映,政委还谈到了一个意见,意思是像我这样的业务骨干,即使要找对象,也应该在本团年轻人里找。后来我了解,当时团里确实有一些小伙子对我很有好感,但由于种种原因,没敢向我开口,现在,政治部的周尔均抢先下手,他们便一个个同仇敌忾,表现出很大义愤。

　　文工团的这些意见，也作为一级组织的正式意见，向政治部领导作了汇报。政治部主任是位老红军，湖北人，他在叮嘱宣传处长做好周尔均工作时，一针见血而又不失幽默地指出："文工团怕是'肥水不流外人田'呦。"总之，一时间闹得沸沸扬扬，周尔均也很有压力。

　　对恋爱的压抑，大概和阶级压迫差不多：哪里有压迫，哪里就会有反抗。政委的谈话，虽然使我感到压力很大，但也让我极为反感和气愤。我不仅没有退缩，反而坚定决心，非爱周尔均不可。

　　当然，也没敢太放肆，公开场合我们不见面了，秘密约会也暂时减少了次数。不过，这种压力下，一旦再次约会，双方都会格外珍惜，见面时，"电压"也会增强。

　　我不是医学或心理专家，说不清楚爱情的生理心理机制，不知道是不是像某些现代医学报告里讲的，爱情是种"病毒"，是某种只能保持一年半左右的特殊情感状态。我想，最有说服力的是事实。事实是，当初组织的干预，并没有让我们的爱情之花凋谢，此后数十年，我们一直相濡以沫，和谐幸福。尤其是作为爱情结晶，我们还有了四个非常聪明可爱的孩子。我们的生命之花，将在他们身上得到优美的延续。我没有理由再提出更大奢望，内心里唯有对命运之神的衷心感激。

初见恩来伯伯

1955 年 5 月的一天,我第一次见到了周恩来总理。

当时,西南军区撤销不久,我也从重庆经云南昆明调到了北京海军政治部文工团。离开昆明前,我接到尔均从重庆的来信,信中有句话让我有些莫名其妙:"你到北京后,应该去看看伯伯,看看总理。"对于信中的"总理",我没反应过来,还以为是尔均写掉了字。到北京我才问清楚,他所说的伯伯和总理,就是国务院周恩来总理。

明白这一点后,我心里涌起一股幸福的暖流。这种幸福感,并非简单地来自女人的虚荣心。在这之前,我并不知道尔均和周总理的关系,但初恋的幸福已经弄得我如痴如醉,只要能经常和尔均见面,我就别无所求了;没想到,他还是周恩来总理的侄儿。周总理是国家领导人,在人民群众中威望极高,在我心目中,更是高不可攀。突然之间,我可能要成为他的侄媳,这份额外的惊喜,让我感到了命运之神对我的特殊恩宠。

果然,调到北京不久,我那天正在练功房练舞,突然接到总理卫士长成元功的电话,他说总理要见我,让我等着,他会来接我。

我的心就怦怦跳起来了。我赶快换了海魂衫,重新结好两条长辫子,梳洗打扮了一番。我猜想,总理派人来接我,这下可以坐一回小车了,我还从来没有坐过小卧车呢!接我的人来了,真的是"小车",而且比一般的小卧车还小:是辆三轮车。

总理处派三轮车来接人,我非常惊讶,真的是总理派来的吗?会不会是个骗局?想来想去,又觉得这种骗局没有理由。走着瞧吧,我不再多想,坐上了三轮车。

中南海大门有当兵的站岗,通过门岗后,我的心放下来了。这里是过去的皇宫所在,又正是春夏之交的五月,琉璃飞檐,红花绿树,显得很有气

1955年我调到海军政治部文工团，第一次来到北京。当时的天安门还没有悬挂毛主席像

派。这天阳光很好，花香扑鼻，可是，越往前走，我的心情越紧张，就像个临考前的小学生。我不知道前面等着我的是什么样的场面，也不知道见到周总理后该讲些什么。

西花厅终于到了。门前栽种有好些株秀美挺拔的海棠树，盛开的海棠花在阳光下显得分外绚丽，象征着这是一个无比美好的日子。

我从小就喜爱海棠，后来才知道，海棠花是中国特有的植物，四川又是海棠花最多的省份，自古以来就雅俗共赏，被誉为"花中神仙"。那天，突然看到这么多海棠花，又开得正艳，我的心情一下子就轻快了许多，甚至隐隐有种"回家"的感觉。

让我意外的是，总理和七妈会在门口迎候我（按照周家的大排行，侄儿女辈通常称呼总理为"七伯"，邓颖超为"七妈"）。当时还没有电视，但从新闻纪录片上，我已经多次见过总理形象，因此一眼就认出来了。总理微笑着打量了我一下，连说："好好好！"七妈很高兴，说："我们一直在等你。"他们一下就让我感到了亲人般的温暖，我心里更加放松。

进屋后，他们让我坐进沙发。七妈一直对我笑咪咪的，问我多大啦，工作怎么样啊，高兴地问个不停。当听说我是独女时，七妈更乐了，说："那

与恩来伯伯、尔均合影(右为陈宝晨母女。1960年)

你跟我一样,我们家我也是独女。"又扭头对总理说:"她是独女,我也是独女,而且都姓邓,好!"总理也特别高兴。我的心情也就越来越舒畅了。

可是,当问到另一个问题的时候,屋里的气氛出现了微妙的变化。是总理问的,他问到了我的家庭出身。以往想到出身,我心里也不好受,但因为是业务骨干,在文工团的环境里,也还没有因此受过罪。这会儿,我忽然意识到事情有点不妙了。可是,我不能撒谎,只能老老实实回答,难过地吐出那两个很沉重的字:"地主"。

听到我的回答,总理似乎愣了一下,七妈的表情也有些变化。

注意到这种变化,我开始感到事情的严重性。陡然意识到,我的"出身"已经变得非常可怕,它可能是我和尔均之间的巨大障碍,甚至是一个不可逾越的鸿沟。一时间我泄气地低下了脑袋。

周总理也出身在一个封建大家庭里。但他身为国家总理,在当时那个格外讲究出身成分的年代,我想,他内心里还是希望周家的后代能找个成分好的对象。我这个"地主"后代的出现,显然出乎他的意料。

多年后,邓颖超伯母回忆 1955 年初次见面时,对我的亲切鼓励:"你是独女,我也是独女,而且都姓邓,好!"(1986 年)

总理很体贴人,看到我在发愣,他立即笑着"哦"了两声,很亲切地说:"没事,没关系,你不要有什么想法。人是没法选择家庭出身的。我也出身在一个封建的大家庭,但每个人的道路可以选择。我们都需要学习,需要改造。"

我抬起了头。我注意到,刚才总理说的是"'我们'都需要学习",非常平等的口吻,这给我留下了深刻印象。我心中涌起了一股暖流,也产生了一丝新的希望。

七妈也插话进来，进一步缓和了尴尬的局面："孩子，你今天就在我这儿吃饭。为了你，我们特意加了一个菜。"

那会儿，我心里装满了佐料：苦辣酸甜全都有。不过，这顿饭吃得很香。记得的菜，有伯伯爱吃的"狮子头"、梅干菜，还有一盆汤和一盘青菜。开饭时，七妈说："今天请你吃二米饭。"我当时不懂什么是二米饭，一看有黄的，有白的，端上来一看，其实就是小米和大米。七妈说："你们年轻，千万别忘了小米加步枪的战争时代。"二米饭不好吃，那盘梅干菜却非常合我口味。

临走，七妈笑咪咪地对我说："孩子，常来玩儿，有什么需要的，就告诉我。"

一听这话，我心里踏实了。心想，"面试"过关了，以后还有机会再吃总理家的梅干菜。

当时，尔均还在重庆工作，我们只能"千里共婵娟"。星期天没事，我常往西花厅看望伯伯伯母。有个星期天，见面时总理又问起我最近

在中南海西花厅（与周秉德。1955 年）

的学习情况。我说正在学声乐，学西洋唱法。总理哦了一声，问跟谁学。我说先是跟林俊卿学，眼下在中央乐团，老师是邓映易。

总理提了个问题，把我问住了："你知道什么叫西洋唱法？什么是民族唱法吗？"

我心里一下子慌了。当时我的音乐知识非常少，只知道西洋唱法和民

族唱法肯定不一样,但区别究竟在哪里,我还说不清楚。

　　总理大概没想到我会表现得尴尬,他微微一笑,用心地给我解释说:"西洋唱法主要是源于欧洲,西洋唱法也是他们的民族唱法。他们的发声和运气方法很科学,值得学习。我们说的民族唱法,是源于中国的土壤,也有它的科学性,比如说王昆、郭兰英,就是用我们的民族唱法。我们的歌唱演员,还有我们的国粹京剧演员,发声的位置与西方不一样,这有我们自己的传统,也很好,也有它的科学性。我们要洋为中用,把其他民族好的东西吸收过来,充实自己。但不能生搬硬套,学走了样,把自己好的东西也丢掉。"之后,总理和七妈还不止一次地让卫士给我送来一些艺术方面的书籍和政治理论书籍,我也开始注意加强自身的学习。

与王昆

　　多年后,王昆、郭兰英大姐告诉我,在她们的艺术成长过程中,也曾多次聆听过总理的类似教诲,侧重点是要他们保持自己的特色,保持民族的优秀传统。王昆大姐给我讲了一件事:50年代,她想去苏联进修音乐,总理知道了,支持她去,但是嘱咐她:"你学习可以,但你一定还是你王昆,不要我们在收音机里一听,哟,这是谁啊? 听不出是王昆,那可就不行了。"学习回来后她给总理汇报演出过一次,那次总理似乎不太高兴,因为往常演出后总理都要过来跟她握手,还会说一句:"谢谢你,唱得很好。"那天总理什么也没有说,她就觉得很难过。后来,她还是硬着头皮到总理跟前去了。

总理对她说:"这些可不是你过去唱的曲目嘛!你还是要唱你的民歌,你从前那种唱法还会不会?"她说:"会的,我马上就可以唱出来。"过了几天,总理和邓颖超大姐应她邀请看东方歌舞团的演出,听了她唱的民歌。晚会后他俩到了后台,总理说:"唉呀王昆,你今天唱得非常好!"邓大姐也说:"今天听了你唱的歌,我们好像又回到延安了。"

回想起来,我这辈子能走进西花厅,还能够得到总理和七妈的认可与亲切教诲,真的是好幸运!

看似无情实有情

我和尔均确立恋爱关系不久,两人就天各一方:我调到北京海军政治部文工团,尔均留在重庆工作。他所在的西南军区后勤部,保留了原来的编制和人员,改名为总后勤部重庆办事处,继续负责西藏地区的供应任务。

说来也巧,就在我与总理和七妈见面后没多久,竟然有了一次与尔均短暂相聚的机会。这倒不是组织上对我们的特殊照顾,原来,总后当时要求下属单位在三天内紧急上报一份材料,由于重庆与北京不通火车,领导上便委派尔均坐飞机执行这趟任务。这可是一个千载难逢的好机会。要知道,在此后的几年里,由于交通和工作条件的限制,我和尔均再没能见上面。还不如每年能通过鹊桥聚一次的牛郎织女呢。

热恋中的我俩,见面后自然有说不完的话。尔均首先告诉我,总理办公室来电话,七伯、七妈让我们尽快去见他俩。尔均说,还是你运气好,又到了北京,又见到了总理。他自己已经有九年没有见过七伯、七妈,这次能同他俩见面还是全国解放后的第一次呢。接着,他给我细细讲述了他的家庭境况和以往的经历。

他说,小时候并不知道七伯是做什么的,家人都瞒着他。抗战爆发后,他的父亲周恩霍随七伯去重庆工作,在八路军重庆办事处当秘书。直到这个时候,奶奶和母亲才告诉他:"你有个伯父叫周恩来,大排行第七,你们称七伯,是中国共产党的一位领导人。七伯从小聪明好学,爷爷很喜欢他,资助他留洋读书。七伯同你爸爸感情很深,早年在北平、上海时,他回来都来家里住过,还教你爸爸写字、做操。那年共产党出叛徒(指顾顺章),你七伯、七妈还在我们家躲避了好几天,然后去的苏区。"

尔均说,自从父亲离家后,他家的生活变得艰难,上海呆不下去了,母亲就带着全家到江苏高邮外祖父家寄居。抗战胜利后,尔均初中毕业,没

恩来伯伯亲续的周氏家谱中"恩"字辈弟兄姓名（1939年）

钱继续升学了。这时，他听说父亲转移到苏鲁皖边区工作，就想去找，可是无法取得联系。他又听说七伯、七妈到了南京、上海，正在和国民党谈判。尔均当时才 14 岁，年纪虽小，胆子却大，1946 年春，他冒着风险一路找到了上海思南路中共办事处。那时思南路叫马思南路，办事处在 107 号，是座小洋楼，门口挂有"周公馆"的门牌，还附有英文注释："周恩来将军公

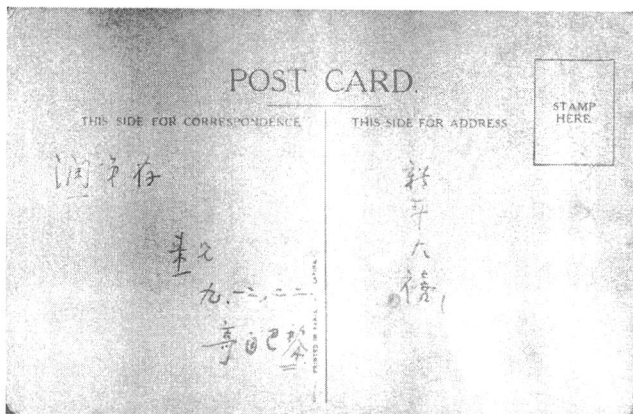

恩来伯伯赴欧洲勤工俭学期间寄给周恩霔的贺年卡（1922年）

馆"。这个称呼是沿用七伯在国民政府军事委员会的职衔，便于在国民党统治区展开工作。那天，七伯、七妈正巧在上海，听秘书陈家康禀报后，马上下楼来见尔均，亲切地问长问短。七妈见尔均衣衫褴褛，脸上还长了疮，很是心疼说："好孩子，你受苦了！"七妈马上找来药膏，亲自给尔均涂上。效果不错，不几天就痊愈了。

尔均说的这个细节，七妈一直记得，20世纪80年代，她老人家同我俩谈话时还提起过。七妈说："那年你伯伯和我在上海见到尔均，见他又瘦又小，脸上还长了疮，我俩很心疼。给他上的药膏名叫'如意膏'，是进口的，现在看不到了，这样的药还可以再进口一些。"

当时，七伯、七妈问起了尔均今后的打算。尔均毫不犹豫地提出要求：他想跟他俩去延安干革命。七伯、七妈肯定了他的志向，却表示这件事情要考虑一下再定。这段时间，尔均寄住在山阴路东照里一位亲戚家。七伯、七妈工作很忙，还是抽空到这位亲戚家看望尔均。这天，七伯、七妈有公务活动，是坐汽车来的，穿着整洁得体的西服，七妈胸前还佩戴了一朵红花。那时的七伯、七妈风华正茂，漂亮极了。七妈解释说："你别看我们这样打扮，这是工作需要，在延安，我们和大家一样，穿的都是土布衣服，补丁摞补丁呢！"尔均说，我懂得，我也愿意那样。七妈高兴地笑了。

过了几天，七伯、七妈找尔均谈话，严肃又亲切地告诉尔均：现在形势很紧张，国民党没有谈判诚意，和谈估计要破裂。也想过送尔均去延安，但他们随时可能被迫离开，带上尔均很困难。因此，他们希望尔均还是暂时留下来读书，以后再设法取得联系，会有机会参加革命的。七伯对尔均讲：

当年尔均眼中的周恩来和邓颖超(1946年)

"要相信,黑暗很快会过去,光明终会到来的。"七妈也再三叮嘱:这里周边有很多特务监视,要十分小心。她还给尔均讲了一些怎样摆脱特务盯梢的办法。临走,七伯、七妈给尔均留了几件衣服和一些学费、生活费。尔均当然很想去延安,但还是听从了七伯、七妈的安排。就这样,尔均在1949年6月高中毕业后,在上海参加了人民解放军。

尔均说：参军后他常想，当初要是坚持着跟七伯、七妈去延安就好了，早三年参加革命和晚三年参加革命还是不一样的。但他后来终于想明白了，七伯、七妈当初没有带他走，既有总的形势和安全方面的考虑，更重要的是出于他们对亲属的严与爱：当时局势严酷，全面内战随时可能爆发，对尔均这样一个没有经过严峻考验的孩子，光靠亲属关系参加革命，无论对组织对个人都是不适当的。革命道路毕竟要每个人自己走。

尽管如此，尔均知道，他的成长进步，从没有离开过七伯、七妈的关注。他参军后，成为第二野战军军政大学的学员，参加了解放西南的战役，在征程中被调到二野后勤部工作。就在这期间，他和七伯、七妈重新取得了联系。七伯、七妈得知他参军的消息非常高兴，对他争取入党的想法尤其重视。七妈回信勉励他：入党是一个人政治生活中的一件大事，要努力改造思想，自觉接受党组织的考验，做一个真正合格的共产党员。七妈说，她和七伯随时等着尔均的好消息。尔均的父亲在解放战争期间肺病加重，苏鲁皖边区党委报经七伯、七妈同意后，将他转移到上海治疗。尔均在部队填表时，对父亲这一段时间的情况不很了解，七妈亲自写信给他所在单位的党组织作了证明。七伯、七妈的关怀和教诲，使尔均在党指引的道路上一步一个脚印地成长进步。1953年12月31日，尔均光荣地加入了中国共产党，实现了多年的愿望。入党宣誓后，他抑制不住内心的激动和兴奋，当天就用航空信把这个喜讯报告了七伯、七妈。七妈随即回信祝贺和勉励。我看到了尔均珍藏的这封来信：

尔均同志侄：

航快信已收到，知道你已加入共产党，至为兴奋！今后，你必须加强党性的锻炼，克服非无产阶级的思想，不断地为着共产党员的八条标准而奋斗，不要辜负了光荣的共产党员的称号，争取如期转为正式的党员。你必须注意密切地联系群众，关心群众，向群众学习，从而你才能更好地为人民服务。你自知应不骄不馁，但必须从思想上行动上加以不断的实践为要。

兹就你的同宇伯父（七伯之弟）因公赴渝之便，特函介绍他来看你,我们的情况可由他告诉你。你的情况望能告他转我们。我的病已较前大好了,每日已可工作二三小时,你可勿念。

匆此,即祝进步、健康!

邓颖超

一九五四、一、廿四

七妈在这封信中,用"至为兴奋",形容她和七伯得知尔均入党时的心情,关爱之情跃然纸上。七妈提出的共产党员"三个必须",即:必须加强党性锻炼;必须密切联系群众;必须不骄不馁,见之于思想和行动;具有很强的现实针对性,寄托着老一辈革命家对下一代的殷切期望,我和尔均都

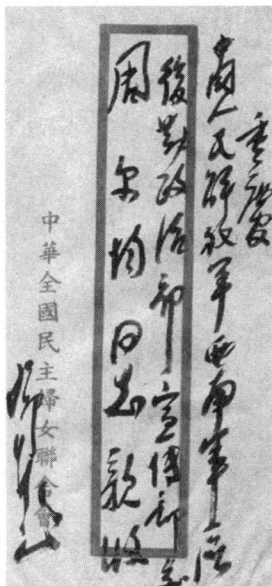

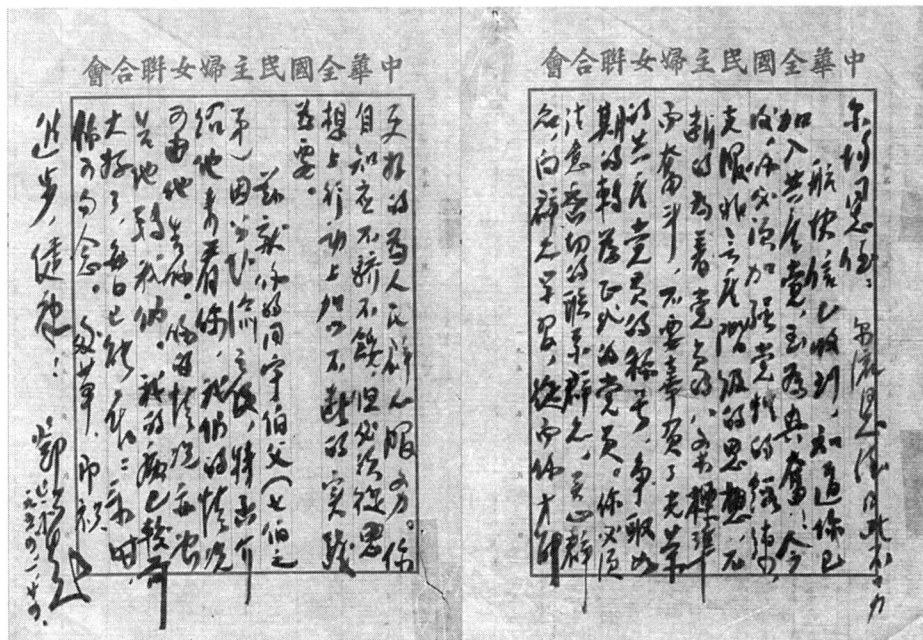

邓颖超在周尔均入党时写给他的信。信中提出共产党员的"三个必须"(1954 年 1 月 24 日)

深受教育。

不过，当时我加入共青团才一年多时间，政治上还很不敏感，尔均所讲的这一切，我更多的是觉得新鲜，有趣。七伯、七妈在对待亲属问题上的高度原则性和良苦用心，我是后来通过多次亲身体验，才有了更深感悟。

20世纪60年代，我们常和孙维世、金山在西花厅相聚。维世姐是孙炳文烈士的女儿，也是七伯、七妈的义女。我们都是搞艺术的同行，他俩又是文艺界前辈，所以我们很谈得来。那时正是困难时期，西花厅的伙食又很简单，有段时间七伯还规定不得做肉菜。细心体贴的七妈，有几次自己掏钱让我们几个外出吃饭，说她要休息，其实是让我们改善一下生活。有一次，我们四人在西单绒线胡同内的四川饭店吃饭，席间谈起个人的生活经历。他们听了尔均的一些回忆后，维世大姐深有感触地说："爸爸、妈妈对我们烈士子女和对自己的侄儿侄女，在感情的天平上是一样的。但他们对烈士子女的照料，比对你们的照料更周到得多。在战争年代那种危险的环境中，他们把能够找到的烈士子女，大都送到延安或苏联学习，有的烈士子女还是他们派人从敌占区找来后送去的，我就是其中的一个。抗战胜利后，你到上海找到了伯伯、伯母，在内战即将爆发的情况下，他俩却把你留在了敌占区。从这一点就可以看出，他们对革命后代的爱，实在是一种光明磊落的爱。"维世大姐的这番话，使我对七伯、七妈的博大胸怀有了更深的了解。

2008年3月，江苏淮安举办纪念周总理诞辰110周年座谈会，我和尔均都参加了。会上，我俩的好友、聂荣臻元帅的女儿聂力在发言中，深情地回忆了一件事。她说：由于残酷的斗争环境，她出生后便被寄养在上海一户农家，从此和爸爸妈妈失去联系，思念甚切却无从相见。1949年夏天，总理在上海和国民党谈判期间，千方百计打听到她的下落，专门派人把她从上海郊区接出来，送到晋察冀的聂帅身边，圆了她们一家人多年的梦。聂力大姐流着热泪说："周伯伯、邓妈妈是我们一家的恩人！"当她说到这里，我忽然联想起尔均给我讲过的事情：1949年夏天，不正是尔均在上海见到七伯、七妈，请求跟他俩去延安参加革命的同一时间吗？在对待自己

六十多年前有过不同际遇的周尔均和聂力,同为全国人大代表,在与会期间合影(右为邓榕。1993 年)

和对待战友与烈士的亲属方面,七伯和七妈采取的不同做法,鲜明地印证了维世大姐多年前所做的深入分析。事实上,无论是对此对彼,他俩都寄予了同样的深爱——在政治上最为深沉也是最富有远见的爱。

"肃反"与全运会门票

1955 年初夏,我陪同尔均又一次来到海棠花仍在盛开的西花厅。多年未见七伯、七妈的尔均心情分外激动,伯伯、伯母也很高兴,花了半天时间和我们畅谈。他俩仔细询问了尔均这些年的情况,包括在哪儿上学,怎么参军,打仗是否勇敢等等,并不时插话给予鼓励。谈话中,七妈问起尔均入党转正的事情。尔均入党已经一年多,曾写信给七伯和七妈报告过喜讯。那个年代,入党要有一年候补期,在这期间接受党组织和群众的监督考查,非常严格。预备党员,有的因为表现不好延长了候补期,有的甚至被取消党员资格。因此,七妈曾经勉励尔均,要他争取"如期转为正式党员"。这天,当七伯、七妈知道尔均已经如期转正,都欣慰地笑了。七妈说:"要再一次向你祝贺!"

尔均告诉伯伯,他这次出差,来京的主要任务是向总后机关汇报本单位的"肃反"情况。说到这里,伯伯的神情一下子变得凝重起来,他让尔均谈谈具体情况。尔均在汇报时列举了一些具体数字:他们单位查出了多少反革命分子、多少人有严重政治历史问题、多少人有一般政治历史问题,等等。伯伯听得很仔细,中间又转过头来问我:"你们海军文工团也搞肃反吗?也查出有反革命吗?"我说:"是,不过我们那里查出的问题好像不多。"伯伯皱起浓眉,思考了一会儿,然后说:"西南地区解放得晚,国民党残留的特务、土匪、恶霸多,开展肃反运动很有必要,查出问题也是正常的。但是,你们毕竟是部队,尔均的部队也只是一个军级单位,不应该有那么多反革命,也不可能有那么多人有严重政治历史问题。如果搞扩大化了,会伤害很多人,关系到他们的政治生命。"他接着问尔均单位的主要领导人是谁,尔均说:"主任胥光义(后曾任总后勤部参谋长、副部长)还未到职。政委卢南樵,是原西南军区后勤政治部主任。他俩都是老红军。"七伯摇摇头说："我不很熟悉。这样吧，尔均，你把我上面说的话转达给卢南樵同志，就说这是我周恩来的意见！"

伯伯的吩咐让我和尔均都感到很意外。我已经听说过，伯伯从来不让亲属传他的话，也不准替人转信或传话，这是周家的一个重大原则，伯伯这次为什么会破例呢？尔均没敢多问，回到重庆，马上给党委书记、政委卢南樵（后曾任总后勤部政治部主任、第二炮兵副政委）作了汇报。南樵同志立即召开党委会，传达学习周总理的指示。这次党委会作出了一致决议，认真贯彻落实了总理指示，从而及时纠正了偏差，避免了肃反扩大化。

事后我和尔均议论过这件事情。当时，按照中央分工，总理已经不再分管军队的事情，对这样一个具体问题，如果按组织系统转达，再层层研究、逐级落实，要费不少周折；而且，有些人和事一旦作过处理，再纠正就困难了。所以，伯伯从保护人的政治生命的最高原则出发，果断地打破了不让亲属传话的惯例，采取了最简单直接也最有效的方法。可以说，这是他心中始终装着人民，尽其所能、最大限度地保护干部和群众的又一生动例证。

那天，七伯、七妈和我俩一起用餐，我也又一次吃到了西花厅的梅干菜。尔均吃饭时不小心咬破嘴唇，七伯、七妈马上让人把医生找来，及时作了处理。七伯关心地嘱咐："你们年纪轻，生活中要加强自理能力，小事也要注意。"我们告别时，伯伯又把一个精致的小盒子递给尔均。伯伯说："多年前在上海见面时，你还是个孩子，现在已经长胡子了。这把刮胡刀送给你，以后要记得刮脸。"据成元功同志告诉我们，这个刮胡刀，是不久前英国代表团访华时送给伯伯的。伯伯在日内瓦会议上展现的过人外交风采，赢得了英国外交大臣艾登的高度赞扬，英国人对伯伯十

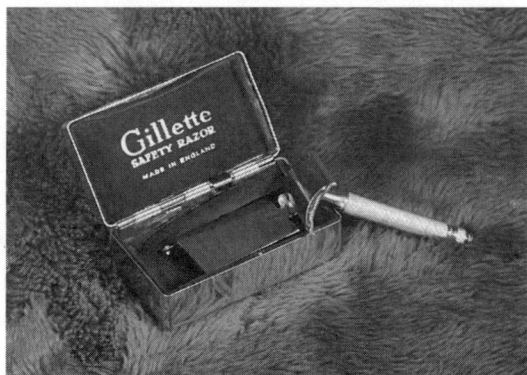

恩来伯伯送给周尔均的刮胡刀（1955 年）

分敬佩。伯伯把这个刮胡刀转赠给尔均并亲切叮咛，既体现了他对晚辈的关怀和细心周到，也从一个侧面表明他对礼仪和仪表的高度重视。伯伯历来是这方面的表率，他身边的工作人员告诉我，伯伯有时一天会见几批外宾，常常见一批就要刮一次胡子。尔均受伯伯的教育影响，从此也很注意仪表整洁，不过，这个刮胡刀可能会有些埋怨，因为还没正式上任就"下岗"了——尔均舍不得用，一直珍藏到现在。

北京当时正要召开第一届全国工人运动会，伯伯让人拿来两张开幕式的票送给我俩。伯伯说："我也没什么好招待你们的，送这两张票子，你们明天一起去看吧。"伯伯在亲手给我们票的时候，又特别交待了两件事："一，这票子不要送给别人；二，要坚持看到底。"

我们答应了，却没有认真想一想伯伯为什么要强调这两点。

这是解放后第一次举行全国性运动会，开幕式在北京先农坛体育场举行，座位很好，紧挨着主席台。可是，我们两人对有些体育项目的兴趣不是很浓厚，又是久别重逢，相处的时间宝贵，有些坐不住。看了一会儿，尔均说："后天就要回重庆了，不知道什么时候才能再见面，咱俩去照张相吧！机关同志托我带的东西还没去买。"这话正中我下怀，我立马就站了起来："走！"

我们都忘了总理的谆谆叮嘱。

第二天，我们又到了西花厅。伯伯笑着问："你们见到毛主席了吧？"

我莫名其妙："毛主席？没见到啊。"

伯伯说："怎么，你们没去看开幕式？"

我突然想起了总理的叮嘱，有些惭愧："我们没看完就走了。"

伯伯苦笑着叹了口气说："你们这些孩子啊！"

七妈在一旁解释说："你们伯伯对党和国家的机密，总是守口如瓶，从来不和我说，我也不问。他知道毛主席要去看运动会，因为有事，中间才能去，但伯伯又不能事先告诉你们，只好预先给你们打招呼，叮嘱你们坚持到底，是想给你们一次亲眼见毛主席的机会。"

那时候，人们能有机会去一趟北京就很不容易，要想见到毛主席，更是千载难逢的幸运。这件事,我们自然后悔不迭。

伯伯还问我们,退场后票是怎么处理的,我们说门口等票的人很多,送给他们了。伯伯批评我们缺乏安全观念,因为我们的位置紧靠主席台,不应把票随便送给不认识的人。这件事让我深深体会到总理对后辈的爱护,也体会到了他高度的组织纪律观念、保密观念和对毛主席的尊敬。

回想起来,上面谈到的两件事似乎没有什么关联。但时过境迁,在有了更多人生阅历的今天,我感觉到了它们之间有着某种内在的联系。当年,伯伯对毛主席的尊敬,是由衷的、发自内心的,是在中国革命由危难走向胜利斗争的进程中逐渐形成的。另一方面,伯伯对建国以后毛主席发动的一系列政治运动,内心里有着极大的保留。包括从"肃反"到随后的"反右"、"反右倾"和"文化大革命"。可是,伯伯具有高度的组织纪律性,在毛主席、党中央已经作出决策、他已经无法扭转全局的情况下,只能在力所能及范围内,顺势而为,力争

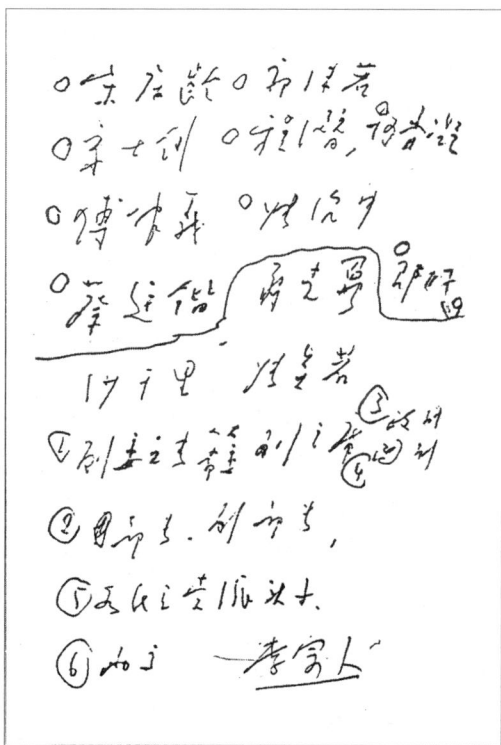

"文化大革命"中恩来伯伯亲拟的保护党内外领导干部的名单(1966 年)

把危害和损失减少到最低限度,特别是把保护干部和群众放在最重要的位置。从一滴水可以知大海。伯伯对尔均单位肃反运动作出的特殊反应和处置,虽属个例,却鲜明地反映出,在面对类似重大问题时,他复杂的内心活动和坚守的行为准则。后来,在灾难深重的"文化大革命"中,处境极端困难的伯伯,同样恪守了这些准则。

关爱与"八互"

好事多磨。那次我同尔均在北京分手,本以为只是短暂的离别,不料想,这一别就近三年。

这期间,我的工作岗位发生变化,离开海军文工团,调到当时驻在上海的东海舰队文工团。尔均依然在重庆工作。上海和重庆之间只有长江通航,但坐轮船来回一趟要花上好多天。我们既没有请假的正常理由,经济上也承担不起,要见上一面,比现在出国还难。想打个电话听听对方的声音,同样难上加难。先要请假外出,然后跑到邮局交费,再排队等候,常常要等上个把小时才能接通。还有,电话费也贵得吓人,说不上几句话,一个月的工资就没了。可想而知,这对于热恋中的我俩,日子是多么难熬。

苏东坡的诗句"千里共婵娟",词意都很美,可是,与情侣相隔千里、几年不能一见的"婵娟",心中的滋味可就不那么美了。

这段时间,对军队干部婚姻的限制已经取消,尔均的同龄人大多已经"成家",这使他感到孤单。他多次写信给我,希望早日成婚。我也非常想念他,很愿意结婚,但是,结婚就意味着我得去重庆,这就有些问题了。当时我是文工团的骨干演员,在许多节目中担任主要角色,团里肯定不想让我离开。再有一点,重庆部队的文艺单位都已撤销,调动和安排我的工作也是一大难题。就这样,我俩商量来商量去,结婚的事很难取得一致意见,信中也说不清楚,到后来互相间有些埋怨,一赌气,有一段时间干脆中断了通信。

两人的关系闹成这样,我很内疚,感到辜负了伯伯和伯母的关怀。记得第一次到西花厅时,伯伯就曾谆谆告诫过我:"你和尔均不要因为伯伯是国家总理,就自认为有什么特殊,更不要把这个因素掺杂到你俩的恋爱关系中去。爱情和婚姻是你们两个人的事,也是一辈子的事,要经得起时间的考验。"现在看来,我和尔均都没有能经得起时间的考验。

　　说来也巧,我和尔均闹别扭不久,恩来伯伯因公来上海,在舞会上见到了我。他询问了我和尔均之间近来的情况。我情绪不高,但如实向他汇报,倾诉了自己的苦恼。伯伯用心良苦地开导我说:"我早就说过,婚姻恋爱要经受住时间的考验嘛!你俩才多长时间就闹矛盾,这不好嘛!两人不在一起,更要互相信任、互相体贴。要更多的关心、理解和体谅对方。"分别时,恩来伯伯又叮嘱:有什么问题和困难,要和尔均多沟通,要互相尊重对方的想法。伯伯的关心和教诲,打开了我和尔均的心结,我们的"线路"很快又畅通了。1957年,恩来伯伯率代表团出访亚非十一国,回国后在重庆休整,特地把尔均叫去见面详谈。尔均高兴地汇报说:听了伯伯的教导和劝告,我俩之间通过写信交换意见,误会已经消除,决定尽快结婚。尔均还表示,他支持我婚后继续从事自己热爱的文艺工作。伯伯听了很高兴,

新婚照(1958年)

他说:"这就好嘛！我看你们俩是合适的一对。婚后能在一起生活固然好,暂时分开也无妨,还是要服从工作需要。大革命时期我和你七妈不但长期不在一起,不通音信,常常连谁在什么地方、是不是还活着都不知道呢!"

在七伯、七妈的关爱教诲下,我和尔均冰释前嫌,相爱如初。1958年春节,经双方组织批准,尔均请假从重庆赶到上海,我俩举行了简单的婚礼。作为新婚礼物,尔均送我一件毛衣。这是我一生中的第二件毛衣,绿色的,很漂亮。后来我发现,尔均的这份礼物既合我意,又很实惠,因为在后来的岁月里,我的三个女儿先后长大,都穿过这件毛衣。它可算得上我们家的一件传家宝了。

恩来伯伯和七妈对于其他侄儿女们的婚恋,也同样是既关心爱护,又严格要求。比如尔辉弟弟,他家生活比较困难,七伯、七妈把他从江苏淮安接到北京读书。尔辉为人忠厚,学习勤奋,毕业后留在北京钢铁学院工作。他的恋爱对象孙桂云是淮安市一位小学老师,长得清秀,人又聪明爽朗,七伯、七妈很喜欢他俩。1962年,恩来伯伯和七妈亲自主持了他俩在京的婚礼,我们都参加了。这是周家在京亲属比较齐全的一次聚会,大家都喜气洋洋。在这之后不久,北京钢铁学院要成立一所附属小学,为了照顾他俩夫妻团聚,组织上征得淮安市同意,准备将桂云调到钢院附小当老师。来京报到时,恩来伯伯知道了。当时国家正面临暂时困难,中央决定精简城镇人口。伯伯便劝说桂云服从大局,回淮安工作;他还为这件事批评了冶金工业部部长:现在压缩城市人口,怎么还把人往城里调!尔辉、桂云都很听话,桂云回了淮安,继续当老师。可是,桂云身体不太好,两年后,尔辉为了照顾她,自己也申请调到淮安工作,经组织批准,在淮安中学当了一名数学老师。尔辉和桂云是一对模范夫妻,可惜天不假年,如今都已经不幸病逝。

很多朋友曾向我们打听:听说周总理和邓颖超同志在夫妻关系中倡导有"八互"原则,它的内容和由来是什么?

据我所知,"八互",就是"互爱、互敬,互勉,互慰,互让、互谅,互助、互

恩来伯伯、邓颖超伯母为侄儿周尔辉主持婚礼（第三排左三为邓在军怀抱女儿萌萌，左六为孙维世，第四排左三为周尔均。**1961** 年）

学。""八互"最初是恩来伯伯和七妈在重庆中共中央南方局工作期间提出的。当时，每逢七伯、七妈参加南方局工作人员的婚礼，都会应大家请求，介绍他们夫妻恩爱多年来宝贵的经验体会，作为最好的礼物送给新婚夫妇。有时是七妈主讲，伯伯补充。有时是伯伯讲，七妈补充。"八互"就是他俩多次讲话中逐步归纳出来的。1987 年 5 月 29 日，七妈在给中央人民广播电台《午间半小时》节目的信中说："'八互'提出是经过周恩来同志的生活实践，再加上我看到许多夫妻关系中出现了矛盾与相处好坏的情况，我试提出'八互'作为参考，从未以正式文字发表过。"七妈体会，"八互"中，"互谅"、"互让"最难。可是，七伯和七妈做到了。"八互"就是他俩和谐美满夫妻生活的最好写照。

伯伯的秘书何谦叔叔告诉我：在重庆南方局工作期间，伯伯和七妈住在曾家岩住所的楼上，伯伯因工作回来得晚，怕吵醒七妈，每次上楼前都要

邓颖超关于"八互"的由来给中央人民广播电台《午间半小时》节目的信（1987 年）

把皮鞋脱下拎在手里，光着脚走进房间。在西花厅时也是同样，由于伯伯的卧室是从正门进，要经过七妈的房间，伯伯每次开完会、办完公事回房时，都从后门小道绕着走，久而久之，这条路被大家称为"周恩来小道"。

七妈曾对尔均和我说:"你伯伯每天工作到凌晨,而我身体不好只能正常作息。常常是我起床,你伯伯刚要睡觉,我和你伯伯匆匆见上一面,说上三两句话,相互间就是很大的安慰了。"七妈讲这几句话时,满脸都洋溢着爱意和幸福。

挚爱深情

七伯和七妈终其一生的深情厚爱,为我们做出了"八互"的最好榜样。他俩是做人的典范,也是恩爱夫妻的典范。

走进中央电视台

　　1959 年初,尔均的努力见了成效,我从上海调回四川,进了成都军区战旗文工团。有些遗憾的是,我们看来是夫妻团聚了,但更多的只是心灵上的慰藉。因为我在成都,他还在重庆。成渝铁路虽然已经修通,可是成都与重庆之间,往返要整整一天时间,那时没有实行双休日的制度,也就是说,即使周末我们也没时间相聚,仍然只能两地遥望,"隔山对歌"。好在不管怎样,我俩的距离总比以前近了许多。还有一件喜事就是,我在刚满21 岁的时候,人生资历提了一级,当了母亲:1959 年大年初三,我的第一个女儿萌萌出生了。

　　孩子是我的欢喜冤家。从怀孕开始,我的生活节奏就被打乱了。舞台上,可以扮演孕妇的角色,但生活里的孕妇却不适合上台跳舞唱歌。怀孕期间,我暂时中断了演出活动。孩子出世后,我所在的战旗文工团接到任务,要去北京参加全军文艺调演。因此,萌萌刚满月,我就把她从重庆带到成都,找了个保姆照顾,自己就参加紧张的排练活动了。孩子还

初为人母(**1959 年**)

没断奶,为了方便,团里帮我在附近找了间房子,排练间隙,可以跑回去喂奶。

对于团里来讲,去北京参加多年一次的全军调演,是件了不得的大事。要是在过去,我也会这么想。可是,现在有了孩子,当了母亲,我的想法多少变得矛盾了。我仍然喜欢表演,也很清楚,在团里这台节目中,自己有不小的分量和责任。但瞅着怀中的女儿,体味着她那红嘟嘟的小嘴吃奶的感觉,我鲜明地感受到了从没体会过的另一种责任:母亲的责任。

初为人母,那滋味很特别,一言难尽。想想都觉得好笑,八年前,我自己还是个孩子,蹦蹦跳跳地离家出走,一眨眼,就成了母亲,有了一个自己的复制品。人不应该骄傲,但是,当了母亲,我觉得还是有理由骄傲一下的。回想十月怀胎,真是个神秘的过程:最初,那只是用高倍显微镜才能看到的一点点,就靠我吃进去的米饭青菜滋养,细胞开始分裂,慢慢聚成人形,出现了五官,长出了四肢……一旦修成"正果",她就再也按捺不住,探出脑袋,大叫大嚷地向全世界宣布:我来了! 这个时刻,是每个母亲最幸福的时刻。当然,做母亲的当时不可能知道,孩子将来会是什么样的人材,但是,她已经成功地塑造了一个活生生的生命,给这个生命提供了继续发展的无限可能性。

世界上所有的伟人,都是母亲生出来的。

当然,经验也告诉我们,不是每个孩子都会成为伟人。可是,每一个母亲的想象力都不会因此受到约束。

仅仅从肚子里制造了一个完整的生命来看,每个母亲都是了不起的雕塑艺术家。我并没有奢望我的孩子一定要有伟大成就,不过我很清楚,仅仅给了她生命,我的责任还远没完成,我至少要让她健康成长,成为有用的人材。这是一份巨大的压力和责任,比较起来,有一段时间,我觉得自己的事业相对变小了,变轻了。

有些造化弄人的是,我从北京调到上海又调回四川,好不容易和尔均"团聚"了,他却又因为工作需要离开重庆,调到北京解放军总后勤部工作。那个时候,组织观念都很强。不管有多少困难,下了命令就出发。他是大年初五走的,刚刚当了两天爸爸。那天,我抱着才出生两天的襁褓中的女儿,泪眼汪汪送他出门,不知道什么时候还能再见面。此后有好长一段时间,我们依然两地分居,有了孩子,生活非常不便。

这一回,双方的组织上都关心过问了。经过反复协商,终于批准我转业到北京,开始找工作。我的要求不高,是不是再干文艺这一行也不打紧,只要能正常上下班,能顾家顾孩子就行。

尔均的老首长、总后参谋长胥光义的夫人康毅大姐帮了大忙。当时,她是广播事业局的一个处长。她告诉我,他们系统还需要人,可以去考试一下。

1959 年 7 月的一天,我来到位于西长安街的广播电台大楼,走进了"考场"。

初进中央电视台(1959 年)

主考官是著名播音员夏青老师,考官有四五个人。我对自己的长相一直很有信心,进屋后,从他们的眼神里我也感觉到了这一点。可是,广播电台的人员不需要与观众见面,我的长相并不是一种明显优势。他们让我对着话筒念一篇报纸上的文章。我嗓子音色本来就不错,又练过发声,他们一听,有人就说,"哎,声音很好。"可是再一细听就不行了,发现我的普通话不够标准,z、zh 不分,n、l 不分。中央电视台的前身叫北京电视台,这时,北京电视台刚刚建立,还在试播阶段,而电视台对发音的要求似乎不像电台那样高,夏青就建议说:电视需要形象,她长得漂亮,是不是推荐到电视台,发音差点可以锻炼一下。

从此,我走进了中央电视台,一干就是五十多年。

刚去的时候是当播音员,还剪了辫子,烫了头发。后来我查看《中国电视发展史》,发现自己的播音员资历还挺老的,应该是中央电视台继沈力之后的第二任。当然,我这个播音员当得有些名不副实,因为新鲜了没几天,我就认定自己不适合干这一行,主要是背稿子太费劲。当时的问题是,不光要背,背的同时,还得纠正自己差劲的发音。这使我心理负担挺重。从当兵开始,工作从来是让我感到愉快和欢乐的事,现在,却变成了难熬的苦刑,而且将没有刑期,没有出头的日子,这怎么行?我虽然当了小母亲,但另一方面,性格中的调皮并没有改变多少。于是,三天两头,我就说自己感冒了,嗓子不好,逃避播音。

中央电视台最早的两位播音员——五十多年后与沈力合影

罗东是电视台第一任副台长,也是直接管我们新闻这块的头儿,他很清楚我的鬼把戏。强扭的瓜儿不甜,在罗东的关照下,我被调到了音响组。

音响组很对我口味。干的活很有意思,就是根据影片内容,分段掐准时间,选配符合情绪的音乐,相当于现在的音乐编辑。虽然是技术活,但边工作边听音乐,我很喜欢。工作不紧张不乏味了,我又变成了小野马,整天欢蹦乱跳的。这里的环境需要安静,可我是刚从文工团来的,坐在办公室里,就觉得那个板凳不是我的,凳上有钉,脚底板痒痒,只要有机会,就会跑到演播室去转转。那时,电视台设在四楼,只要一去,我能从楼底下噼里啪啦又跳又唱地蹦上去,弄得人们有意见,可自己却不知道。后来熟了,语言组的大哥大姐就说了:小邓,你人不到,声音先到。你得照顾一下别人,周围的人在那儿翻译,都要安静的。

没过多久,文艺组缺人,我又被调到了文艺组,成了编导,从此再没改行。

前面谈到了,中央电视台最早叫北京电视台。1958 年 5 月 1 日,进行了首次实验广播;9 月 2 日,开始正式播出。当时,全国只有几十台电视机,电视台的信号覆盖半径只有北京周围的几十公里。因此,它虽然是中国大陆唯一的电视台,对外却只称北京电视台,毛泽东主席还给它题了字。因为是组建初期,总共才二三十人。地方不大,就在中央人民广播电台大楼的四楼拐角处给了我们几间房子。设备也很落后,只有一辆天津改装的黑白电视转播车。

文艺组有五六个人,工作环境很差,工作室狭窄,像个小作坊。演播室也很小,只有 40 平米左右,里面还用玻璃隔了一间几平米的导演室。至于摄像设备嘛,今天全都是自动变焦的,可以随意拉近推远,好学好用。那时的摄像机只有五个规格的固定镜头:"500"、"300"、"180"、"135"、"75",常用的只有四个,镜头组合全靠导演临时决断,操作复杂,很不方便。

由于演播室太小,只能搞些独唱、相声、独舞之类的小型节目。比如芭蕾舞《天鹅湖》,四只小天鹅跳不开,就得有三只歇了翅膀,临时"下岗"。又比如播出国庆十周年盛况,因为台里只有一台转播车,实况转播的画面很有限；作为补充，我们就请来专家，在演播室里画图介绍天安门游行的情况，"强迫"观众用想象力配合我们的播出。那天，关山月和傅抱石两位大师画了一幅很大的国画给国庆献礼，但电视里给不了特写画面，作为应急办法，我当了一回临时的"画架"，把这幅画高高举在了镜头前面。

在小演播室向国庆十周年献礼（1959 年）

进了文艺组，我就成了所谓的电视编导，可是，我连最起码的切换都不懂，出过不少洋相。

我的第一个启蒙老师是胡旭、电视台副台长。在我初学乍练时，他给了我许多很实际的指导帮助。我第一次上机，也是和他配合的：他调机，我切换。那次是拍一个独唱节目，演员开始在平台上唱，然后一边唱一边从台上往下走。可是我的切换稀里糊涂，女演员已经往下走了，我居然一直给个中景不动，眼瞅着她从电视画面上一截截往下掉，最后只剩了半个脑袋。胡旭急得大叫："快切！为什么不切！这个图像还能出去吗？"

李满勤是我的第二个启蒙老师。她比我大两岁，人很老成，是个热心的老大姐。她的钻研精神很强,大量时间都是她手把手地教我。"文革"前不久,单位搞精简,新婚不久的她去了广东,当小学教师。听说"文革"中她受到很大冲击,一个人在外地,不知道吃了多少苦,后来竟被迫害致死,但怎么死的,一直没弄清楚。我很伤心,至今仍怀念她。

在我的电视导演生涯中,我永远忘不了这两位启蒙老师。

我生性要强,虽然电视编导对我是一个全新的工作,但我学得很努力。摄像机的镜头是死的,没法变焦距,为了摸索出最佳镜头效果,确定机位的距离,我兜里总装有一个软尺,台上台下一米米地量好距离,画出机位图。每次转播前,我都要先看演出或彩排,带上小电筒,在观众席里记内容、记画面,看完几遍,分镜头脚本也完成了。为了尽快适应工作,我很少呆在家里,经常是清早出门半夜归;中午实在累了,就在工作间把两条长板凳一拼,躺下小睡一会儿。即使哪天能回家吃顿晚饭,也呆不长,吃完饭,就把小手电筒和软尺往兜里一揣,不是看彩排,就是转播去了。回家通常是半夜,十里长街上,骑着小轱辘自行车,吱呀呀碾过许多人的梦境。

热爱是最好的导师。没过多久,我就从初入门径变得满怀信心,可以独立操作了。而且很快我就发现,我不熟悉的,主要是技术性的东西,一旦掌握了操作技术,我原来的舞台实践经验就开始发

导演早期电视文艺节目时试机镜头(1960 年)

挥很大作用。我是唱歌跳舞演戏出身，对各种文艺节目的特点很清楚，既能调又能切，而且我两只手可以同时干活，不管大小节目，什么形式和内容，都分得很好，切换得恰到好处。当时台里规定，值班必须两个人：一个负责调机，一个负责切换。只有我和杨洁（后来曾担任电视片《西游记》总导演）两人例外，台里批准我们可以自调自切，一个人独立值班。

将近一年之后，黄一鹤调进了文艺组。来之前，他在广东军区下属的一个文工团拉提琴。当时台里要求两个导演一组，新老搭配，我们两人分到了一组。他最大的长处，就是肯钻研。从进台的时间看，我比他早，因此他上机后，大量节目我都让他先挑。我的想法是，不管好的差的，事情反正都要有人来干。工作中我们配合不错，若干年后，我们都成了中央电视台第一代的"四大导演"之一。

那个年代，随着电视机的逐步普及，人们对电视文艺节目的要求越来越高，因此。我们文艺组的人员不断得到充实，电视文艺也渐渐打开了局面。

中央电视台早期的文艺节目，也可以说就是我国早期的电视文艺，主要有三个方面的内容：

一是转播剧场的文艺节目。一大批舞剧、歌剧、话剧、戏曲和音乐舞蹈等节目，通过我们的导播，由剧场走进了家庭。在我导播的节目中，影响较大的有《东方红》《长征组歌》《白毛女》《刘胡兰》《红色娘子军》《江姐》《洪湖赤卫队》《霓虹灯下的哨兵》《茶馆》《骆驼祥子》，以及《宝莲灯》《小二黑结婚》《五朵红云》《小刀会》《红珊瑚》《茶花女》《天鹅湖》《吉赛尔》《货郎与小姐》《蝴蝶夫人》《武则天》《蔡文姬》《李白戏权贵》等等。这些节目可以说，涵盖了当时首都剧场中最受人们欢迎的剧种和剧目。

电视转播文艺节目，并非简单地还原舞台表演的原貌，而是一个进行艺术上再创作的过程。电视导演预先要了解原剧编导的创作意图，通晓节目的内容构成，熟悉演员的表演特色和亮点，在此基础上认真仔细地分好镜头，与摄像师和各工种充分交流、沟通，现场转播时做到心中有数，指令准确，镜头切换及时到位、富有逻辑性，播出的节奏自然流畅，使观众的视觉、听觉与舞台展现的形象效果高度统一。应该说,这对电视导演的要求是很高很高的。有一年,我转播英国芭蕾舞团来华演出的《吉赛尔》,正巧有位被誉为"英国电视之父"的专家在北京看了这次播出。第二天,他在与孟启予台长会见时,特地提出要见我。他说,"前晚在北京饭店看电视时,原以为是放映英国电影,最后看到中国领导人接见演员,才知道原来是电视转播。镜头处理得这样细腻、流畅,真不容易。"他对台长说,像我这样的导演,在西方就了不起了。当他问到我每月工资是 120 元人民币时,感慨地耸耸肩说:"这是我一晚的房钱!"这个小小的插曲,也能说明电视导演在整个艺术传达中所处的重要位置。

电视台自办文艺节目,是当时的第二大块内容。由于我们的演播室太小,又没有录相设备,开始只能直播一些独唱、相声、独舞之类的节目。这种局面很快就无法适应形势发展的要求。比如,按照上级要求,为了拍摄一些同社会主义国家交流的文艺节目,由我同黄一鹤、王扶林等合作,租用

导演最初的电视文艺专题节目小提琴协奏曲《梁山伯与祝英台》,与小提琴家俞丽拿(右一)合影(1962 年)

新闻电影制片厂的摄影棚,用胶片拍摄了《天山的春天》等五部贺年片。记得参加拍摄的演员有郭兰英、才旦卓玛、胡松华等人,我和他(她)们就是从那时结识并成为多年好友的。进入20世纪60年代以后,我又和同事们开始新的尝试,自编自导了若干部电视专题文艺节目,如《笑的晚会》、小提琴协奏曲《梁山伯与祝英台》等等,观众反响很好。

拍摄前为才旦卓玛补妆(**1961 年**)

电视文艺的第三大块内容,是自办综艺节目并形成一个个栏目。在"文革"十年浩劫之后,随着整个文艺界的复苏,我们借鉴国外和港台的经验,开始设置综艺形式的电视文艺栏目,同时着手自办规模更大的综艺晚会。央视的第一台综艺节目《周末文艺》,就是由我编导的。在此基础上,以后又不断丰富内容和形式,演变为《旋转舞台》、《综艺大观》以及音乐、舞蹈、戏曲等众多的分支栏目。往后,又进一步发展壮大,成为今天专业化的文艺频道。

　　回顾上面的经历,使我深感历史动力的强大。我国的电视文艺,在当初"一穷二白"的条件下,凭着我们这股"初生牛犊不怕虎"的冲劲和激情,顺历史的潮流而动,顽强地一步步地坚持走了过来,终于呈现了今天绚丽多姿、异彩纷呈的繁荣局面。我要感谢历史提供的机会,使自己有幸成为中国电视文艺的最初开拓者之一。

转播《东方红》

那个年代过来的人,都不会忘记大型音乐舞蹈史诗《东方红》。这个节目的电视播出是我负责的。

从台里领受任务后,我很兴奋,感受到一种极大的信任。这年我26岁,虽然在文艺组导演里年龄最小,但已经多次担任各种晚会、重大政治活动和节目的实况转播,这些任务完成得都不错,也积累了不少经验。但我知道,《东方红》不一样,不仅演出规模空前,而且艺术水准很高,集中了国内一大批顶尖的表演艺术家;同时,还会有许多中央首长前来观看演出,毛泽东主席可能也要来。在交代任务时,台领导一再叮嘱:一定要搞好,不能出一点差错。

我下了决心,要多吃点苦,下功夫把这个节目播出好。那时设备条件极其有限,不像现在,可以提前将排练情况录像,回来再仔细研究;导演的许多准备工作,完全要靠笨拙的"手工劳动"。我每天骑着自行车,一趟趟跑到人民大会堂看排练,了解节

转播《东方红》时的我(1964年)

目内容,了解每一个场景,了解舞台调度,了解不同演员的造型特点和镜头最佳的表现角度。我干得极其认真,眼在看,手在记,脑子里也在不停地琢磨。那时没有变焦镜头,全是死镜头,每个画面,每个场景,都画成小人儿来表示,做到心中完全有数。正因为这样,我很害怕节目修改,他们一改,我也得推倒重来。可是由于种种原因,节目经常得改动。这样,我的导演台本便积下了厚厚一摞。这个镜头本我很珍惜,其中凝聚着我的心血,也是记录我国电视初期历史的一份珍贵的资料,可惜后来由于多次搬家,没地方搁,只好把它们给销毁了。

电视媒体发展得很迅速,电视台也因此显得越来越重要。现在,许多文艺节目,只要中央电视台参与,电视编导大多会成为现场的艺术总指挥。但在当时,电视台只是"小弟弟",排不上号,电视台的导演也只能得到同等地位。尤其是《东方红》,来的都是文艺精英,许多是"大腕"级人物,更不会有我这个年轻电视导演的发言权。这点我有自知之明,时时注意谦虚谨慎,认真学习,老老实实当好"小弟弟"。当然,也有一些聪明人,目光很有前瞻性,意识到电视的发展潜力,对我很客气,工作中积极配合,我也借此机会,结识了一大批老师和朋友。后来被文艺界尊称为"乔老爷"的乔羽和周巍峙、时乐濛老哥,王昆大姐等等,当时就给过我很多帮助,我们后来成了好朋友。

为了做好导演准备工作,《东方红》的排练我看了不下二十次。演员的精湛表演、全体工作人员的高度纪律性和领导高超的组织能力,给我留下深刻的印象。这台音乐舞蹈史诗场面宏大,光演员就有几千人,来自四面八方,但组织纪律观念极强,说几点钟来,绝对准时到场。管服装、道具、舞美的人,没有一个不是兢兢业业,不分白天黑夜地工作。乐队也很庞大,是由好多单位的乐团组合在一起,光指挥就由四个人同时担任。这么多人集中在一个舞台,在短短三个来小时中上场下场,来回穿梭,还有大量布景道具要搬上搬下,调度的难度之大,可想而知。在这种复杂的条件下,要做到有条不紊,不出差错,似乎得要靠电脑调度,可是当时还没有这种先进的工具。就在这种复杂的条件下,《东方红》的舞台调度基本上做到了分秒不差,毫厘不爽。对这一点,外国朋友们也感到难以理解。记得有次演出,总理陪同一位外国元首来了,看完节目后,这位元首很兴奋,临时提出想到后台看看,总理陪他去了。在他想象中,这么大的一支演员队伍、这么多的节目在舞台演出,后台一定会忙乱不堪。来到后台,他吃惊了:所有道具摆放得整整齐齐,所有人员都在指定的位置活动,一切都井然有序。这位外国元首感慨很深,赞叹说,这就像是"一支穿了彩服的军队"。

对《东方红》的排练和演出,周恩来总理一直非常关心。他亲自过问,具体指导。直到今天,许多文艺界人士还充满深情地回忆说:《东方红》的总导演是周总理。

对《东方红》的每一个节目,总理都从艺术和政治方面,提出过极其中肯的意见。举一个小小的例子:他曾强调集体舞蹈的动作一定要高度整齐化,从中体现中国人民团结奋斗的精神、步调一致的精神,同时能表现出一种群体的美、力量的美。我们从当年拍摄的电影纪录片中可以看到,演员们高标准地实现了总理的要求。当然,这与总理的崇高威信和巨大影响力密不可分。

说到威信,光有"威"没有"信",也不行。总理则有威有信。他对人既严格要求,又非常关心。在《东方红》的排练过程中,演员们的衣食住行,都成为总理关心的内容。排练晚了,他还跟大家一块儿吃夜餐。作为一个大国总理,他那种平等待人、平易近人的作风,至今仍深深地印在每一个人的脑海里。所以每当总理到场,人们无不精神振奋,排练效率空前提高。

"西花厅不灭的灯光",为中国的普通老百姓所熟知。日夜操劳、日理万机的周总理,为什么抽出这样多的时间关心《东方红》的演出呢?当时我还年轻,不会想也不可能回答这个问题。现在回头来看,事情就比较清楚了,这是出于他忧国忧民的深层次的考虑。

当时,中南海红墙里面发生的许多微妙的事情,局外人是无法知晓的。周总理对毛泽东主席的内心活动比较了解,他发现,毛主席对中国文艺界的状况很不满意,认为这个领域脱离了革命轨道,让帝王将相、才子佳人统治了舞台。1963年和1964年,毛泽东两次批示:我国的文艺战线"已经到了修正主义的边缘"。可以说,文艺领域已经是"山雨欲来风满楼",潜伏着极大的危机。这一点,从江青当时的一系列活动中也可见端倪。

总理十分担心文艺界的处境,而他又回天无力,想必是作为一种策略,通过组织《东方红》的演出,正面颂扬革命成果,颂扬毛泽东的正确路线,从而影响和改变毛主席对文艺界的不良印象,使中国的文艺界得以避免一场灭顶之灾。总理真可谓用心良苦。他的这种政治考虑又极其微妙,当时不可能给谁明说,但他在有意无意之间也曾有过某种流露和暗示。比如,总理曾批评文化部主要领导对《东方红》的排练过问得不够,政治上不敏感,生气地说:你们对这件大事怎么还不抓紧,迟迟不行动? 还有一件事,当初在研究《东方红》的总体构思时,对如何表现秋收起义和南昌起义,曾有过不同的想法。总理主张突出秋收起义,淡化南昌起义。罗瑞卿同志则一再坚持,认为应该重点对南昌起义做正面表现。陈毅老总也在一旁附和说:是啊,总理,南昌起义还有我一个嘛! 最后,总理非常严肃地说:罗瑞卿同志,你如果非要表现"八一起义"不可,那只有一个表现办法:就是批判我周恩来嘛! 这样表现就可以,正确路线是毛主席嘛! 总理说到这个程度,陈老总和罗瑞卿同志不好再坚持了。所以,我们最后从舞台上看到,"秋收起义"有专门的一场设计,而"八一起义"则完全淡化,只留下了一句话:"听,南昌起义的枪声响起了第一声春雷!"今天,我们联系当时的历史背景,就能更加清楚地看出总理抓《东方红》演出的初衷,也就会理解总理所以坚持这样做,决非当"谦谦君子",而是从党和国家的政治大局出发,有他深远意图的。

为了国家安定和文艺事业的健康发展,为了保护文艺界的精英,恩来伯伯真是煞费苦心,用尽了心机。遗憾的是,尽管如此,中国的文艺界也只是短暂地推迟了自己的不幸遭遇。两年之后,"文革"还是发生了,文艺界最终还是被认定为"藏污纳垢"之地,一大批人被残酷批斗,有的甚至致残致死。

说到周总理对毛主席内心的深入体察,我想起了另一件事:60年代前期,伯伯在西花厅同我和尔均谈话时,卫士兴冲冲地过来说:"总理,天津发现了你当年写的一些诗词,送来请你过目"。伯伯不假思索地回答:"我不看,拿去烧掉!"我们当时感到很可惜。后来细想,伯伯早年是很喜爱旧体诗词的,而且在这方面有着过人的创作才华。他 18 岁时写下的《相逢萍水亦前缘》和 19 岁时所作的《大江歌罢掉头东》,都是才情横溢、在字字珠玑中展现过人抱负的诗词精品。但是,后来再也没有看到他写的任何一首旧体诗词。如果说,战争年代因戎马倥偬没有写诗的时间,可是建国以后二十多年,他在这方面同样没有片言只字,写下的仅有两三篇白话诗。伯伯逝世后,我们倒是欣赏过他亲手抄录的李白和沈钧儒的诗句,说明他对旧诗词的爱好并没有减少。其中的原因在哪里?我认为,这是因为毛主席十分喜爱旧体诗,同时也是赋诗的大师。周总理之所以这样做,他那句"我不看,拿去烧掉"的胸有成竹的回答,同他在审看《东方红》大歌舞时力排众议、突出秋收起义、淡化南昌起义的决定,同出一辙,应该是他经过深思熟虑的深层次的考虑。

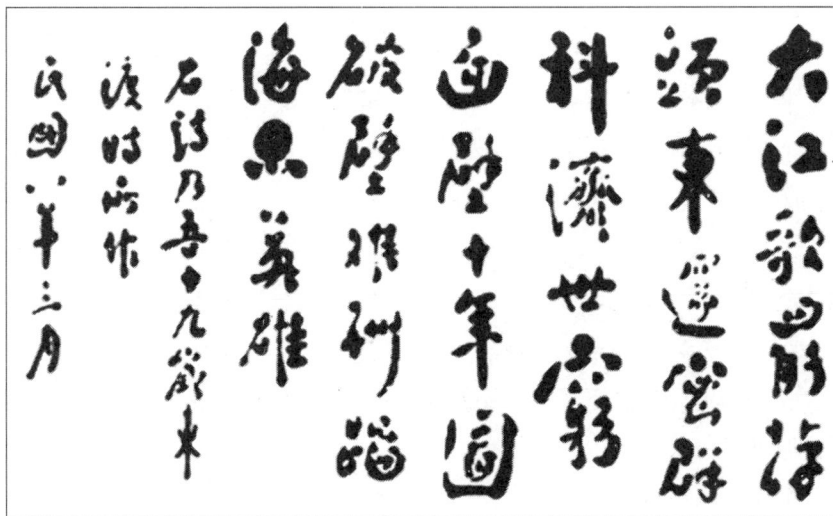

恩来伯伯手书《大江歌罢》(1917 年)

可是,伯伯虽然用心良苦,在《东方红》排演的当时,谁都没想到会有"文革"这场民族灾难的发生。大家都为能参加这样重要的政治任务而激动,为周总理这样关心排练和演出而感到无比幸福和自豪。《东方红》的演职员,人人都是尖子,大歌舞节目,个个堪称精品。人类历史处在螺旋上升的发展过程中,不会是简单的重复,有些事,有些人,历史上只能有那么一个。《东方红》就是历史上的唯一。十年浩劫后,胡耀邦同志提出再拍一部像《东方红》那样的文化精品,集中了文艺界的人才,花费许多时间和财力物力,拍了一部《中国革命之歌》。但是,尽管做了很大努力,但是还是很难与《东方红》相比。《中国革命之歌》在电视中播放后,我曾问过七妈邓颖超,她说也有同感。

转播《东方红》,还有一个插曲。

人民大会堂现在已经名副其实,每个公民都可以进去参观。而在60年代初期,情况不是这样,进人民大会堂要经过严格政审。如果电视转播某些会议或演出,中央电视台也不能随便派人,而是预先定有一个准许进大会堂人选的"常备名单"。在这一点上,我倒是沾了点总理的"光"。我误填了"地主"出身,在一般情况下,是没资格进"常备名单"的,但是,我成了总理家的亲属,这道"光环"多少抵消了我的"出身"问题。

中国文化崇尚自然,讲究天人合一,潇洒大气,不过,有些方面却显得格外严谨。在我第一次搞电视转播时,就因此而紧张极了,生怕出错。当时,转播有个政治性规定:对"三副二高"以上的领导,一定要给镜头。所谓"三副二高",是指副委员长、副总理、政协副主席和最高人民法院院长、最高人民检察院检察长。对他们不仅要给镜头,还规定了相应的镜头比例大小;出镜的次数也有规定,除了每人一次以外,还要从左至右摇一次,从右至左摇一次。当然,还必须注意顺序不能出错,如果把职务高的播到职务低的后面了,这属于政治事故,回来肯定挨批作检讨。总之,这种有政治领导人物出席的转播,规定非常严格,好在这方面我没出过错。

那个时候,人民大会堂里会议和各种重要活动很多,为了转播方便及时,我们在人民大会堂的地下室,专门安装了一套转播设备。人民大会堂要求很严,规定机器不准上舞台,不准在台下前座架机,原因是影响领导观看节目和行动。但毛泽东主席观看《东方红》的这一次破例了。我们不仅获准在舞台的上下场地各设了一台机器,台下正面也架了一台。

按照程序,演出开始前,我们会打亮场灯,首长一入座,镜头就要按照程序跟进来,先给主要首长镜头,接着赶快瞄准第二号人物,好决定是先往左摇还是右摇。那情景很紧张,像打仗一样,不然首长是不会等你的,马上黑灯开演。如果有些人的镜头来不及出,就又是一次政治事故。

毛泽东主席来的这次,刘少奇、周恩来、朱德等中央主要领导人也都来了。我在地下室的机房里转播。

毛泽东等中央领导人观看《东方红》并接见演员(1964年)

毛主席出现的一刹那,我极为兴奋。以往也在天安门广场转播过毛主席的画面,但从没有近距离转播过。1955年那次恩来伯伯给了我俩见毛主席的机会,遗憾的是我们不听话,错过了。这次虽然也不能亲眼见到,但毕竟是距离最近的一回。追星族不是现在才有的,那个时候,我也是个追星族,像无数中国人一样,追的是中国人民的大救星——毛主席。在我的感觉中,如果能见到他,肯定会比见到爹娘还亲,是天大的福分。我按捺住强烈的心跳,让镜头在毛主席身上停留了好长时间。虽然激动,我还没有乱了方寸，按照规定完成了其他领导人的出镜。在无比幸福喜悦的心情中，我又紧张又严肃地完成了这次导播任务，没有出一点差错。

今天的追星族，绝大多数是年轻人。一般来讲，追星的热情与年龄阅历是成反比的。现在，我仍然尊敬任何值得尊敬的大人物，但同时也会冷静和理智地看待人与人的关系，会以更求实的态度去处理相关的问题。

导播《东方红》30 年之后的 1994 年，我导演总政治部组织的春节"双拥"晚会，就遇到过一个问题。当时，有个新的独唱节目由董文华演唱，叫《春天的故事》，它也是这台晚会的名称。歌很好听，唱得也不错，后来流传开了。可是，当时舞台美术却遇到了难题。

舞美的构思设计是好的，整个舞台的背景有两张巨幅照片，一张是邓小平同志，一张是江泽民主席。从剧场观众的眼睛看，效果很好。但要电视转播，就有问题了。因为如果要在画面里出现完整的领袖形象，就只能从始至终用全景，不能用中景，更不能给演员特写镜头。那样，从电视转播的艺术角度看，肯定要闹笑话。意识到这个问题后，为难了，有关领导谁也不敢表态，不敢提议把两位领袖的照片拿下来。最后，当时的总政副主任徐才厚和文化部长刘晓江问我："邓导，你看呢？"

让我拿主意，事情就简单了。我实事求是地放了一炮："我的意见不能用照片，否则镜头没法用。"我的理由很充分：考虑到领袖的照片形象，只能用全景。可是，唱歌的演员和舞蹈演员是流动的，我又不可能不给她们近景。如果只给全景，这是笑话，电视观众肯定不干，你们也不会干；可是，如果给了近景，舞蹈演员的背景上，只露出领袖的一只眼睛或一张嘴，你说多难受啊。

最后，采纳了我的意见："拿掉照片，重新换景。"

电视观众后来所看到的背景，是春天盛开的百花。

陪 斗

"邓在军站起来!"

40多年了,这声音我一直记得很清楚。一般来讲,在公众场合,大家都坐着而你却能"站起来",通常不是坏事。实际上,在那次"站起来"之前和之后,我也多次被要求"站起来"过,不过常常都是为了走向领奖台或颁奖台,走向闪耀着荣誉的聚光灯。

可那一次不同。在"文革"年代,许多词儿得反着理解,"邓在军站起来"这句话和"邓在军跪下去"可以看成一个意思。

当时,造反派在电视台会议大厅开批斗会,批斗文艺部党支部领导文英光和沈力。会场和全国的"文革"形势一样,"一派大好",热气腾腾,闹闹哄哄。"文革"到底是怎么回事儿,我稀里糊涂,但可能是导演职业的关系,那些岁月,我强烈地感受到生活的戏剧感。每个人都像演员,而且大多是斯坦尼斯拉夫戏剧体系的拥护者,很本色地投入。遗憾的是,这场大戏剧里,人性中不美的东西被挖掘得很充分,出场的丑角太多。人脸变形得太过分,人性扭曲得太厉害,因此,"文革"只能是一场水平太差的活报剧,无法流传,更不可能"万岁"。

这次批斗会,开始我在台下,是"群众"的一员。不过,由于种种原因,各派的造反派都不要我参加,因此算不上"革命群众"。随着会场斗争气氛越来越浓,人们的热情更加高涨,而这种热情,显然有利于灵感的即兴发挥。于是,一位"革命群众"的灵感终于破茧而出,突然大吼一声:

"邓在军站起来!"

这个声音,分贝的绝对值也许不算很高,但当时在我耳朵里,却惊天动地,一下就摧垮了我的心理防线。

长期以来,我一直受宠,受表扬,领导挺喜欢,加上年纪轻,又是业务尖

"文革"时期的我（1967年）

子,从没想过人家会对我这种态度。我心里发慌,腿也发软。我希望这是梦境,是个噩梦。紧接着的呼应声此落彼起:"邓在军站起来! 邓在军站起来 ……"显然不是噩梦。

我两腿哆嗦着站起来了。我不敢不站起来。

按照当时的批斗习惯,这种在开会中被要求"站起来"的人,通常属于"陪斗"。也正因为如此,我成了会场新的兴奋点,成了临时主角。

病毒在进攻人体时,是懒得去想是否会对人体造成损害的,病毒有病毒的逻辑和道理。回想起来,当时的会场里,作为个体,每个人似乎都是清醒的,都知道自己具体在干什么;但是,所干的事情在民族肌体健康上的实际作用,却都是负面的,而且是在坐井观天,不以为非,还自以为是。总之,由于这个吼声,我倒成了另类"病毒",在革命群众的炯炯目光下"原形毕露"了。

我被革命群众认为是病毒和异类,是有道理的。

首先,我可能真的算是党支部的"红人"。工作中我一直认真努力,业务比较强,因此许多大节目领导都很放心交给我干,这似乎应该看成是"红人"才能有的待遇。中国老话讲:"木秀于林,风必摧之。"我成了"红人",有些自认为是其他颜色的人就会不舒服。这是人性的弱点,可以理解。在正常环境里,某些人的"不舒服"对我是无可奈何的,但"文革"时代情况不同。"文革"像一个了不起的"酵母",它不仅有效地摧毁了正常的社会秩序,也有效地催化了人性中那些被文明压抑住的不美的东西,给一些人的"不舒服"提供了一个痛快淋漓表达的机会。在"红人"的尴尬和痛苦中,他们求得了快感,得到了心理平衡。

其实,从我多年一直入不了党这件事来看,我好像又算不上支部的"红人"。

在电视台,许多人都纳闷:邓在军怎么老入不了党呢?七妈邓颖超几次向我提起过入党问题,要求我积极靠拢组织,经常汇报思想。我有一次很有情绪地对她老人家讲:电视台文艺部导演中二十多年没有发展一个党员了,工作累,组织问题却解决不了。七妈深表同情地说:不光是累的问题,而是你们的工作重要。当时她也只能说到这个程度。一次,恩来伯伯也亲口问我:"据我了解,电视台对你反映不错,你为什么还没有入党?"我脸红了,说:"可能是我思想改造还不够彻底。"

难过的是,多年后我入党时,恩来伯伯已经与世长辞了,我没有能够把他关心的这个好消息当面报告他老人家。

很长一段岁月,入不了党,成了我的一块心病。在部队时我就要求过入党,也成了党组织的重点培养对象,并带着这一鉴定转业。可是,电视台是新单位,过去的不能算数,需要对我重新考察。因此每隔一段时间,我就向党组织重新递交一份入党申请书,而且定期向党小组作一次书面思想汇报。非常无奈的是,党小组长总是认为我的"思想高度"不够。多次碰壁后,有一次我忍不住了,问党小组长:"你说怎么样才算够?"这下捅了马蜂窝,党小组长火了:"还没入党就顶撞领导,入了党谁还能压住你!"以后了解到的情况,让我有些啼笑皆非。本来那会儿支部准备接收我入党了,就因为这一"顶撞",把党票给顶跑了。当然,理由不是"顶撞"。对我的考察结论是,思想改造不彻底。后来又在外调中发现,我父亲犯了"反动言论罪"。在一次浇铸毛主席塑像底座时,父亲说过一句"反动"言论:"这底座要弄结实些,不然毛主席像会倒的。"

就这样阴差阳错,加上某些人为因素,我一直入不了党。粉碎"四人帮"后的第四年,父亲因工伤来北京养病,也问过我:"你12岁就跑出来参军,哪个到现在还不能入党?"我苦笑说:"地主的女儿那么好入党啊!"父亲吃惊了:"哎呀,怪我没有早告诉你,我的成分早就弄清楚了,是地地道道的工人阶级。我挖了一辈子煤,怎么会生了个地主的女儿!"那天晚上,我枯坐许久,想到这些年为这个"地主"成分背上的包袱和冤屈,欲哭无泪。

我入不了中国共产党,有的民主党派却主动向我伸手了。80年代初,许多知名学者和艺术家,多年入党不成,失望之下,转而加入了"民革"、"民盟"等民主党派。也就在这段时间,一位朋友来动员我了。他劝我加入他们的党派,说:"你看我,生病了,我们党的主席亲自到医院看望我。"我没有答应,我说要入党我只入中国共产党。这是后话。

回头再说陪斗。当时,我是台里的"封资修"、"大洋古"黑权威,大概是被要求"站起来"陪斗的另一个原因。

"文化大革命"开始不久,我就莫名其妙成了"封资修"、"大洋古"的黑权威。想想很幽默,这场运动,号称是"文化大革命",实际上却正好相反,革的就是文化的命。这是一场不要文化也毁灭文化的疯狂运动。"文化大革命"之前,在中央电视台内部,群众公认有"四大导演":我算一个,还有杨洁、王扶林和黄一鹤。王扶林擅长戏剧,后来导演了电视剧《红楼梦》;杨洁懂戏曲,后来导演了电视剧《西游记》;黄一鹤音乐有专长,我则一直以歌舞为主。这几个人以后都扬眉吐气,成了中国电视界有影响的人物。但在当时,文化最不值钱,文化人也最没地位,我们一个个全都被说成是"黑权威",糊了满墙大字报。"四大导演"成了四个孙子,灰溜溜的。有些人则借着大字报这块遮羞布,在表达"阶级立场"和"革命信念"的同时,也表达了自己心灵中的虚伪和丑恶。

当然,我"陪斗"更深层的原因,还是因为我和周总理有亲属关系。恩来伯伯有过要求,不让我们在外面讲这层关系,我也从没在单位说过。可是还是被人知道了。有一次,我们电视台准备请马连良、张君秋参加春节演出,不料总政也邀请了他们。两家有冲突,杨洁受台里委托去总政协调,无意中从总政管理局长嘴里知道了我和总理的关系。这位局长名叫王政，过去是张学良的副官处长，"西安事变"时负责接待总理，事变后转到了我们这一方面。50年代，他与尔均同在总后重庆办事处工作，任办事处副主任。总理去重庆时看了尔均，也见了王政，一起吃了饭。那是1957年，军队已经授衔，王政因与张学良的历史关系被缓授军衔。他在给总理敬酒时流了眼泪，总理也动了感情，拍着他的肩膀说："你的情况我知道，你是有功之臣，问题迟早会解决，不要难过"。原来，"西安事变"时总理从延安往返西安，与张学良、杨虎城谈判都是王政负责安排护送，为了确保安全，他还亲自给恩来伯伯开过车。在这场事关全民族命运的重大事变中，他是有历史功绩的。总理那次同王政交谈时，尔均就在身旁。在总理的关心过问下，过了不久，王政的授衔问题得到解决。所以，王政不仅同尔均很熟，同我也认识。杨洁回来之后，在组里开会时问我："哎，小邓，怎么还对我们保密：你是总理的侄媳妇吧，怎么没告诉我们？"我赶忙说："有这回事，不过就到此为止吧，请不要再传了。"所以，电视台只有极少数人知道。从常理上讲，与国家总理有亲戚关系，不说其他，至少应该可以加强一点自我保护能力吧。但"文化大革命"时期不同，恩来伯伯的政治处境微妙，电视台经常和上层接触，信息来得快，很敏感，许多同事意识到有些事是在整总理，当时的大字报上也已经公开提出什么"新文革、旧政府"了。正因为如此，我就多少"沾"恩来伯伯的"光"，处境变得很狼狈。

　　实际上，"文化大革命"初期，恩来伯伯对这场运动难以捉摸的灾难性是有心理准备的。为了避免牵连亲属，运动一开始，他就给我们打过招呼：这段时间不要去西花厅了。"文化大革命"动乱愈演愈烈后，七妈邓颖超又托人给侄儿女们捎话，"约法三章"：一、不论公事私事，不能托他们办；二、运动中要学会游泳，自己对自己负责；三、不要参加这个派那个派。此后，整整10年，我和尔均再没进过中南海的门。由于电视转播的机会，在公共场合，我倒是时常能见到恩来伯伯，不过都装作不认识的样子。"约法三章"后一年左右的样子，我才又一次在人民大会堂见到恩来伯伯，他的样子让我暗暗心疼。记得第一次见他老人家时，他已年近花甲，但神采飞扬,看上去不过40多岁,"文革"前夕看起来也只有50岁左右。而现在仅仅一年多没有见,人就显得十分消瘦,仿佛突然苍老了一二十年。

比较起来,尔均比我幸运些。在一次总后的干部大会上,恩来伯伯看到尔均后,打破了从不在公共场合与亲属接触的惯例,同尔均握了握手。他们没有来得及说话,但事后我和尔均分析,恩来伯伯的这一特别举动本身,似乎就能说明很多问题,让我们产生种种猜想和担心。

由于上面谈到的多种原因,我被突然拎出来陪斗,也就可以理解了。

"邓在军,你为什么不揭发文英光、沈力?"

"邓在军,你要端正态度,要老实揭发!"

会场上,人们七嘴八舌,叫叫嚷嚷的。我想哭,心里害怕,又憋着气。我告诫自己,坚决不哭。在当时狂热的氛围里,人们为了自保,常常会说出一些违心的话,做出一些让自己后悔的事情。在这一点上,我对自己很满意,虽然也胆战心惊,但我没有落井下石,没有乱说一气。对于群众的要求,我的回答很肯定:

"我不知道他们的问题,我不能乱揭发。"

让我欣慰的是,尽管当时国家乱了套,整个民族仿佛都在发高烧,但许多人并没有泯灭良知。我硬着头皮,不愿意揭发别人,也给许多人留下深刻印象。后来有人整我,给我的小轱辘自行车放气,用刀把轮胎扎烂。但也有人为了我的安全,在我下夜班时主动护送我回家。

那次陪斗我还是哭了,不过是回到家里以后。当晚,回家见到了丈夫,我憋了一天的委屈,就像巨浪前的沙堤,一下全垮了,哇哇地大哭了起来。尔均急了:"怎么回事?怎么回事?"赶忙安慰我。他只见过我的欢笑,从没见我这么哭过。

此后,我的挨整在升级,大字报越来越多。

广播局原来有个车库,就在那喷水池的边上。随着形势变化,满车库都是关于我的大字报。人是适应能力非常强的一种动物,改革开放后的现在,休闲生活方式变得丰富多彩;但在当时,许多生活方式都被认为是资产阶级的"四旧",被打倒在地。人总是需要娱乐休闲的,因此,对于许多人,看大字报,便成了一种经常性的休闲方式。当时没有法律了,人们也没多少法治的观念,大字报可以随便乱写,没有对人的基本尊重,也没有对事实的基本尊重。这么乱来,不仅不需要负任何法律责任,而且是革命立场坚定的一种表现。在大字报上,我和我的家庭,全都被一些不实之词抹上了污泥浊水。最厉害的时候,我们的支部书记、党小组长和几个支委,甚至联名给我写大字报。

我没去看大字报,上面的内容全是朋友告诉我的。我有个愣劲儿。既然躲不开,我就变得根本不在乎了。心想,是就是,非就非。我就是我,我就是邓在军,不是那么回事儿,你怎么贴也不是那么回事儿,还有组织呢!你做调查吧,我经得住时间检验。后来同事张淑芬说:邓导,我真佩服你。我要是被人这么贴大字报,绝对活不下去了,你居然还会照样工作,没事儿的样子。

这段时间,斗归斗,活还是让我干的,有重大的演出活动,也派我去转播。但随着"文化大革命"的继续,党内斗争愈趋白热化,恩来伯伯的政治处境更加恶化。这种恶化也影响到我和尔均。

我很担心尔均。当时,他在解放军总后勤部政治部当秘书科长,算是"重要知情人"和小"当权派",也受到一连串冲击,身体很差,心情极度压抑和苦闷,甚至还说过这样的话:"人活着,太累!"我怕他做出想不开的事情,劝他:"别想那么多,大不了我们回农村种地去,我来养活你。"他苦笑道:"我相信种地比搞政治容易得多,我肯定能学会,还是我养活你吧。"

尔均也在担心我的情况变化。70年代初,朝鲜大型歌舞《卖花姑娘》来中国演出,开幕式在首都剧场举行。台里按照惯例,这次重要演出还是安排我负责转播。《卖花姑娘》的演出反响不错,于是挪到了人民大会堂演出。我是能进入人民大会堂的"常备名单"中的一员,继续由我转播更是顺理成章的事。可是,台里突然决定换人,不要我转播了,而且没有说明任何理由。我感觉到情况不妙。

尔均说:"可能是台里看你最近腿关节不好,照顾你吧?"

我不信会是这种原因。果然,此后便取消了我在重要活动中导播的资格。接着不久,我又接到了去河南淮阳中直机关"五七"干校劳动锻炼的通知。

接到通知,我傻眼了。我已经是四个儿女的母亲,最小的孩子才两岁,二女儿和三女儿又正在住院。更要紧的是,我们已经知道恩来伯伯得了重病,我担心再也没机会见到他老人家了。为此,我请求领导让我推迟半年去干校。

不管我如何恳求,有关领导断然拒绝了。有些人的人性中有许多丑恶的东西,在我眼中,最丑恶的,是从欣赏同类的痛苦中取乐的癖好。我永远无法原谅有这种癖好的人。

离京之前,我悄悄给恩来伯伯的秘书打了电话:"我就要去干校了,我想见见伯伯。"

秘书沉默了许久,问:"去多久?"

我说:"一年。"

秘书又沉默了许久,才说:"回来见吧。"

我的心一下子变得空空荡荡,流着泪水去了干校。

当我再次见到恩来伯伯时,他那伟大的身躯已经倒下,静静地躺在北京医院告别室的鲜花丛中。

干 校 杀 猪

1975年夏天，我进了干校。

当时有句名言，叫"广阔天地炼红心"。按我的体会，在干校的"广阔天地"里，皮肤倒是可以晒黑晒红，心却未必能够炼红。说句老实话，拿起扑克牌，什么叫"红心"我还能懂；至于人，究竟什么样子才叫"红心"，到现在我也没有真正弄明白。现在回头看，干校的很直接的作用，是可以非常有力地打击我们这些学员的自信，让我们自觉地降低自己的人格尊严。来干校前，我们一个个都有自己的事业，许多人还事业有成，自我感觉不错。到了干校，心理状态完全不同了，心里就想：别牛皮哄哄了，你的价值社会不稀罕，不需要，而且，没有了你，原来干的那些活照样有人干，地球照样在运转。看看你现在，手不能提，肩不能扛，真是个无用废人。

到干校后，我被分到据说是专打硬仗的"先锋连"，又被分到大田班，而且赶上了插秧时节。正是夏天最热的时候。我们凌晨4点钟起来，睡眼惺忪地走向秧田。到了地头，鞋袜一脱，就光脚踩进秧田。清晨还不热，但我很怕水田里的蚂蟥和水蛇。蚂蟥是偷袭高手，防不胜防，不知什么时候，腿上就吸上了几条。蚂蟥的吸盘厉害，一旦被它吸住，用手硬拽是不行的，得突然一拍，或者用火烧，对它也来个突然袭击，让它受惊才能把它请走。即便这样，它也早就"酒足饭饱"，在人腿上留下一个血洞扬长而去。公平地讲，水蛇要温和得多。水蛇毒性不大，似乎从不主动攻击人。尽管如此，但它给我带来的恐怖感比蚂蟥要厉害得多。水田的周围田埂下，有许多直径三两公分的小圆洞，这是水蛇和黄鳝的公寓。据抓过黄鳝的人讲，黄鳝洞里面是暖的，而水蛇洞则是冰冷的。我没试过，又无法从外表上分辨这些洞到底是谁的公寓，心里老是打鼓。不一会儿，有人惊叫了："蛇！蛇！"即使我没看到，也会惊起一身鸡皮疙瘩。理智上知道水蛇无毒，但蛇的整个家族给我的印象太恐怖,所以尽管是水蛇,它给我的威慑力也是非常强大的。有时不经意间,会发现水蛇已经来访,反射着阳光的水面下,一道灰影在优美地舞动,让我感受到无边的压力和恐怖。这种时候,我通常会吓得一动不动,紧盯住它,仿佛中了魔法,准备随时接受它的命令和指挥。只有当它把我戏弄够了,不慌不忙改变方向离开后,我才会在大声惊叫中松一口气。

劳动间隙

就这样,我一边拔秧、插秧,一边提防蚂蟥和水蛇的袭击,开始的一段时间里,尤其显得心力交瘁。拔好秧,挑到田里准备插秧时,太阳出来了。遥远的太阳在感觉上很近,凉水很快会被晒热。在水里呆的时间长了,上晒下蒸,很不好受,就盼着星星快点出来,早点收工。我有关节炎,这时也犯了,半条腿长时间泡在水里,肿了起来,到处的关节都痛得厉害。关节很痛,而在水田里关节的活动量还格外大,尤其是插秧要弯着腰,每天回来,就觉得腰快要折断了。

积肥的活儿我也干得不好。所谓积肥，就是铺一层麦秆压一层肥，反复往上堆，最后堆成一个像麦当劳里的超级巨无霸。往上堆的麦秆和肥料，要用独轮车推，当肥堆越来越高后，轮子下面跟弹簧一样，极难用力。我本来力气就不大，但又无法躲避，因为这正是我需要改造的理由之一，有眼睛盯着。我只能连推带顶的，一点点给硬顶上去。我有脚气，晒麦子时，脚又烂了，没法穿鞋，最后只能打着赤脚，晒得滚烫的地面，经常逼着我"跳舞"。锄豆子也是个不好干的活。豫东平原上，田野一望无际，很难找到一棵避阴的树，日头又毒，人像呆在火炉里，背上的皮被晒得一层层地掉。

我赞美劳动，正是劳动，才创造了人类，使人类升华为万物之灵。尽管如此，我却不想赞美干校。干校基本上不考虑每个人的实际情况，不分青红皂白，一律强行干重体力活，还美其名曰"炼红心"，不仅蛮不讲理，缺少科学性，也没有对人的基本尊重。

据说现在西方白种妇女都想让自己的皮肤晒黑，以黑为美。我的皮肤较白，自我感觉也很好，到了干校，思想改造的成果之一，就是我发现皮肤白是一种"丑"，因此很想把皮肤晒黑。在这一点上，干校的审美趣味和现代西方妇女倒是有异曲同工之妙。所不同的是，西方妇女想要"黑皮肤"，是为了暗示自己富有的生活方式：没有足够财富，是没有那么多闲功夫到海滩晒日光浴的。我们似乎正好相反：皮肤晒黑，才能证明你在阳光下进行了足够繁重的体力劳动，才能接近劳动人民的"本色"。那个时代，知识和知识分子是不值钱的，只有工人和农民的体力劳动才是真正的"劳动"。为了晒黑自己的皮肤，我下过不少功夫。当时，许多学员的皮肤都晒得很黑，仿佛来自非洲部落，让我羡慕。我的皮肤很讨厌，怎么也晒不黑，阳光下呆了一天，脸晒红了一点，可一觉醒来，又恢复原状，在人群里很突出，造反派看着也不顺眼。我很生自己皮肤的气，为此有意多晒太阳，渴望出现劳动人民"本色"。可是很遗憾，好像我这个人天生就喜欢对抗改造，思想上愿意接受改造了，可是皮肤却很固执。

冬天到了，地里活不多，我进了炊事班。我主要负责拌小菜，腌咸菜。

洗菜的水全要从水井里打上来。数九寒天,平原上的西北风厉害,上千斤的大白菜、萝卜、芥菜疙瘩要一棵棵洗出来,手冻得直甩,活不能停,一直要几个大缸全部腌满为止。有时还要炒大菜。遗憾的是当时没有相机,没能留下炒大菜的镜头。那是一口大锅,锅铲像一把铁锹,我力气小,根本炒不动全连一百多号人的菜。我找了个小凳,站在上面炒,但也只能在锅边铲铲,翻搅不动一大锅菜。我的敬业精神还是好的,为了让油盐均匀,锅中间我也得铲到啊。我把锅铲插进去,铲柄顶住锅沿,双手握住另一头,然后利用杠杆原理使劲儿去撬菜。这是撬菜,不是炒菜,味道如何可想而知。好在干校学员没谁把自己看成尊贵的国宾,最多开开玩笑,挖苦两句,没太挑剔。

干校的生活环境,把我们降低到几乎为生存而战的状态,也潜移默化地影响着我们的精神品格。我恨过狗,而恨它的唯一原因,是它悄悄叼走了我们连队刚剥的一张猪皮。

我们先锋连伙食搞得还行,自己养了猪,半月一月的要杀猪改善一次生活。杀猪后,剥下的猪皮我们要拿到市场去卖,换点东西回来。那一次,猪皮挂在厨房外面的房梁上,被狗给叼走了。狗叼走猪皮,当然是为了它生存需要。但当时我们自己的日子也不好过,因此大家对狗异常愤怒,同仇敌忾,仿佛发生了两个部落之争。大家决定组织人夜里打狗。人当然比狗聪明,我们设了陷阱,夜里果然把狗套住了,吊了起来。为了解气,大家对已经没有反抗能力的狗一点儿没客气,噼里啪啦地打,打得狗汪汪直叫,它越叫,打的人越开心。有一次把狗的腿都打断了,才放它走。

我没有参加打狗,但观看过打狗的全过程,当时并不觉得怎样。现在回想起来,心里很难过。

当局者迷。在干校的环境里,我们更多想的是自己的艰难不易,很少想过自己的心灵是否已经变得有些冷漠、硬化。也许,这种冷漠和硬化,正是改造我们的目标之一。因为干校还有一个特殊的锻炼项目:炊事班里每个人都要学习杀猪,女性也不能例外。至于我,他们虽然知道我害怕杀猪,但上级有精神:邓在军需要"加倍"改造,因此,当然更应该被列入屠夫的名册。

　　杀猪的人员名单已经提前排了队。排在我前面的屠夫,是搞摄像的郑宏宇,小伙子二十来岁,长得很精神,摄像技术也很高明。但显然,杀猪刀和摄像机是明显不同的两种东西。郑宏宇听说排到他杀猪,吓病了。于是,我被提前轮到了。我很害怕,但我一向要强。心想,别人能干,我也能干。于是揉面的时候,我拿刀不停地往面里头捅,提前练习杀猪动作。可是我又想,猪皮不是面,那么厚,我哪儿捅得动呀?司务长挺好,安慰我说:没关系,我们会把猪给你电晕,然后捆起来给你杀。我就请教具体方法,他又指点了下刀的部位,告诉我刀捅进去以后要绞一下。

　　那天时候一到,该我上场了。他们已经把猪的腿绑起来了,电晕了没有我不知道,就让我动手。我又忘了具体操作方法,有人告诉我:把猪头抱上! 我就把猪头紧紧抱住,然后在人们指点下,一使劲儿就把刀捅进去了。忽然想起司务长的嘱咐,猛地把刀绞了一下,血便从刀口里汩汩地流出来。这时,炊事班的刘广全——我们台的转播科科长过来了,他说:"哎哟,小邓,快拔啊,你怎么不拔刀啊?"我问他往哪儿拔,他说往外拔。我用力往外使劲儿,唰地一拔,也忘了刘广全就站在旁边,锋利的刀刃差点割开他的脖子,吓得他直往后退。又有人叫了起来:"邓在军,你还抱着个死猪脑袋干什么!"

　　我赶忙扔开抱在怀里的带血的猪脑袋。猪咽气了,我也终于当了一回屠夫,完成了干校布置的一项特殊"政治"任务。

总 理 去 世

1976 年元旦前后的日子里,在病痛折磨下,恩来伯伯的身体已经极度衰竭,随时可能会离我们远去。由于保密原因,外界并不知道总理的具体病情,我们这些亲属也不例外。

有人讲,亲人之间有时会发生某种心灵感应。我不知道是正好碰上了这种感应,还是纯属巧合,1 月 7 日,我突然犯病了。

我的胃从没闹过毛病,这天却疼得厉害,无法忍受。干校派人把我送到了县医院。大夫检查后说,可能是胃穿孔,主张立即动手术。县医院条件非常简陋,病床上连被褥都没有,更像个公社卫生所,其医术也难免让人生疑。送我去的人怕出事,不同意开刀,要求保守治疗。医生也有理由:万一出事谁负责?最终还是同意保守治疗:打点滴。

送我来的人走了,中央人民广播电台的著名播音员王欢留下来陪我。医生问:"你们没带被褥?"我们说根本不知道要带这些东西啊。这位医生还不错,从休息室拿了一床被子给我,垫半边盖半边,我的棉大衣就当了枕头。这下苦了王欢。她没法睡,只能披着大衣,在我脚头陪坐了一夜。半夜我要上厕所,因为还在输液,她就帮我拎着输液瓶,两人一块儿去厕所。后来干校又派我们班的一个人来陪护了两天,惭愧的是,我现在想不起她是谁了。我非常感激她和王欢对我的关照。

第三天是 1 月 9 日,胃不那么疼了,医生给我拔掉了输液管。

我不知道的是,恩来伯伯这时已感觉不到病痛了。他已经离开这个世界,走完了他无比辉煌壮丽又极度艰难曲折的人生。

凌晨四五点的样子,病房突然出现干校来人,给我一份尔均发来的电报:

"七伯今日上午不幸逝世,万分哀痛。七妈嘱在外地亲属勿来京吊唁,特告。望节哀。"

就像晴天霹雳。看了电报,我整个就跟触电一样,全身都是麻木的,瘫了,头脑里一片空白……多年来,恩来伯伯非常爱护我,临终了,却没能见上一面,而且还不能去北京向他老人家遗体作最后的告别,这让我怎么也想不通,伤心万分。

幸好,干校领导还不错,决定送我回京治病。这就给了我一个回北京的正当理由。回到家里,我给七妈秘书赵炜打电话,请她报告七妈。赵炜回话说,七妈同意我在京参加伯伯的所有悼念活动。这可是特例。即使在这样巨大的悲痛时刻,七妈仍保持着她特有的镇定,关心和过问着每一件具体的事情。

伯伯的遗体告别仪式,是在北京医院举行的。医院太平间旁边,有个不大的房间,伯伯的遗体就安放在这里。抛开情感的因素看事情,人既然已经去世,遗体告别的方式和地点并不重要。但是,中国是一个礼仪之邦,讲究仪式规格。伯伯作为国家总理,万人景仰,遗体告别却选在这么简陋的地方,明显有悖常规。当时,没有正常的信息渠道,小道消息满天飞,虽然不敢公开表达个人意见,但人们心里有数,国家的"礼仪"出了毛病。

遗体告别仪式定在 1 月 11 日上午。早上七点,我们这些在京的亲属,按通知要求到中南海西花厅集合,乘车去了医院。按照程序安排,亲属最先告别,然后是领导和群众。在伯伯面前呆了二十来分钟后,就有人催促我们离开。

鲜花和松柏丛中,伯伯紧闭双目,静静地躺着。从今以后,再也看不到他那炯炯有神的目光了,再也听不到他那无比爽朗的笑声了,再也不能得到他充满睿智的教诲了……我悲从中来,痛彻心肺,泪眼模糊,真想扑上去大哭一场。

长眠中的伯伯,面容清癯,双颊凹陷,灰色中山服松垮地搭在瘦削的身躯上,体重骤降到只有六七十斤。我痛心地想到,仅仅十年前,即"文化大革命"之前,七伯虽然年近七旬,依然魅力四射,丰采过人;同实际年龄相比,依然显得那样年轻。尔均说过,伯伯同他初次见面的那一年是 48 岁,

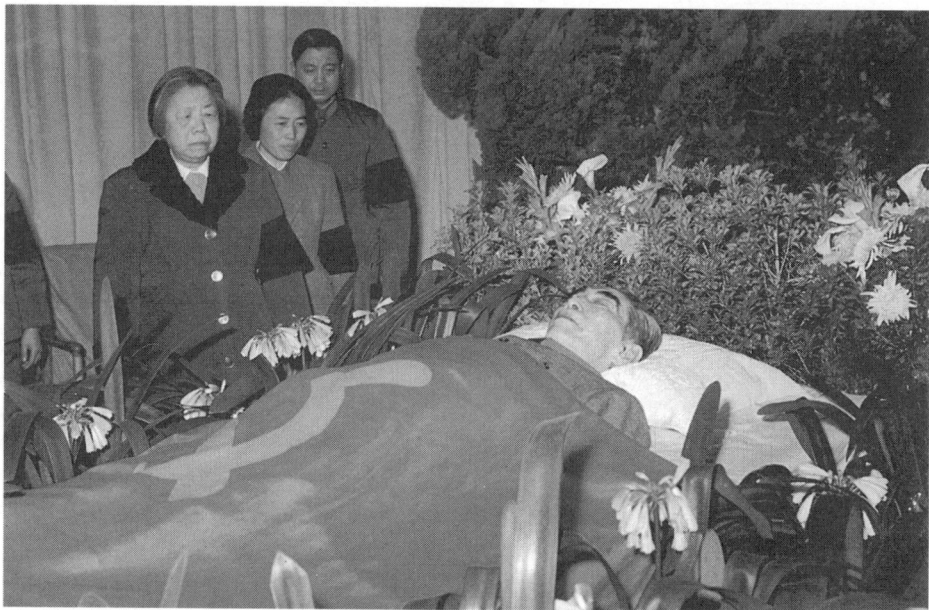

邓颖超伯母沉痛地向恩来伯伯的遗体告别

但看上去不过 30 左右。我 1955 年初次见到的伯伯,当时 57 岁,看起来也只有 40 出头。伯伯为何总是显得那样年轻,那样的神采奕奕、风度翩翩?这不仅源于他那坚强的革命意志和崇高的革命乐观主义精神,源于他对传统礼节和仪表的高度重视,源于他是国人乃至世界一致推崇的"美男子",更因为他经受了非常人所能企及的艰苦绝伦的革命斗争烈火的淬炼。

曾有人给我说过一个观点:衡量一个人的年龄,除了看他的"自然年龄"即出生时日之外,还要看他的"生理年龄"即内部器官的健康程度,"心理年龄"即心态的好坏,"阅历年龄"即是否有丰富的生活经历。换句话说,一个人的寿命长短,不仅与实际年龄,而且与他的生理、心理状况和人生阅历密切相关。而一个人的阅历又直接影响到他的生理与心理素质。我认为,这个观点颇有几分道理。我国的先哲孟子说过:"天将降大任于斯人也,必先苦其心志,劳其筋骨,饿其体肤,空乏其身,行拂乱其所为,所以动心忍性,曾益其所不能。"孟夫子的这番话,换一个角度解释,就是讲人生阅历与生存能力之间的辩证关系。

举一个例子，我所认识的几位开国将领如张震、李德生、肖克、张爱萍、伍修权、吕正操等同志，他们都是戎马一生，身经百战，出生入死，经历了残酷战争的考验和十年"文革"的磨难，但当他们晚年进入八九十岁高龄时，仍然精神矍铄，思维敏捷，腰背直挺，行动自如，俨然大将风度。肖克将军是南昌起义时起义部队的连党代表，1998 年，他已经 91 岁高龄，是当时在世的南昌起义时唯一的干部。他向我谈起"八一"起义当晚的惊险经过，谈到了叶挺独立团和铁甲车队的战斗经历，依然体健声朗，豪情满怀，溢于言表。他绘声绘色地为我们再现了当年伟大的历史场景，深深地感染了在场所有的人。尽管秘书和家人怕他过累，一再加以劝阻，肖老却满不在乎，连续讲了一个多小时还意犹未尽。他在谈话结束时，用了"首义战旗红，功在第一枪"这句内涵丰富、掷地有声的话语，形容恩来伯伯的伟大历史功勋。肖克老将军 2008 年 10 月辞世，享年 101 岁。

那么，我们如果用"传奇的一生"来形容恩来伯伯波澜壮阔的一生，是远远不够的。我们知道，他是五四运动时期的学生领袖，是中国共产党早期的主要领导人，是人民军队的主要创建者，是我军政治工作的始创者，是党的地下斗争的主要领导人，是与国民党蒋介石长期进行武装斗争的主要领导人之一，是我党统一战线、外交工作、经济战线的实际主持人。就连我党用于地下斗争的电台与密码也是他亲手创立的；我党的密码命名为"豪密"，就是用的周恩来党内的化名"伍豪"。他还连任 26 年国家总理，这在全世界也是独一无二的。在我国现代史上，诸如赴欧勤工俭学、黄埔军校、上海工人武装起义、二万五千里长征、西安事变、重庆谈判、延安枣园、南京梅园新村、上海"周公馆"、西柏坡、中南海西花厅的灯光，这些闪闪发光的传奇故事与名称，无一不与周恩来的名字紧紧联系在一起。恩来伯伯集政治家、军事家、外交家于一身，古今中外很难找到像他这样"苦其心志，劳其筋骨"、具有丰富阅历和斗争经验的卓越领导人。他无数次经历出生入死的严酷斗争考验，都能化险为夷，一个个地闯了过来。恩来伯伯理应健康长寿，超越常人。

可是，一个如此伟大的生命，却在"文化大革命"中过早地离开了人世。在这场"史无前例"的民族浩劫中,他备受磨难,心力交瘁,又不能不以带着重病的身躯,以"我不入地狱,谁入地狱"的大智大慧和殉难者的心情,全力支撑起行将倒塌的共和国大厦,为中华民族的复兴保存了经济命脉,保护了一大批民族精英,为此而耗尽了自身的全部心血与生命,实践了他"为中华之崛起"而奋斗、鞠躬尽瘁、死而后已的崇高誓言。试想,如果不是"四人帮"的倒行逆施与迫害,恩来伯伯定能活到一百岁!如能这样,他将为我们国家的振兴、人民的幸福再做出多么巨大的贡献!伯伯的过早离去,实在是我们国家的灾难和重大损失,是全民族的不幸,也是我们作为亲属无可挽回、刻骨铭心的深深伤痛!

出了告别厅,外面已经排上了长长的告别队伍。

在最后向伯伯遗体告别时,一直高度克制自己悲痛的七妈,终于忍不住抚棺痛哭。七妈万分悲伤地说:"恩来同志,我再也看不到你了,让我好好看看你,让我痛痛快快地哭一场,让孩子们好好看看你吧!"伯伯遗体火化时,八宝山的工人不肯按电钮,还是经七妈劝说后才按下的。

1月15日,在人民大会堂,我参加了伯伯的追悼会。党和国家领导人基本上都到齐了,但毛泽东主席没有出席。为此,追悼会还推迟了一段时间,但最终没有等来,大家都很失望。我虽然不懂政治,但也能感受到政治

参加恩来伯伯的追悼会(1976年1月15日)

气氛很特别。追悼会之前,我特别希望毛主席能参加,也觉得他一定会去,但他没有去。我心想,伯伯作为一国总理,是你的左膀右臂,给你担了多少事儿啊,你说过,人死了,要开追悼会,寄托我们的哀思。恩来伯伯同你并肩战斗了一生,怎么能不参加他的追悼会呢?后来才听张玉凤说,毛主席当时也因重病无法正常行动了。

我是坐着参加追悼会的。因为胃疼又犯了,根本无法直起腰。秘书让警卫给我找了个小凳。追悼会现场一片悲痛肃穆的气氛,许多人哭出声来。小平同志致悼词时也一度呜咽,说不出话。

追悼会结束后,七妈邓颖超把我们亲属和伯伯的医务人员召集到人民大会堂的台湾厅,同我们谈了半个多小时的话。选择这个时间、这个场合、这些人员组成以及所谈的内容,似乎顺理成章,很自然。但现在来看,处在当时特殊的政治环境和氛围里,七妈的这种安排和她所谈的内容,是经过缜密考虑的,充分表现出了她作为一个伟大的政治家,在极度悲痛的时刻的沉着、冷静和高度的政治智慧。

七妈谈话前,尔均和秉德妹约定,他俩悄悄地做了个记录,会后一起核对、整理。下面引述的,就是他俩记录、整理的七妈所说的原文:

> 刚才,你们都参加了伯伯的追悼会,我在这里同你们见见面,有些话谈一谈。恩来去世了,你们很悲痛,我也很悲痛。但是,眼泪和悲伤都不能使死去的人复活。毛主席在《为人民服务》这篇文章中讲得非常好,他说,人总是要死的,但死的意义有不同。一个人为人民的利益而死,就是死得其所。恩来正是这样的人。他是一位人民的勤务员。他一生的追求,一生的奋斗,都是为人民的利益,为了实现共产主义远大理想这样一个崇高的目标。你们在座的有的是共产党员,有的是共青团员,有的虽然不是党员团员,但都是革命同志,都要响应党中央的号召,化悲痛为力量,继承恩来的遗志,努力工作,为把我国建设成为社会主义现代化的强国而奋斗。

> 今天在座的,有为你们伯伯治病的医务人员,护理人员。这

些同志,他们在政治上是可靠的,医疗技术是我们国家第一流的。他们受到了党中央的最大信任和委托,对恩来的病作了精心的多方面的治疗和护理,不分昼夜,废寝忘食,尽了自己的职责,做了最大的努力。他们的革命精神和工作态度是十分感人的。伯伯生前曾经多次对他们表示由衷感谢。在这里,我也要代表大家向这些医生、向参加护理工作的人员,表示深切的感谢。你们下一代在这方面,没有任何提意见的权利。伯伯说,这不能怪任何人。这是我向你们转达伯伯的话。

听到这里,我想起遗体告别时秉钧弟告诉我伯伯脸上有异常黑斑这件事。处在当时的政治环境,伯伯的病情又一直被封锁,人们突然被告知敬爱的周总理逝世,无疑会对他的医疗救护提出疑问。七伯和七妈早就想到了这一点。他们心里装着群众,在任何时候、任何事情上都要尽其所能保护群众,而不是想到自己。

七妈接着说:

癌症终于夺去了你们伯伯的生命。我自己是共产党员,我用无产阶级的坚韧性,高度地克制我内心的痛苦,在他病中还要用愉快的精神和他一起同疾病作斗争。当他知道自己的病不能挽救时,曾抬起身来对我说,我们俩的骨灰都不要留。这是我和恩来在十几年前共同约定下来的。我们国家在对人死后的葬仪方面,从古代到中华人民共和国成立,一直都是土葬的。50年代,在党中央和毛主席的倡议下,许多高级干部签名,决定死后实行火葬,这是对我国几千年旧风俗的重要改革。1958年,你们伯伯首先把他逝去的父亲,我把自己逝去的母亲以及八路军重庆办事处的一些死去的同志的坟墓平掉,进行深埋。还把淮安几代亲人的坟墓,也托人平掉,改为深埋,把土地交公使用。在中央做出人死后实行火葬这个决定不久,我们俩共同商定,相互保证,把我们的骨灰撒到祖国的大好河山去,撒到水里、土里去。从土葬到火葬,从保留骨灰到不保留骨灰,这是思想观念上的重大变化,是移风易俗的重要改革。他自己就曾经讲过:人死后为什么要保留骨灰?把它撒在地里可以做肥料,撒到水里可以喂鱼。

　　他还主张,人死了以后应该做尸体解剖。在他病重住院期间,曾经专门交代医务人员:现在对癌症的治疗还没有好办法,我一旦死去,你们要彻底解剖检查一下,好好研究研究,能为国家医学发展做出一点贡献,我是很高兴的。你们伯伯对于自己个人离开人世没有丝毫挂虑,对祖国的科学发展和未来却充满了热情和期望。

　　关于这一点,后来在拍摄电视专题片《百年恩来》时,伯伯的医疗组组长吴阶平副委员长告诉我:病重的伯伯,听说云南个旧地区发现肺癌,马上把肿瘤医院院长、李克农同志的女儿李冰找来,让她去当地调查研究,找出防治办法。他对当时医学界正在进行的我国肿瘤分布地区的调研和地图绘制工作,十分赞许,并嘱咐制成沙盘,抬到病房里给他看。伯伯的一生真可谓"春蚕到死丝方尽,蜡炬成灰泪始干"啊!

　　接着,七妈动情地说:

　　从感情上你们很难过,用唯物主义的观点来看,伯伯虽然肉体不存在了,但他的骨灰在祖国大地河流里作为肥料,为人民服务,物质不灭,生生不已。在他弥留之际,想到的是死后还要如何为人民服务。你们要支持伯伯的这个行动。他的遗言我向中央政治局报告,得到毛主席的批准,这使我得到最大的安慰——他的心愿已经了却了。

　　恩来伯伯在广大群众心目中有着崇高的威望,如果按照当时人们的愿望,是不会赞成火化遗体的。但是,伯伯对生命的意义领悟得很透彻,对当时的政治局面更是洞若观火。他不仅坚决主张火化,而且连骨灰也不肯留下,潇洒地驾鹤仙去,化身万亿,生前身后,任人评说。在这十多年之后,七妈仙逝,也忠实地履行了她和伯伯的共同诺言,要求后人把她的骨灰也撒进了祖国的江河大地,与伯伯重新汇合在一起。

　　说到这里,我想起中国佛教协会会长赵朴初在 1997 年同我说的一件事。赵老说,周总理曾有一次问他:印度有个风俗,人死后把骨灰洒到恒河里,这是不是佛教的传统? 赵老回答说:是有这个传统。从这件事,也可以看出伯伯生前对于身后骨灰的安排早有考虑。

在台湾厅,七妈继续对我们说:

我还想讲一点,虽然我理解你们的心情,但为了打破旧的习俗,我事先打电报通知,不在北京的亲属不要来。这个通知发出后,有几个表现很好,尊重了我的意见,向我表示了慰问,没有来。但也有的从外地赶来了,不但大人来了,还带了孩子。你们大概都会感到我和伯伯对你们要求是严格的,既然来了,也是他们的心意,前天让他们参加了吊唁,今天我不得不把他们除外,因为追悼会有名额限制。伯伯对他的后事,曾经对我说过,葬仪要从简,规格不要超过中央的任何人。这件事,我也向党中央做了报告。中央给了他很高的荣誉。他还向我说过,一定不要特殊化。我个人是坚决执行的。对于丧事,我是严格按照三大纪律八项注意的第一条,一切行动听指挥,没有提任何要求,一切都由治丧委员会决定。伯伯的遗体是在西花厅党支部保护下火化的。他的骨灰盒是由一位中央负责同志定的,并由西花厅党支部成员将他的骨灰盒放在吊唁的地方。因为他是西花厅党支部的党员,在具体执行吊唁他的仪式时,有些事情应该放到支部里去做,由支部的同志来承担。我想这也是符合他生前愿望的。

你们伯伯生前是党和国家的一位领导人,但他总是按照一个普通共产党员的标准严格要求自己。他把自己看做是党的人,是一个人民的勤务员。你们不要仅仅看做个人的亲属的关系,那样就把感情降低了,而要提高到阶级的感情、革命的感情。讣告里说的,和今天悼词里的内容,你们都应该好好学习。

在几十年的革命生涯中,你们伯伯始终如一地遵守着共产党人的重要准则,永远保持和群众的最密切的联系,从不搞特殊化。他一生为党和人民虽然建立了许多功勋,但他从不居功自傲,而是经常检讨自己。他地位越高,越是感到肩上的责任重大,就兢兢业业。特别是我们党处在执政党的地位以后,他更是时时刻刻注意这个问题,严于律己,把搞好我们的党风放在一个十分重要的战略地位。作为他的亲属,又有什么理由把自己放在一个特殊的地位呢?我们千万记住,不要以为自己在革命的征途上有什么特殊。你们参加今天的追悼会,是向革命老前辈学习的机会,回去后不要夸耀,不要吹嘘,一定要谦虚谨慎。

恩来和我们永别了。你们要坚强,不要过分地悲伤。你们还有一个责任,你们不单对亲属,凡是遇到的人,过分悲哀的,要劝导。

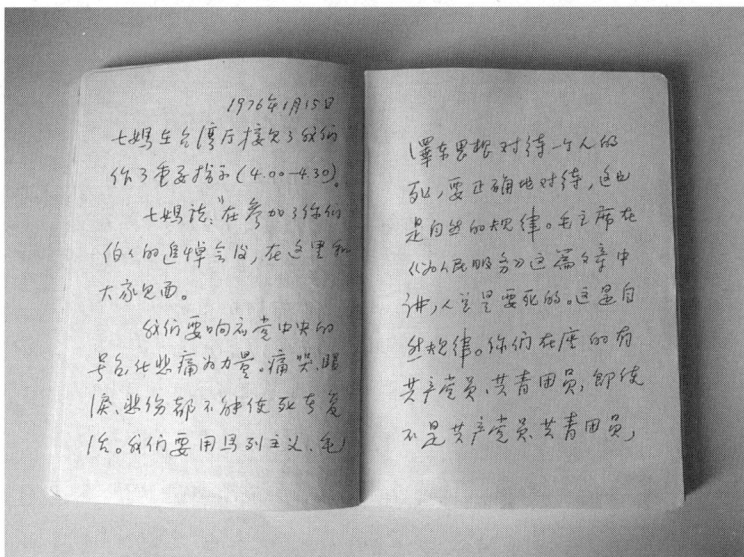

邓颖超伯母在人民大会堂同亲属的谈话(1976 年 1 月 15 日,周尔均记录稿)

今天,我重温七妈的谈话,回忆当时的情景,更深切地体会到,她老人家在经历如此巨大的悲痛之后,思想条理仍然十分清晰,谈话充满了强烈的革命情感与深刻的政治远见,饱含着对晚辈与后来者的关心与期望,是一篇具有高度思想政治性与深远教育意义的谈话。

讲完话之后,七妈又让秘书赵炜将伯伯生前对改革旧习俗的嘱咐念给我们听,其中提到,淮安老家的房子要处理掉,不要留作纪念用;祖先坟墓要深埋,作为耕地等等。七妈还要求我们,要按照她的嘱咐,向其他没有在场的亲属做好解释工作。

听了七妈的话,我在深受教育的同时,也非常伤感。七伯和七妈对自己要求一向严格近于苛刻,但伯伯作为一位亿万人民景仰的伟大政治家,作为终其一生为人民鞠躬尽瘁的一国总理,中央对他的丧事安排显然作了诸多限制。可是,这种场合我没有发言权;实际上,七妈虽然是国家总理的遗孀,当时也没多少发言的余地。就在追悼会的同时,人民大会堂外的天安门广场上,群众自发地来到纪念碑前,向恩来伯伯敬献花圈,多达两万两千多个。这个场面,显然不是江青之流所希望看到的。当天夜里,"四人帮"就下令将花圈连夜拉走。他们动用了150辆卡车,拉了两趟半才将花圈清理完。

离开人民大会堂前,七妈拉着我的手说:"在军呐,你看了病马上回干校,不要留在北京。在心里头纪念伯伯就行,不要戴黑纱。"

七妈的话我什么都可以听进去,但是不让我戴黑纱,我听不进去。可是我不能顶撞她,也不能不按她的话去做。她比我站得高,看得远,我更感觉到当时政治局面的严峻。此后,我的胃痛莫名其妙地好了,去三〇一医院照片检查,胃没有穿孔,最后诊断为胃痉挛。

七妈的预感没错,我离开北京时,所谓"总理遗嘱"的谣言就出来了。回到干校不久,广播事业局保卫部门就派来两个男的,找我谈话,追查总理遗言和邓颖超给我们说了些什么。

我非常愤怒。以往,我虽然是个急性子,但并不会朝人发脾气,拍着巴掌跟人吵架更是没有过的,但这一次我气得一掌拍下去,把桌上的玻璃板都拍碎了。我义正辞严地回答他们:"这是我们家里人的事,你们管不着。要了解总理遗言,报纸上已经有了,你找我拿什么遗言?"我又说,"如果你要想知道七妈给亲属谈的什么,我倒可以告诉你一两点。"

我给他们简单谈了七妈对我们亲属的严格要求。听了我说的情况后,其中有个人低着头哭了。他们从此没再露面。

把所有的爱装进心里

恩来伯伯去世了，举世为之哀恸。

1月9日清晨，当电视和收音机里播出哀乐声的时候，中国大地上无数的人们，都有了不祥的预感，他们放下手里的事情，心中默默地祈祷："但愿不是总理。"但是心愿毕竟不能成为现实，等来的是晴天霹雳一样的噩耗。中国人民个个热泪盈眶，多少人痛哭失声。悲痛的人群川流不息地来到了天安门广场，默默地敬献花圈，寄托哀思。一时间，天安门广场成了花圈的海洋，伤痛的海洋。

天安门广场堆满了悼念周总理的花圈

几个月后的清明节,悼念总理的活动达到空前的规模。人民英雄纪念碑和整个天安门广场堆满了无数花圈、挽联,人们不分男女老少,无论白天黑夜,潮水般一波波涌向天安门广场,用诗歌和悼词,倾诉他们对周总理的爱戴和思念。浓烈的情感,有如火山爆发,海啸倾泻,中国人民终于用自己独特的方式,最终埋葬了万恶的"四人帮"。"四五"运动,在中国现代史上留下了光辉的一章。

"人民的总理人民爱,人民的总理爱人民。总理与人民同甘苦,人民和总理心连心。"当年天安门广场上最为流行的这几句朴素的悼词,瞬间传遍了全国,因为它抒发出中国人民真挚的心声。

世上没有无缘无故的爱。

正因为总理付出的爱太多,他得到的爱也最多。他心里装满了对所有中国人民的挚爱,他身上承载着所有中国人民的疾苦。

伯伯在生前同我和尔均的谈话中,我留下印象最深的是"群众"这两个字。他反复叮嘱我们:要全心全意为人民服务;要关心群众利益;要向群众学习;要爱护各兄弟民族群众;好事要先尽着群众;不能脱离群众,等等。我作为亲属非常清楚,伯伯不但这样苦口婆心地教育我们,他自己更是身体力行,处处为我们做出榜样。早在上世纪40年代,伯伯在《我的修养要则》中,就亲自写下了"永远不与群众隔离,向群众学习,并帮助他们。"

就如,西花厅住房的修缮。七伯、七妈在中南海西花厅的住房,最早是清末摄政王载沣为自己修建的,没有完工清朝就覆灭了,以后北洋军阀、民国政府当做办公场所使用,一直没有好好修缮。伯伯和七妈入住时,房屋已很破旧了:地面是用砖铺的,很多地方已经破裂,门窗也有裂缝,尤其是地面潮湿,影响到伯伯有病的关节。到了60年代初,他俩在这里已经住了十几年。秘书何谦请示有关部门后,在七伯外出期间,对西花厅住房进行了简单的修缮,主要是修补了漏风的门窗,地砖换成地板,将木板床换了一个弹簧床。

他没想到,伯伯回来发现后,少有地发了火,改住在钓鱼台临时住所,坚决不回家,连陈老总去劝也不听。

一次,我和尔均去钓鱼台见伯伯,那天在座还有一些人,一道吃饭时,伯伯亲切地说:"在军,今天你七妈不在家去广东从化疗养了,你也姓邓,就代表她坐在我旁边吧!"我俩看伯伯的情绪还好,为了缓解他因装修西花厅一事引起的烦恼,便趁机劝他说:伯伯,您平时教育我们爱护国家财产,西花厅这个房子已经相当破旧了,这是历史文物,简单地维护一下,也是保护国家财产,从这个意义上讲也没什么大错,您不要再生气了。伯伯点了点头,认真严肃地说:你们讲的也有一定道理,我并不是反对做简单的维修,问题是现在修缮得过了些,你们要懂得,我是国家总理,如果我带头这样做,下面就会跟着,还有副总理,还有部长,这样一级一级地照样下去,不知道会造成怎样严重的后果。西花厅这样的房子,不用装修也很好了嘛!我们国家现在还穷嘛!很多群众还没有房子住。改善群众生活,让更多的老百姓能安居乐业,才是最重要的事情、第一位的事情。他问我们有没有读过杜甫写的《茅屋为秋风所破歌》,尔均回答看过,还应伯伯的要求,背诵了诗中最后的几句:"安得广厦千万间,大庇天下寒士俱欢颜"。伯伯说,对嘛!你们再重温一下这首诗,就会明白我为什么生气。

后来,在大家的劝说下,伯伯让秘书把新换的床还回去,吊灯拿下,窗帘摘掉,才搬回西花厅。为西花厅的修缮,他还主动在国务院会议上做了检查。

1996 年,我为摄制《百年恩来》电视片采访了何谦叔叔。他流着热泪把当年写的日记拿给我看,看后,我心灵上受到极大的震撼。下面是日记中的几段原文:

(1960 年)3 月 23 日 总理抽空回来看了一下房子,给严厉批评,总的就是批评修的好了,浪费,影响不好,因此不愿搬回西花厅住。可是又没别的地方搬。

我听到这些批评,心中非常难受,主要是我没有按中央政策办事,没认真执行总理的指示,让首长住下感到不安。

(1960 年)3 月 25 日(于天津云南路 77 号)已经夜里一点了,总理开会回来后,……又对西花厅修建问题,进行了严肃批

何谦日记（部分）

评:1.维修房子我不反对,为什么一定要修那么好呢? 2.你知道我要求的严,而你没有掌握这条原则;3.你跟我一起工作二十年了,我的一切要求、习惯你了解的;4.国务院办公的地方都没有修,把我住的地方修那样好,这怎么能让我安心呢? 5.最后问我:"在银行还存多少钱?""赔也赔不起。我不回去住吧,大家不安心,回去住吧,我不安心!"

听到这里,我两眼含着热泪,难过万分,想到总理几十年来,哪一点不是艰苦朴素,为什么我就忘了这些呢?（总理）又说:"这次修房子,那样一个修法,我一点都不知道,这可要你一人负责。当然,我没有回去看看,这是我的缺点。"我们亲爱的总理,是多么的谦虚呀! 他有多少大事,要他操心和办理,这点小事,我没办好,完全是我个人的责任,总理有什么缺点呢? 听了总理的批评后,真使我难过万分,一夜没睡,尤其总理还自我批评,他没回去看看，因此，更加使我难受了。我诚恳接受总理的批评，这个是完全正确、及时的，是一次深刻的政策教育。"

何谦叔叔说："为这件事总理在国务院会议上两次做检查。总理在会上说：'我没有做好，造成了浪费，让大家去看看，不要笑话'。可是每一次检查，他都是检查他自己，没有一次说这件事情'我不知道'，或'是我的秘书干的'，他把责任全揽到自己身上。"

关于住房，尔均还同我谈过他亲历的另一件事。就是1957年，伯伯率团出访亚非十一国回来，途经重庆找尔均见面的那一次。那天，尔均去招待所看伯伯，还没顾得上说话，伯伯嘱咐他先去看望陪同出访的贺龙副总理。伯伯说："贺老总就在隔壁，他是你们西南军区老司令，快去问声好！"贺总见了尔均很高兴，详细地向他询问了大军区整编后重庆部队的情况和他的工作情况。贺总深情地说："从南昌起义到现在，我在你伯伯的领导下与他共事几十年了，我从他身上学到很多东西，这次一起出访又有新的体会。你要很好向你伯伯学习。"在谈话中间，尔均偶然注意到贺总住的是个大套间，而伯伯住的是面积很小的普通标准间，他有些不解，见到伯伯的卫士长成元功，无意间问他为什

1963年，恩来伯伯和贺龙步入人民大会堂

么这样安排？元功叔叔告诉他："你伯伯每次到接待的住所,都要亲自过问每个人的住房安排情况,事先常常还要亲自看一下。他看到这里只有一个套间,便亲自交代我:贺老总年纪大,身体不很好,套房留给他住,我和大家一样住单间。"当天晚间,伯伯让尔均同他一起就餐。饭桌上,伯伯一个个地检查过问,看人都到齐了没有,见随行的乔冠华同志还没有到,伯伯特地嘱咐:不要催,等一等。当时乔冠华手里有工作,足足等了他二十多分钟。直到所有人员都到齐了,伯伯才动筷子。这次访问取得了圆满成功,伯伯很高兴,同每个人都碰了杯,还即席表扬了冠华同志。

当年伯伯住的这个招待所,原来是西南军区为苏联专家修建的,大军区撤销后由总后重庆办事处接管。今天,这个招待所还是由部队管,改名"红楼宾馆"。宾馆的历届领导很注意进行传统教育,当年总理、朱德同志和九位元帅住过的房间都留有标志,特别是总理和贺总住的房间,完全保持了原样。1958年我从上海调成都工作时,曾在这个招待所住过几天。2011年尔均同我去重庆为我父母扫墓,红楼宾馆领导知道了,特地邀请我们去宾馆做客,宾馆全体工作人员列队迎送我们,中午又特意安排我们在伯伯和贺总当年的住房休息,十分热情周到。那天,徘徊在伯伯住过的房间,回想他老人家的音容笑貌,仿佛又听到了他那爽朗的笑声,听到了他与贺老总在亲切的交谈。可恨时光无情,我还想:如果不是当事人健在和亲临现场,当初的这些细节,老一代革命家的高风亮节、他们之间的深情厚谊,恐怕也不会再有人知晓。逝者如斯,住所依旧,人事已非,再也回不到当年那个美好的时光了!

在和伯伯的接触中,我们还深深地感受到他对各兄弟民族的热爱和尊重。1959年,尔均和我先后调来北京工作,到西花厅见七伯、七妈。伯伯问尔均,听说你调动工作了,在哪个单位？尔均说在总后勤部卫生部。伯伯问他,部长是谁？尔均回答是饶正锡同志(注:当时饶正锡任总后勤部副部长兼卫生部部长,后曾担任中央军委纪委副书记)。伯伯说,噢,他是从新疆调来的,我很熟悉。恰好尔均因工作需要刚刚看过饶正锡的履历表,便说,是这样,他担任过新疆迪化市的市委书记。伯伯说:"哎! 你怎么说是迪化呢?"尔均理解伯伯的意思,因为迪化市当时已经改称为乌鲁木齐市了。便解释说:"我知道迪化已经改名,我是看到他任职表上写的是迪化市委书记。"伯伯点点头,然后就问我俩知不知道"迪化"这两个字是什么意思? 我们来不及细想,对伯伯出的这道题,实际上只回答了一半。我们说,迪化的"化"应该是同化的意思。因为联想到新疆是少数民族为主的地区,历代都强调对少数民族要"同化"。当时还没来得及深想这个"迪"字。虽然回答得并不完整,伯伯还是很高兴,鼓励我们说:"嗯,回答得不错。"接着伯伯补充说:"'迪化'嘛,'迪'就是启发的意思。这种提法是对少数民族的不尊重,对新疆要'启迪'、'同化'。然后又问我俩,能举出多少这样对少数民族和邻近国家有歧视性的地名。尔均和我就边想边回答,伯伯在一旁帮我们提醒,跟着凑。比方说:"绥远",以前有个绥远省。比如说"镇南关",当时已改称睦南关。比如说"安东",改成了丹东。

恩来伯伯和傣族群众欢度泼水节

还有"抚顺"、"靖边"、"安塞"等等。类似的地名，一起凑了不少。伯伯就讲："这下明白了吧！我们过去大汉族唯，对少数民族有所歧视，这是不对的。何况有的还是友邻国家，就更不应该。什么时候都不要忘记了，各个民族、各个国家之间都是一律平等。"

伯伯对少数民族的关爱与尊重，不仅因为他是国家总理，是责任所在，更是他人格修养和内心炽热情感的自然流露。我们曾在电影上看过伯伯在泼水节上的镜头，他与傣族同胞相互追逐、嬉笑泼水、浑身都湿透了，笑得好开心啊！那是1955年万隆会议后，伯伯回国途经云南，在西双版纳留下的。卫士长成元功回来后告诉我，伯伯说他"度过了最高兴的一天"，他形容傣族的服装"头无顶，衣无领，鞋无帮，裤无裆，很有特色"，说这方面"少数民族比汉族进步，穿得比我们好看"。伯伯在当地仔细了解了少数民族的生活状况。当他听说有些地区还很落后，少数民族群众怕汉族时，心情十分沉重，批评当地领导说："我们的祖先把他们赶到山上，今天我们要替祖先赎罪。"至于在我熟悉的文艺界，我很早就注意到，伯伯对少数民族演员格外关心爱护，如才旦卓玛、胡松华、崔美善、莫德格玛、阿依吐拉等，伯伯一直关注着他们的成长和遇到的困难，见面时常向我询问他们的情况。这些好友至今和我谈起总理，无不热泪盈眶，激动万分。

在《东方红》大歌舞的排演过程中，伯伯对少数民族的节目也格外重视，亲自指导过问。例如，深受人们喜爱的蒙族歌曲《赞歌》，就是伯伯亲自指定并交代胡松华谱写、演唱的。伯伯也曾教育我："我们的电视，要重视表现少数民族的音乐舞蹈。"伯伯的言传身教，深深影响着我。60年代初期，我就拍摄了前面提到的少数民族演员的优秀歌舞作品。随着技术条件的改善，此后若干年，我多次带领摄制组，深入山区、边寨、草原，到过彝族、苗族、朝鲜族、蒙古族、壮族、土家族等民族地区，拍摄了《踏花追歌》、《延边歌舞》、《松花湖金秋》、《并马高歌》、《来自草原的歌声》、《草原之夜》等多部电视文艺专题片。刚刚开发的张家界、袁家界、天子山和天山脚下，天池和松花湖边，辽阔的呼伦贝尔草原，都留下有我的足迹。这些专题片，都曾经获奖，有的还获得国际大奖。80年初我导演的《民族团结的

在延边自治区拍摄电视风光艺术片《歌舞之乡》（1982 年）

《赞歌》文艺晚会，再现了全国 56 个民族的风彩与团结，作为当年国庆专题节目在中央电视台播映，获得各界好评。国家民委特地召开大会为我颁奖。这也是中央电视台最早自办的大型文艺晚会。尤其使我高兴的是，在摄制这些节目的过程中，结交了不少兄弟民族的知心朋友。我很庆幸，没有辜负伯伯当年的嘱托。

伯伯深爱人民，因此，"群众"这个词，在他的心里分量格外的重。他多次告诫我和尔均："不管做什么工作都要依靠群众"。伯伯十分重视向群众做调查研究。表演艺术家张瑞芳大姐曾向我们说起伯伯同她一次内容深刻的谈话："总理问我为什么我们共产党员要倾听群众的意见？为什么走群众路线这么重要？他接着对我说：因为群众最善于从自己最熟悉的角度提出问题，而他对这些问题熟悉的程度，作为领导一般是很难做到的。"对于这一点，我俩也有亲身体会，因为，我们曾经有一次幸运地被伯伯选中，成为他调查了解情况的"群众"。

1960 年 3 月的一天，伯伯通知我和尔均去他那里。我俩有些奇怪：以往凡是工作时间伯伯一般不会找我们的。当我们进了西花厅，卫士说，伯伯在等你们，等一会儿还要与公安部领导谈事。见了伯伯后才知道，原来是事关这年 3 月 18 日北京发生的一起大案：有人冒充伯伯的批示，伪称为西藏活佛进京诵经招待事宜，从中央人民银行骗领了20万元人民币。这在那时可是一大笔巨款！公安部已把案件的经过和伪造的总理批示印发各单位进行清查，我们也已看到了原件。伯伯说，今天我主要想问一下，据你们看，案犯伪造的签名像不像我的字？我俩回答：这个伪造的签字嘛，据我们看，也像也不像：如果不熟悉的人看起来可能像，我们熟悉您的字，一看就不像。伯伯说，这就对了嘛！我们有些人就是迷信领导，一看是总理的批示，就连最基本的程序都不顾了。这样大的一笔款项，完全应该按制度办事，逐级请示，认真查对核实再办理嘛！这件事，既暴露了我们制度上的漏洞，又暴露了思想上的问题。伯伯又问我们：接到上级通知后你们单位是怎样做的？我们说，现在正在发动群众，逐个排查发生案件的当天、即三月二十八日下午每个人的行踪。伯伯说，这个办法好！做任何事情都要依靠群众、发动群众。说到这里，公安部领导来到了西花厅，伯伯和我们的谈话就结束了。后来知道，来人是公安部的杨奇清副部长。

正如伯伯说的，通过专门调查和依靠群众、发动群众相结合，这起案件很快就破获了，作案的是外贸部门的一个工作人员。由于把北京市的几百万市民都发动了起来，通过这次大清查，还有不少"副产品"，查出了一些积存很久、没有破获的案件。

伯伯为什么要找我俩询问这起这案件的有关情况呢？事后我想，这是因为尔均和我分别在军委总部机关和中央媒体的电视台工作，从我们这里，他能够比较及时、准确地了解到方方面面的反响和发动群众查案的进展情况。这也是他调查研究的方法之一。

"做任何事都要依靠群众"！在后来的岁月里，伯伯的这句话成为我们生活和工作的座右铭，每当自己做一件事之前，常常要想一想。

周 家 家 规

周家家风严谨，家规严格，这点我深有体会。

周家的众多家规中，恩来伯伯特别强调的一条是："不要因为我是总理，就自认为有什么特殊，造成不好影响。我们周家过去是个封建大家庭，你们下一代，要自觉改造思想，严格要求自己。不要学八旗子弟"。"

1992年，邓颖超伯母逝世时，党中央发表了她老人家的遗嘱，其中有这样一段话："对周恩来同志的亲属、侄儿女辈，要求党组织和有关单位领导和同志们，勿以周恩来同志的关系，或从对周恩来同志的感情出发，而不依据组织原则和组织纪律给予照顾安排，这是周恩来同志生前一贯执行的。我也坚决支持的。"

七伯和七妈终其一生，始终热切地期望和要求我们下一代做合格的革命事业接班人，也就是做最普通的人：当工人、当农民、当教师、下基层，不允许有任何的特殊化，更不允许炫耀与国家总理的关系。因此，他们曾不得不干预我们中间一些人的工作安排，明确表态，不同意任命较高的职务，当了兵的要退役（十年"文革"中，当兵是人们热衷与向往的职业），爱人从外地调北京的要回原籍，等等。表面上看，这样做似乎有点"无情"，其实，在这中间正贯注着他们对晚辈深深的爱。他们的良苦用心，是希望所有的革命后代能自强自立，切忌像清朝后期那些游手好闲、潦倒没落的八旗子弟那样，既断送了自己前程，又严重损害了国家民族的命运。

说到八旗子弟，我从一些好友、老同志和烈士的子女那里听说，总理也曾多次引用这个历史上的沉痛教训，谆谆告诫过他们。

伯伯为什么这样重视，并多次引用这个历史典故呢？当然，伯伯亲身经历了晚清末年那段沉重的历史，自会有切肤之感。另外，原中央文献研究室的李海文同志，为我提供了一个耐人寻味的线索。她说：在中南海紫光阁一旁的院子里,至今保存有一块乾隆皇帝特地为昭示八旗子弟树立的"御碑"。她判断,总理在开会休息时,一定会在院子里散步,一定会在碑前沉思。海文的提示,引起我极大的兴趣。在拍摄《百年恩来》电视片时,我特地到现场把这座乾隆御碑摄入了镜头。果然,"御碑"上刻有乾隆十七年三月二十日的"上谕"。在这个"上喻"中,首先引述了清朝开国皇帝的遗训:"朕常躬率八旗臣仆行围校猎,时时以国语骑射操演技勇谆切训诲",要求后代不要忘本,不要贪图享乐。接着是乾隆皇帝特意为此下达的指令:在京城紫禁宫和八旗教场刻石立碑,"昭示后代臣庶咸知满洲旧制,敬谨遵循,学习骑射,娴熟国语,敦崇淳朴,屏去浮华,毋或稍有怠惰","冀亿万世共享无疆之庥(庥:庇护、神佑)焉"。

清朝的开国皇帝用心良苦,但他们的后代却没有遵从祖宗的"圣训"。后来的八旗子弟凭借权势,为非作歹,提笼架鸟,花天酒地,终于葬送了祖宗们辛辛苦苦打下的大清江山。乾隆皇帝一心盼着亿万世子孙能享受"无疆之庥",万岁万万岁!可是,清朝从立国至灭亡,一共276年。史书上有个词叫"乾隆盛世",我们从这个"盛世"的立碑之日算起,只不过用了115年,清王朝就寿终正寝了!伯伯一生忧国忧民,熟谙中外历史,又目睹清王朝的轰然倒塌,因此,他以八旗子弟的命运警醒后代,实在是怀有痛切之感的深谋远虑。

在遵守七伯、七妈教诲的问题上,我们上一代长辈做得也很好,他们从不标榜自己与总理的亲属关系。尔均的父亲周恩霆是总理的弟弟,也是我的公公,他是个文化型的革命

公公周恩霆(字翕园,又字润民)(1962年)

者,抗战期间,曾在恩来伯伯身边工作过,兄弟俩情谊很深。建国后,很少有人知道他是周恩来的弟弟。他热爱京剧,和戏剧大师梅兰芳私交甚笃。梅兰芳去世,公公为《文汇报》写了一篇纪念文章,回忆了上海沦陷期

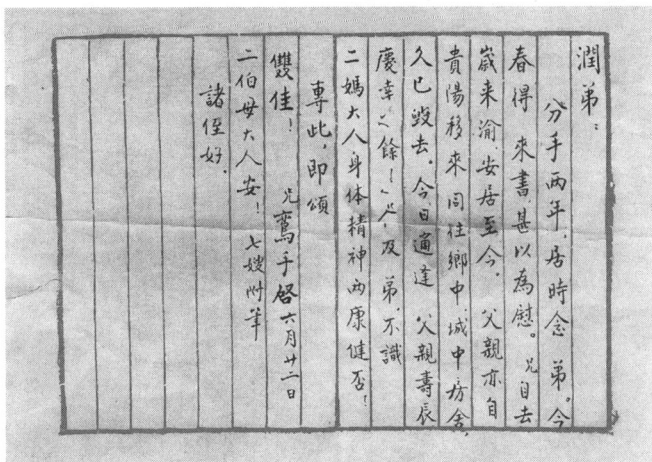

恩来伯伯给周恩霆的家信。因信中有向长辈请安的内容,全文用正楷书写,提及对方时均空格、抬头。(**1940 年**)

间,他遵周恩来所嘱,想方设法请梅兰芳离开沦陷区到大后方去的往事。这是一篇很有史料价值的文章。发表时,为了隐蔽身份,用了自己的别号"翁园"署名。七妈看到文章后很高兴,特地告诉我和尔均:"你们爸爸的文章我看了,写得很好。他这篇文章的署名用的是别号,没有用恩霆,这样做很对。"

应该说,这条家规,我和尔均都遵守得很自觉。"文革"中,总理有时会问问广播事业局的领导:邓在军在你们那儿表现怎么样? 有一回,军宣队的头头问我:"邓导,总理特别关心你呀,问你在这儿表现怎么样,你怎么认识总理的?"我就装糊涂,说我原来在文工团跳舞时认识的。

以后搞电视转播,我被台里列入人民大会堂"常备名单",进出方便,经常在这种场合见到总理。可是,见面我从不打招呼,谁也不知我是总理亲属。一次在民族文化宫转播,里面有个过道,临时作为安放摄像机的位置,过道正好通首长休息室。巧了,那回总理和一群领导过来,和我碰了个面对面。我愣了,不知该怎么办? 那会儿,我就像一个经验不足的地下党员,接上头了,又怕被人识破,脸上没表情了,也没有一句问候,最后竟然生硬地转身就走。当时,我的确是个没经验的教条主义者,心里就想着那条

家规:公开场合不能给他打招呼,不能让人知道我是他的亲属。回来想想,又觉得这样处理有些不对头,好像挺别扭的,担心伯伯会生气。后来和伯伯见面了,我说起这次遭遇,问伯伯是不是生我气?伯伯笑了,说:"你做得对。"

在所有亲属的工作安排方面,总理都极为严格,一律要求下基层,唯有一个例外:尔均被留在总部机关工作并提为副师职干部时,总理没干预。那是60年代后期,总理一次去总后谈工作,顺便了解尔均的情况。当时尔均被任命为总后杂志社副社长。伯伯听总后领导介绍了有关情况后说:"我知道他是解放战争时期入伍的,你们对他工作的安排我没有意见,但有机会还是让他多下基层锻炼。今天我说的你们不必告诉他。"过后很久,尔均才从当时在场的总后政治委员张池明、副部长张会彬那里得知这件事。伯伯去世后,卫士长张树迎也对尔均和我说:"总理知道尔均提职

邓颖超伯母与周尔均(**1986 年**)

的事,也向总后领导问过他的情况,那天我在。你伯伯没有干预,因为他对你们夫妻俩很放心。"为此七妈邓颖超也表扬过我们。我入党时七妈曾给予亲切的鼓励:"在军是一个自强的人。"80年代后期,我和尔均去西花厅看她,七妈特地把我们送出门,临别时尔均向她敬礼,七妈笑着说:"我不能给你还军礼了。"她问尔均:"军队的编制我不太熟悉,你现在相当什么职级?"尔均回答:"是正军职。"七妈笑着说:"哦,也算是高级干部了。你要注意保护身体,毕竟年过半百了嘛!"她又对我说:"你们俩不错,从来都靠自己努力,没有打着我们名义干什么事情。"

周家的家风也有很和谐宽松的一面。60年代每过春节,在京的亲属到西花厅团聚,伯伯都会在百忙中抽出时间同大家一起吃饭,聊聊天。有一次,他说起前一天宴请末代皇帝溥仪一家的情形。溥仪告诉伯伯:在京郊农场劳动时,一群清朝遗老在公共汽车站同他告别,互相打躬作揖,口中念念有词,待他们起身时,公共汽车早开得没影了。溥仪劳动得了一笔奖金,他想买些糖送给一起劳动的同伴,又怕被人说是"收买人心",问总理怎么办好。伯伯告诉他:"这是好事,当然可以嘛!"说起这两件事,伯伯开怀大笑,对我们说:"当皇帝可不是件好事,连起码的生活知识都不具备。"当然,在这些小事中也充分体现了溥仪对总理的敬重,向他敞开了心扉。

对亲属晚辈,伯伯不但关心我们在政治上的成长,同样关心我们业务上的提高与知识面的增长。他同我、维世姐姐有时还有金山交谈时,常提出一些问题让我们谈自己的看法,比如对创作社会主义现实题材与保存传统剧目的关系,向国外学习与发扬传统的关系,等等。伯伯很赞赏当时新创作的《龙须沟》、《长征组歌》、《洪湖赤卫队》等一批文艺作品,他打着拍子,同我们一起哼唱"洪湖水,浪打浪"的情景至今历历在目。他对优秀的传统剧目同样给予充分肯定,比如他称赞昆曲《十五贯》,说"一出戏救活了一个剧种"。他和我们在交谈中,总是采取平等的态度,说得对,他就赞成、鼓励;说得不对,他会一面指出、纠正,一面征求我们的意见。可惜我当时没有记事的习惯,艺术修养也很不够,不能更多地记述伯伯的教诲。尤其让人伤心的是,维世大姐和金山都因遭受迫害早早离开了我们,否则,以他俩在戏剧艺术上的精深造诣，一定能就伯伯当年在文化艺术方面的见解，写出更加生动精彩的回忆。

总理亲切随和，在他面前，我们都变得无拘无束了。我俩不时陪同他和七妈在西花厅和中南海湖边散步，到怀仁堂观看文艺演出。散步时伯伯有时还不让卫士跟随，同我们一起从西花厅后门走到北海桥边的人群中去。我能体会到，伯伯这样做，对他自己是一种最好的休息和放松。

在伯伯短暂的休息时间里，我和尔均还同他打过几回乒乓球。当时，我不知道他胳膊受过重伤，上了球桌，就有一分好胜心理，为了赢球，我又抽又吊，希望伯伯夸奖我的球技。伯伯打得也很高兴。可是秘书出来干预了，提醒我："总理胳膊不好，你别那么吊球！"伯伯正打得兴起，连说："没问题。"我这才知道自己有点冒失。诸如此类，西花厅里充满了融融亲情。

伯伯时常还自己到剧场看戏。同样，对他来说，这既是工作，又是休息，又能置身群众之中。每次，他都是自己花钱买票，从不给剧场或有关部门打招呼。他交代卫士，不要告诉剧场是他来看戏，而且要等演出开始、灯光熄灭后进场，结束前几分钟就离开，以免妨碍他人。伯伯从来最不愿扰民，最反对张扬。但也有一次例外。那天，我在民族文化宫剧场转播一个节目。伯伯到场了，谁都没有发现。这是一台表现抗日内容的话剧，中间有个场景：演员齐唱《义勇军进行曲》，就在"起来，不愿做奴隶的人们"的歌声响起那一刻，观众席中站起一个伟岸的身影，立得挺直。起初还有些不解的观众，瞬间发现和醒悟了过来："这不是周总理吗？""是总理在立正唱国歌！"全场观众全都激动地站了起来，与总理一起同声歌唱。舞台上的演职员这时也发现了，顿时，全场灯光大亮，台上台下同时引吭高歌。中国人民的尊严、爱国主义的情怀、领导人与人民群众融为一体的深情，充满了每个人的胸间。人人心潮澎湃，不能自已。这激动人心的一幕，深深铭刻在我心中。

我真正的冒失，是自作主张，给伯伯转过一封陈沂同志的信。陈沂叔叔是位很有才华的老革命，50年代曾任总政文化部长，后来被错打成右派，下放劳动。我去贵州采访，他和夫人马兰阿姨正好回家探亲，碰见我，就对我说了他的事情。他写了封信，希望我帮他转给总理。我很同情他的遭遇，不知深浅，居然满口答应，回来后真的把信递给了伯伯。总理对陈沂的情况很了解，他亲自过问了。陈沂叔叔被平反后曾担任上海市委副书记。

事后伯伯对我讲："以后，不要再给我递信了。你给递信来，又没有有关批件，这算公事还是私事？今后不准这样做了。"我这才醒悟，政治的事情太复杂，远不像同伯伯打乒乓球那么简单。

这种规矩，也延续到我们对下一代思想品德的教育。

尔均对孩子一向温和亲切，可是，也轻轻地打过孩子一次。那时女儿萌萌在上小学，一次放学回来，萌萌问："爸爸，听老师说，我爷爷是周恩来总理。对吗？"尔均很吃惊，不由自主就给了萌萌一下，而且口气严厉："谁告诉你的？"孩子哭了，非常委屈："不是谁告诉我，是老师问我的。"后来才了解清楚，是七妈来总后看我们，有人见到，就传了出去。此后我们一再告诫孩子：不准出去乱说，不准吹嘘和周总理的关系。

可以说，正是这种严格的教育环境，使孩子从小就有强烈的自强自立意识，树立了奋斗精神，也锻炼了顽强的生存能力。当有人说我们家是"鲜花盛开的村庄"时，我很庆幸和自豪，这些"鲜花"，都是经得起风霜雨雪的花朵。

第二篇·屏前幕后

春节晚会的诞生

中央电视台春节晚会，今天人气很旺，成了年年必办的重头戏。时常有人问我：当初央视为什么办"春晚"？是哪一年开始办的？这个并不复杂的问题，由于时光流失、人事变迁，今天能够明白作答的人已经很少了。我作为央视"春晚"的重要当事人，出于对历史的责任感，有必要把它的来龙去脉说清楚。

中央电视台第一次办春节晚会，是在 1979 年。她的特殊政治背景是，中国共产党在 1978 年 12 月召开了十一届三中全会，宣告十年"文革"的终结。

在这之前，我们国家长期忙于无休止的运动，政治压抑，经济停滞，外国人已经看了我们很久的笑话。中国急需变革，人们渴望改革。中国共产党总结历史经验教训，决定跟上世界步伐，实行改革开放。这是中国历史上一个伟大的转折点。正是在十一届三中全会之后，中国电视事业和我个人的艺术生涯，也进入一个新的转折点。春节晚会的诞生，就是一个重要的标志。

三中全会刚刚结束一个月，迎来了"羊"年春节。以往，每年春节，人民大会堂都会有联欢活动，通常由国务院办公厅、文化部、广播事业局和总政治部联合举办。除了一台文艺节目，还有分散在几个厅的游艺活动，中央电视台的任务简单，只负责转播。在改革开放的新形势下，台领导和我们编导人员意识到，是改变老样子的时候了，央视应该自己办一台春节文艺晚会，而且这台晚会要有新的形式，新的特点，能够激荡起民心民意，为改革的大潮推波助澜。我很幸运，台领导指定我和杨洁担任这台晚会的导演。

领受任务后，我们很兴奋，也深感责任重大。我们首先商定了晚会的主题,并且很快得出共识:应该突出两个字:"欢乐"。要做到"欢乐、欢乐、再欢乐"! 通过这台晚会,把全国人民长期被压抑的热情充分地释放出来。有位专家给我说,他这一生中有三次心情最为激动澎湃的时刻:一次是抗战胜利、宣布日本投降时;一次是开国大典,宣布中华人民共和国成立时;还有一次就是"四人帮"倒台、党的十一届三中全会宣布"文革"结束时。他的这种感受很有代表性,我们晚会所要表达的,就是当时人们普遍存在的这种兴奋与炽热的情感。

主题确立了,我们开始编排节目,选择演员。刚刚出台的改革开放政策,就像春风一样吹遍祖国大地,吹暖了人心,文艺界都有一种获得新生的感觉。因此,找演员和选节目的事进行得很顺利,中央歌剧舞剧院、中央芭蕾舞团、北京歌舞团、总政军乐团、海政歌舞团、北京京剧团、中国杂技团、中国广播说唱团等各路英杰,都把最好的节目、最好的演员推荐给我们编导组。

在这台晚会上,我们启用了刚解放的"右派"。在我看来,我们的许多知识分子很有能耐,很有本事,却被冤枉地打成"右派",剥夺了工作权利,实在可惜。著名作家白桦平反后写了一首诗,表达他政治上获得新生的感受,非常感人,我们请他在晚会上朗诵了。根据杨洁的提议,我们请来了著名评剧演员新凤霞。她的命运很不幸,丈夫是著名作家吴祖光,被打成"右派"后,由于拒绝与他离婚,自己也成了"右派",遭到残酷批斗,最后瘫痪了。我邀请她时,凤霞很激动,她说:"我忘不了敬爱的周总理,是周总理亲自示范,坐在地上,教我在《刘巧儿》一剧中怎样纺线;也是总理亲自过问,为我摘掉了右派帽子。为了纪念总理,我腿不能走也要参加晚会。"后来,是她儿子吴欢把她背到了演播室。她当然没法现场表演了,我们请她在镜头前作了感人的自我介绍,然后剪辑播出由她主演的电影《花为媒》精彩片段,随后赵丽蓉唱了两段评剧,作为铺垫。

这次晚会,最成功的节目大概要数《祝酒歌》了。这首歌是施光南作曲、韩伟作词、李光羲演唱。由于人们普遍处在重获解放的欢欣状态,因此,当李光羲举起酒杯,向在座嘉宾一一祝酒,引吭高唱的那一刻,立即在

1979 年首届春节联欢晚会,首次采用"茶座式"。李光羲演唱《祝酒歌》(1979 年)

大家心中引起强烈的共鸣,《祝酒歌》很快通过荧屏唱遍了全国。那一段时间,酒的销路大概也格外好。

这台晚会的主题确定、节目内容和演员选择,解决得比较顺利。我们作为导演,面临的主要难题是,怎样把晚会节目有机和生动地串联起来、把观众的参与感充分地调动起来。不过后来又发现,其实还有一个更大的难点,就是由于时代局限给人们造成的思想上的束缚。

在艺术结构的处理上,为了拉近观众与演员的距离,我们别出心裁地安排了一种"茶座式"的演出方式,有效地消除了舞台与观众之间的心理鸿沟。这个尝试,源于我"文革"前的编导经验。60 年代前期,王扶林和我执导过一台"笑的晚会",采取的就是"茶座式",效果不错,不过也为此惹过麻烦,因为其中有一个"抢点心"的喜剧节目,被"火眼金睛"的造反派在"文革"中发现了问题,说我们是"诋毁社会主义制度",受到了批判。回顾以往,我觉得,这种形式很适合用于气氛欢乐浓烈的春节晚会,大家都赞同我的这个想法。为了活跃现场气氛,我们还商定,让人们久违的交谊舞亮相,作为整台晚会节目的串场,可能达到耳目一新的效果。

领导上对茶座式演出的结构安排没有意见,但是,当听到我们要用交谊舞串场时,问题来了。广播事业局有位领导认为,交谊舞显得太"那个",不同意上晚会。所谓"那个",是个模糊概念,但过来人全都能懂:那就是太浪漫、资产阶级味道、男女接触太密切、导向不好等等,大概就是这些意思的部分综合。

领导不同意,我却想坚持。

广播局这位领导在国外使馆呆过,见多识广,对交谊舞不会陌生,但他认为国内情况不同,屏幕上不能出现交谊舞。我说,我们这个点子就是想让会场活跃起来,既然是茶座式的晚会场地,总不能让观众像木偶一样光坐在那儿吧,让交谊舞穿插到节目中,既活跃了现场气氛,形式也新鲜活泼。

但是,对方就是不点头。

我急了,生气地说:"你怎么这么封建:交谊舞很文明,有什么不好?大家都在跳,好多中央领导也在跳。人们跳跳交谊舞,总比在外面做一些坏事儿要强吧?"

坦率地讲,我想不通。看看周围世界,有几个民族不准跳舞的?中国老话也讲:言之不足用歌之,歌之不足,则手之舞之足之蹈之。跳舞是人的一种肢体语言,是人类情绪的一种普遍而正常的表达方式。每个民族都跳舞,中国的老祖宗也从不反对跳舞;而且当时,从中央领导到普通群众也从"文革"的禁锢中摆脱出来,虽然人们还有点羞羞答答,但也已重新开始跳交谊舞了。怎么就不能上电视呢?

不管怎么解释,我说服不了对方。这时,"四人帮"已被粉碎了几年,文艺界思想活跃,人们不愿意在精神上作茧自缚,我也早从干校时的那种自卑感中解放出来,腰杆硬了,底气也足,那种敢说敢为的直性子又回到了身上。我终于火了:

"你要不同意我们不干了!"

中央电视台台长办公室里,气氛显得紧张而尴尬。

现在回想,广播局的领导也有他的为难之处。这不仅因为他是文化官员,需要他从自己的认识角度把握政策方向,需要考虑上下反映对"乌纱"的影响,同时,当时的群众文化心理似乎也需要有一个调整和适应过程。这次晚会节目中,考虑到改革开放得有点"洋"的东西,我们安排了芭蕾舞

《天鹅湖》中的一段西班牙斗牛舞。晚会播出之后,观众总的反映不错,但还是有些人对斗牛舞提了意见。他们认为女演员袒胸露背,穿得太暴露。对男演员的紧身裤也不满意,说穿了像没穿裤子一样。这种意见,现在听起来似乎荒唐可笑,但在当时的群众来信中,却显得理直气壮,振振有词。

这使我想起那时的另一件事情:《大众电影》杂志某期封底,刊登了影片《水晶鞋与玫瑰花》的一幅剧照,是王子和灰姑娘接吻的镜头。这也曾引起轩然大波,全国许多报纸甚至为此展开大讨论:登这种接吻的剧照是不是有伤风化?

一个民族,应该为自己的优长而自豪,进而发扬光大;但同时也应该有足够的反省能力,能看到自己的不足,及时改正,这才能不断提高本民族的整体素质和免疫能力。中外历史中,足资汲取教训的事例比比皆是,这件事也可以算作一个小小的例子吧。

那次争吵最终不欢而散。广播局领导走后,台长提出了一个折衷方案。他说:"邓导,算了吧,都退一步,交谊舞不要整个都用,用在一头一尾。怎么样?"

我只好接受了。中间串场,改用了相声演员。

尽管交谊舞只用在晚会的开头和结尾,仍然引起了很大的震动。从晚会后观众反馈的信息看,赞赏和反对这种做法的都有,但前者远远多于后者。

此后,中央电视台趁热打铁,1980年又组织了一台《八十年代第一春》春节联欢晚会。这台晚会又有创新,采用了多城市联播的新形式,同样取得了成功。

现在,央视和许多媒体,把1983年春节晚会说成是第一届"春晚",这不符合历史的真实。在这个问题上,最有发言权的应该是我:因为我既是1979年"春晚"、1980年"春晚"的导演,也是1983年"春晚"的导演。中央电视台那时还没有实行总导演制,这三届"春晚",每一届都是由两个老导演执导:1979年是我和杨洁;1980年由于是多城市录制联播,由我、杨洁和黄一鹤分别执导;1983年是我和黄一鹤。晚会的总体设计、节目的制作安排,都是一起商量、分工协作的。

为什么我要特地说明"春晚"的诞生过程,特别是强调央视"春晚"是诞生在 1979 年呢?

古语说:"以史为鉴,可以知兴替"。历史是现实的一面镜子。我们今天研讨春晚的过去、现在与未来,不能不回顾她诞生的过程,研究它产生的社会历史背景。

首先,春晚诞生在十年"文革"灾难的结束之后,是我们国家实行改革开放政策所催生的新生事物,是人民群众精神文化生活发生重大变化的一个坐标。它是见证这个重要历史时期的标志之一,不仅是中央电视台、也是全国人民政治生活中发生的一个历史性的事件。

其次,"春晚"的诞生,是央视的一个重大创举。中央电视台举办这台晚会,在政治上是敏锐的,是紧跟党中央战略部署的:党的十一届三中全会是 1978 年 12 月 22 日闭幕的,晚会的播出是在仅仅 36 天之后的 1979 年 1 月 27 日,即羊年春节的除夕之夜。同时,晚会的内容与形式,都有了历史性的突破,开创了若干个"第一":第一次央视自办"春晚";第一次把"茶座"的形式应用于"春晚";第一次把歌舞、相声等喜剧类节目作为"春晚"主要表演载体;第一次在"文革"后的荧屏上出现了交谊舞、芭蕾舞等。所有这些,不仅是艺术上的探索与创新,而且也是促进人们思想观念更新的催化剂。实践证明,"春晚"是电视文艺与时代要求相适应的、跨越式的发展。而且 1979 年首届春晚的基本内容,为以后历届"春晚"所沿用直到今天。

再就是,它证明了春节晚会这种形式,适应中国人民的优良传统、审美观念和文化需求。从 70 年代末期的"春晚"开始到今天,观看电视春节晚会和吃饺子、放鞭炮,一起构成家家户户欢度除夕夜的新习俗。从文化学和民俗学的角度来看,央视"春晚"在春节文化的移风易俗上,功不可没。

三十多年来,"春晚"走过了一条艰辛而辉煌的成长道路。文艺归根到底是一种社会现象,它反映了不同时代的特征与要求。"春晚"的诞生是这样,它的发展成长同样也离不开这个共同的规律。所以,尽管每个时期、每届春晚都会面临不同的情况、不同的特点和要求,我们都要把她放到

各界媒体对邓在军开创性执导春节晚会的部分报道

大的社会历史背景下,进行研究、总结和不断探求。这样,我们"春晚"的设计与创作就会始终牢牢地站在新的制高点上面。

近年来,对央视"春晚"的热议与争论不断,成为人们关注的一个舆论热点。这本身也说明,春节晚会具有强大的生命力。人们常说"软实力",国家的传统文化正是"软实力"的重要内容。而央视"春晚"已经成为这一传统文化的组成部分。从这个角度来看,"春晚"要不要办下去的争论似乎没有必要,我们更应该关心的是,怎样把"春晚"办得更好,更能够满足全国人民的期望。

春节晚会 1983

1983 年的春节晚会，由我和黄一鹤执导。

与 1979 年"春晚"的诞生同样，任何事物的产生与发展，离不开它内部与外部条件的制约。作为 1983 年"春晚"的编导，我们面临的内部和外部条件都发生了很大变化。全国电视机的数量显著增加，尽管主要还是黑白电视，但普及率大大提高了，特别是农村的广大地区，已经能够收看电视节目。中央电视台的技术设备有了改善，编导和技术队伍的数量与素质也有了明显的提高。另一方面，人民群众的思想禁区进一步得到突破，他们对文化生活的需求和欣赏水平都有了更高要求。为了适应新的形势，1983 年"春晚"在整体设计、表演规模、艺术形式、转播时间等方面都作了重大改变，台领导也亲自参与了晚会的组织指挥。

这届"春晚"也有许多"第一次"：第一次采用主持人，而且是四个人：马季、姜昆、刘晓庆、王景愚共同主持。我请上海电影制片厂专门制作了他们四人的动漫画，还制作了几个动物的表演镜头，用夸张的造型和可爱的动物形象表现除夕的年度交接，使晚会一开始就

1983 年春节晚会首次使用了主持人（右起：马季、姜昆、刘晓庆、王景愚）（1983 年）

充满了喜庆的过年气氛。晚会第一次加大了喜剧表演的成分，马季在《宇宙牌香烟》、王景愚在《吃鸡》中的精彩表演，赢得观众的阵阵笑声，由此也催生了小品这个全新的文艺品种。晚会还第一次采取电话点播与猜谜的方式，在演播现场开设了四部热线电话，开创了荧屏与观众互动的新形式，增加了"共时性"与临场感。这台晚会的规模在中央电视台也是空前的，现场直播长达四个小时。

谈到电视与观众的互动性，这届"春晚"有几个片断的花絮，给自己和观众留下了难忘的印象。

李谷一演唱《乡恋》（1983 年）

当时，李谷一用"气声"演唱的《乡恋》非常动听，很受群众欢迎。但却被一些人说成是"靡靡之音"，遭到铺天盖地的批判，一时竟成为"禁歌"。所以，我们虽然也请李谷一参加当晚的演出，但《乡恋》并不在安排的节目范围内。然而，观众的反应却出乎我们的预料：李谷一刚上台演唱，许多观众就打来电话点播《乡恋》。我们有四部热线电话，按照事先规定，观众现场点播的节目，只要达到一定数量，编导组就应尽量满足观众的要求。当电话记录员把一大堆观众点播《乡恋》的条子送到导演室时，我们感到非常为难，正好广播电视系统的领导吴冷西部长就在"春晚"现场坐镇，我们让工作人员把电话记录单送给他审阅，他看后当即摇了摇头。没想到，观众点播李谷一演唱《乡恋》的电话越来越多，电话记录员竟端上了一盘子的点播单，我们正在切换台上忙着，没辙了，只好还是转送吴部长定夺。这一次，冷西同志终于果断地拍了板：上

《乡恋》。由于事先没有准备伴奏带,还是一位机敏的工作人员飞快地骑自行车回家取来的。

王景愚表演的《吃鸡》,观众反响也出奇的好。这个小品,通过一个人和一只非常坚硬的鸡之间的战斗,凸现了对物质匮乏年代的一种喜剧性的表达。据王景愚回忆,这个小品的灵感,来自三年困难时期他在广东的亲身经历。

王景愚演出哑剧《吃鸡》(1983 年)

《吃鸡》中表演者极度夸张的对鸡的渴望和顽强地加以征服的荒诞场面,透露了人们在那个物质高度匮乏时代的共同体验。透过《吃鸡》的镜像反视自身的过去,用会心的欢笑表达对于丰裕生活的期望和肯定,是这个节目受到狂热欢迎的内在因素。这种小品表演,原来仅仅作为学校戏剧表演的一种训练形式,由于"春晚"的机缘,在《吃鸡》《宇宙牌香烟》以及后来我执导的《产房门前》等喜剧类节目的基础上,逐渐演变成为广受人们欢迎的一种独立的艺术形式。又经过这些年的发展,小品已成为"春晚"和其他一些晚会的"拳头产品"。

刘晓庆很机敏,也有才气。作为主持人,她在现场随机加了一段串连词里原来没有的话:"此时此刻,我最想念我的爸爸妈妈,我想你们一定坐在电视机前看节目……"这是她孝心流露的真实情感,很适合除夕"春晚"的氛围。观众接受了这种方式的煽情,现场气氛空前热烈。掌声、笑声、欢呼声不断,四部直拨电话的铃声也几乎没有停过。据说,北京电信 86 局的线都烧热了,技术人员非常紧张,连备用器材、消防器材都准备好了。

在节目进行中,马季端着饺子送往导演操作台、现场慰问编导人员的情节,也收到了很好的效果。一方面,加深了演员、编导工作人员与观众的现场感情交流;另一方面,使得观众对"春晚"的幕后操作和电视台工作人员的辛勤劳动有了直观的了解。不过,这个镜头的处理是我们预先设计好的。

在我的艺术生涯中,1983年"春晚",是我早期担任大型文艺晚会导演的一次重要经历。我从中体会到,作为一个称职的导演,既要把握好大型节目的总体设计,精心构思和安排好每一个细节,又要具备临场调度和现场处理复杂问题的魄力与应变能力。果然,在1987年"春晚"中又遇到类似的情况,后面还会谈到。

这天晚上,电视节目的收视率骤然上升,人们普遍爱上了这种"过年"的新样式、"新年俗"。"春晚"成了当年最流行的时髦语之一。这也在相当程度上影响了电视机的销售市场,春节前抢购电视机,是上世纪80年代农历新年的一大景观。

回顾以往可以看出,中央电视台举办的春节晚会,如果从中国共产党十一届三中全会以后文艺复兴的角度讲,1979年的春节晚会应该算作第一届;如果从规模和影响而言,1983年的"春晚"也可算做第一届。其实,还可以换一个角度来看。从1979年至1983年,似乎就像中国电视文艺发展的一个"导语",标志了一个电视主导大众的时代的到来。中国的电视找到了和自己的观众"结合"的最为明确的路径,也喻示了电视作为重要的公共娱乐形式和信息来源的时代的开端。

出 访 日 本

1985 年,第二届中日电视艺术交流活动在日本东京举办,作为中国电视代表团成员,我去了一趟日本。这是我第一次出国。团长是中央电视台副台长阮若琳。

我对日本这个邻国,素来没有什么好感。历史上它多次侵略我们,我出生的那一年正好赶上抗日战争全面爆发,爷爷给我取名"在军",就是想让我当兵去打日本"鬼子"。后来我"在"了"军",却已经抗战胜利了。没想到现在要去日本,不是打仗,而是搞文化交流,还是现代电视艺术交流,感觉上倒是很新鲜。

日本方面对这次活动很重视。两国间的这种艺术交流已是第二次了,第一届是日本同行来中国,这是中国电视艺术代表团第一次去日本。因此,中曾根首相要亲自到会致词。他临时有事没有来,改由日本映像文化常务理事牛山纯一宣读了首相贺辞。不过,中曾根最后还是赶到会场,即席发表了热情的讲话。

好不容易出国了,是个开阔眼界的好机会。坦率讲,在相对封闭的环境里呆了几十年,现在终于跨出国门,就很想多看看不同社会制度下的异国风情,尤其是日本,和我们恩恩怨怨多少年了,更想在近处看看人家到底怎么回事儿,是个什么样的活法。遗憾的是,时间很紧,一共只有短短 10 天。我提醒自己:我是来搞艺术交流的,要克制游览观光的愿望,集中精力,认真观摩日本同行的长处,学点真正有用的东西回来。

开幕式结束后,中国代表团成员被分别安排到日本 6 家电视台,进行专业交流。其他代表团成员都两人一组,我却被单独分到了东京电视台。

东京台的同行热情体贴,多次安排游览观光,都被我谢绝了。他们正在排练一个新节目《千变万化的电视》。这天一大早,我就赶到了排练现

出席第二届中日电视艺术交流活动的中国代表团（后排中为邓在军）（1985 年）

场,仔细观察后发现,他们的工作模式与我们有很大不同,引起了我的浓厚兴趣。我认真观摩了他们的素材编辑、台词解说、演员部署和彩排。在日本同行的要求下,还参加了他们节目直播前的编导会,并以嘉宾身份出席综艺节目的演播现场。他们的节目搞得很活跃,但也有些庸俗的插科打诨和形体动作。现场观众听说有位中国的电视女导演在场,感到很好奇,向我提了好几个问题,我直率地作了回答,获得热烈的掌声。

这次交流活动,中国代表团带去了 14 个电视节目,包括《吉祥胡同五号》、《西游记》、《今夜有暴风雪》、《祝您健康》等。对我们带去的节目,日方组织电视、文艺、评论等各界知名人士和专家观摩、组织座谈,并在交流期间安排这些节目在日本各主要电视台播映,与广大日本人民见面。他们认为,中日两国人民在思想、文化和生活上,确有许多共同之处,通过艺术交流,加深了感情。当然,他们也很坦率地谈到,我们录制的有些节目,表演过于夸张,"做戏"的成分较大;对摄影技巧、舞台美术等,也提出了一些很好的改进意见。

我带到东京台的节目有两个：周末晚会《祝您健康》和动画片《断尾巴的老鼠》。

《祝您健康》是我编导的，也是代表团带去的唯一一部音乐舞蹈类综艺节目。其中一个节目，是牛群表演的单口相声，这是牛群第一次上电视。内容是讽刺一个人一味迷信补药，结果补得头上冒火，两眼发绿，把他妻子给吓晕了。这个段子在今天也是很有现实意义的。我感到，牛群很有表演天才，形

在中日电视艺术交流座谈会上（1985 年）

象好，人也虚心好学，所以在两年后的 1987 年春节晚会上又起用了他。那次他演的是小品《巧立名目》，通过讽刺打报告申请设宴开支，批判了社会上普遍存在的用公款吃喝的不正之风。许多人想必还记得，牛群在"报告"的开头说的那句："领导……冒号！"既辛辣又生动，成为相当一段时间内人们调侃的一句时髦用语。但想不到，用公款吃喝之风不但没有能得到遏制，而且愈演愈烈，"办法"越来越多，挥霍浪费的人胆子也越来越大，根本用不着写什么"申请报告"了。但愿在新一届党中央《八项规定》的约束下，能够刹住这股歪风。

当初我有点担心，不知道日本同行能不能理解和接受这类主题鲜明的电视作品。因为在日本，电视早已进入比较成熟的商业运作，音乐舞蹈节目偏重于娱乐性，对思想内涵并不看重。《祝您健康》在东京台播出后，演

出局的制作者、导演和美术人员和我一起进行了切磋交流。没想到,日本同行很喜欢这个节目。他们说,像这类富有教育意义的节目,用综合性文艺与喜剧的形式来表现,使人们在欢笑中认识锻炼身体的必要,很有意思,很有启发。节目用集体舞开头,穿插以名演员的歌唱、艺术体操、服装表演等,他们认为也很别致。东京台的朋友甚至提出,这个节目是否可以作为固定的电视栏目,并希望同我们合作制作这方面内容的电视节目。这次座谈,《朝日新闻》记者作了专题报道,其中特别提到:"东京电视台方面感受到《祝您健康》那种明快、健康而清新的气氛,这是日本电视节目几乎失去的东西。"

到东京台的第二天是星期日,我来到东京国立剧场,观看了日本舞蹈紫红会的公演。舞蹈可以说是我的专业强项,看完后自然免不了津津乐道,谈了不少观后感。我曾对东京台领导表示,希望利用有限时间,尽可能多地观看他们的音乐节目,他们大概看出了我说的是真心话,因此,在随后的几天里,不仅给我安排一些编导工作的观摩学习,还安排了几次正规节目的看片活动,如《日本之歌》、《演歌之花道》、《歌曲演播室》、《歌之旅》等。

学习机会难得,我抓得很紧。《朝日新闻》记者也注意到了这点,在该报撰文报道说:"可以看到,邓女士在紧张的日程安排中,已习惯东京都的节奏。""邓女士在日期间,只要时间允许,就观摩正在排练的剧组班子。甚至珍惜吃饭时间,每天从早到晚,奔走于剧作现场和副调整室之间。至夜,又专心观看电视节目,将心得体会认真地记录在笔记本上。"记者这样说并没有夸张,在东京电视台一周的时间里,我写下了满满两大本笔记。

我很感谢日本同行的热情周到。在东京电视台的几天中,台里的几位局长、部长轮流陪同我活动。每天活动结束后,他们怕我语言不通带来不便,总是亲自把我送回饭店,直到看见服务员把房门钥匙交到我手中才放心离去。部长峰田锦三了解到我是四川重庆人,爱吃辣椒,特地邀请我去东京一家四川料理吃饭。我很感动,但谢绝了,我说:"你们不能吃辣椒,请不要陪我受这份洋罪。"他笑了,恳切地说:"不习惯可以学。你是我们高贵的客人，要是在这里吃不好饭饿瘦了，那就说明我们的接待工作没做好。"这份情意感人至深。我所接触的其他日本朋友，也都像峰田锦三先生那样，热情友好，彬彬有礼。我常想，尽管日本有些政客至今仍不能以史为鉴，认真反省，还一再发出军国主义的叫嚣，实在狂妄得可笑；但是，我从那次访问中却感受到，日本的多数人民群众对中国人民是热情友好的，中日友好是有深厚民间基础的。何况，今天我们的国力强盛，早已不是当年祖父为我取名"在军"时的那个积弱年代了！

日本同行的这份热情关注，更激发了我的学习热情。我谢绝了所有观光游览，一头扎进东京电视台，观察他们摄影棚的实况播出和专题音乐节目的制作。时间虽短，得益很多。

首先我注意到，日本电视和我们相同的一点是，都十分重视配合国家的中心任务和长远目标。

在日本，电视台大多是私人经营，这次接待我们的6家主要电视台，就只有东京广播（NHK）一家是国有的。但是，电视台为国家整体目标和利益服务的方向，却是非常一致和明确的。据电视网负责人介绍，日本电视是1950年由被称为"日本电视之父"的正本松太郎创办的。战后的日本经济凋敝，家庭拥有电视机的很少，他们在东京的主要街道上设置大型电视机，供群众观看，有的街道现场观众竟多达万人以上。那时的电视节目的内容，主要是宣传配合国家恢复发展工业，为日本的复兴奠定基础。正本松太郎认为，电视艺术必须为既定的目标服务，要突出中心思想。为此他提出了两个字的指导思想："创意"。日本第二代电视负责人小林与三次郎，继承和发展了正本松太郎的意图，又提出"斗魂"两个字，作为电视工作的方向。所谓"斗魂"，用我们的话说就是要有很强的思想性。这次访问中，日本朋友还把刻有"斗魂"字样的金属纪念品，赠送给了代表团的每个成员。

富有高度的责任感，把争取观众作为最重要的目标，这是日本同行给我留下的另一个感受。

我们国内的电视台都是国有性质，电视广告业那时也刚起步，争取观众的意识我们也有,但远远不像他们把它看成是电视台生死存亡的大事。接待我的仓益琢先生对我说,在日本,电视节目如果没有观众,就招揽不到广告,而没有广告收入,电视台就失去了存在的基础。所以,所有电视人都必须千方百计为本台的荣誉、为最大限度吸引观众而共同奋斗。在节目内容上,他们不能不高度重视趣味性和娱乐性。工作中,他们严肃认真,一丝不苟,为了赶制节目,常常不吃饭,不睡觉。对节目的艺术质量要求也很高,经常把最有影响的名演员请来演播室。那时,我们对电视主持人的概念还很淡薄,还叫播音员。而日方选择主持人的标准很苛刻,主持人的功底很深厚,在主持过程中的许多即兴表演非常精彩,对整台节目明显起到了引导作用。在日本,人民群众也都以能参加演出和上电视为荣。有的电视节目需要观众和业余演员参与,他们有专门机构负责,能随时请到各方面的代表人物。

精打细算,节约资金,讲求效率,也是日本电视台的明显特点。

日本电视台大多没有国家拨款,经费来源主要靠广告收入,因此十分注意投入的效率比。我了解到,当时一台半小时音乐专题节目的录制费用,他们基本控制在300万日元(当时折合人民币30万元)左右,这包括了编剧、演员的费用,包括了舞美制作费、交通费、机器折旧费、工作人员餐费等。考虑到日本的生活水平高,开支的这个数字要比我们节省得多。他们的广告收入也不算高,由于经费限制,录制前的准备工作非常细致:每一个步骤需要多少时间、上下如何衔接等等,事先都做了周密计划;开录后严格按计划执行;导演在录制过程中很少说话,大家都能按导演事先交代的意图来办。我注意过时间,他们录制一台约一小时的综合音乐专题节目,从合乐排练开始到全部录像、录音完毕,只用了三个半小时。这个速度我们今天还难以做到,确实体现了"时间就是金钱,效率就是生命"。

原来我认为,在电视剧拍摄中,录制大环境必须有大场地,这次参观也打开了眼界。为了节约经费,对一些需要兴师动众、花费很大的全景拍摄,他们大量运用布景和道具。比如镜头中要表现足球场,设计的模型只有一张乒乓球台的三分之二大小。拍一个室内景,桌椅都是特制的,就像幼儿

与日本著名演员大竹忍（左为杨洁。1985 年）

园的玩具。实际效果却能以假乱真。做到这一点，除技术条件外，主要是导演善于运用镜头，巧妙地利用角度和光线，把小景拍成大景，小钱办成大事。他们的设备很先进，摄像时几乎可以提供任意角度，拍摄的高度可以降到一尺，这就给导演、摄像提供了更多的创作空间。我看过他们拍摄一个河边场景，其实只是个小水沟，玩具一样的小船和鱼网，但由于降低了拍摄的角度，巧妙地利用透视和错觉，拍出来的场景和真的一模一样。

我还注意到，日本电视台的组织机构设置，比较合乎艺术创作规律。他们是按专题组织剧组，如《演歌》节目专题，配有两位导演、四位导演助理和舞美设计、灯光、录音、化妆、服装、大道具、小道具、效果等一套班子，工作起来得心应手，效率很高。他们的录制技术系统也比较合理：导演台、录音和灯光操作台在一个屋子里，指挥起来很方便。

在人员的安排使用方面，也有可资借鉴的地方：我们国内电视台有不少吃闲饭的人，在日本这种情况难得见到。这与工作体制有关。他们很早就实行了栏目承包制，有些节目包给外面的公司去制作。监管机制也很到位,设有专门机构进行收视率的调查,有一个很大的电子屏幕不停地显示收视效果,数据随时在变化。如果在一定时间内节目的收视率达不到要求,合同就不再续签,导演就得另谋饭碗。在这种机制下,人们的危机感、紧迫感很强,大家都很珍惜工作机会,珍惜时间,讲求效率。在摄制现场,工作人员没有慢腾腾走路的,全都跟小跑步一样。新分来的大学毕业生,先当下手,重活累活都得干,根据工作表现,再决定要不要你。当然,所有这一切都会和工资、奖金挂钩。从这个意义上讲,只要运用得当,钱还真是个好东西。

时间过得好快,转眼10天过去了。在浓浓的情谊中,我和日本友人分手道别,相约再见。回到国内,我写了一篇文章,名为《日本之行有感》,作为出访报告上交台里。文中就日本电视台所见所闻,谈了六点观感,也是对中央电视台工作的六条建议,其中包括:设立专栏节目;设立主持人;建立奖励机制;改进视频制作;进行收视率的调查与发布;减少外聘人员;加强业务管理,等等。台长王枫看后,批示总编室,在台里办的《业务交流》上全文刊载,后来又发表在电视报上。经台长批准,不久就成立了央视的第一个综艺栏目《周末文艺》,让我担任导演。那次访问是在28年前,今天回过头来看,出访后提出的建议大多已被台领导采纳,并逐步实行了。我们后来也有很多自己的创新与发展,不少地方还超越了日本同行。尽管如此,抚今忆昔,那次出访仍然可以说是不虚此行。

在中央电视台工作几十年,这也是我唯一的一次公派出国。扪心自问,我没有让国家花冤枉钱。

春节晚会 1987

1987 年春节晚会的最后一个节目是《春天的钟》。

随着胡晓晴演唱的这首歌接近尾声,钟声响了,人们迎来了新的一年,迎来了新的春天。舞台上,朱红色的大门徐徐关闭,4 个多小时的晚会终于顺利结束。这个时候,许多人可以松一口气了,可是,作为这台晚会的总导演,我的心情一点也没能松弛下来。我在想:对于这台晚会,全国人民满意吗? 他们是亿万个极其公正的评委,这次能给我们打多少分?

坦率地讲,在接手总导演任务后,我暗暗下过决心:一定要把这台晚会

在 1987 年春节晚会导演工作台上(身后为广电部副部长兼中央电视台台长王枫)

搞好,决不让观众"换台"!

当然,导演通常都会下这种决心,但这一次我面临的局面有新的特点。自从 1979 年中央电视台组织春节晚会以来,已经办了 6 次,有成功的,也有失败的。1984 年做得不错,张明敏的《我的中国心》,奚秀兰的《阿里山的姑娘》等节目,令观众如痴如醉,留下很深印象。但是,1985 年的晚会办砸了。导演可能想创新,把晚会场地安排在体育馆。我从外地拍专题片回来,看到现场,不由得心里一惊,惨了,这个晚会惨了。为什么?因为体育馆太空旷,舞台搭得高,镜头的角度、布景的设计、光源的布置都有困难。尤其是台上台下距离太远,演员不能与观众交流,不能产生共鸣,这就违背了"春晚"诞生时的初衷,不是前进,而是后退了。当时该花的钱已经投进去了,时间又紧,已经定下的事,不是这届导演的我不好多提意见,何况就是想改也来不及了。果不其然,节目刚演一半,现场设置的点播电话线路就挤满了,观众一片嘘声。陈冲又说漏了嘴,一句"你们中国人……",使观众更为反感。晚会有点失控,组织者坐不住了,中央领导后来也提出了批评。

由于 1985 年的失败,我从日本访问刚回来,就接到台长通知,让我准备接手 1986 年春节联欢晚会,我认真考虑后,建议台里这一届导演最好不要换人,应该允许有成功也有失败。台领导最终接受了我的意见。

到了 1986 年 6 月,必须安排 1987 年春节晚会总导演人选了。台长王枫和副台长洪民生一起找我谈话,让我接手。王枫台长很有意思,双手抱拳:"邓导,拜托了!"

这一回,我当然只得执行命令、"接受拜托"了。没想到的是,刚接手春节晚会,台长又找到我,说:"台里有个想法,打算改革以往多个导演分头执导晚会的做法,你是不是支持我们一下:国庆、春节两台晚会,你一个人兼起来?"

老实讲,我有点吃惊:这意味着我要在半年内办两台大型综合性晚会,而且春节晚会的准备时间要比往年少一半。可是,我这人心软,台长又很有谈话艺术,打着"改革"的旗号。我只好苦笑,表示支持"改革"。电视圈的人听说我接手了这两台晚会,也都很吃惊,以为我"疯"了。

当然我没"疯",但压力确实很大。好在我还是有点拼命三郎的干劲的,决心一下,就一门心思往前闯了。按照中央电视台的习惯,春节晚会的工作程序是:台里先定核心班子名单,包括总导演、导演和制片主任;导演由文艺部自己安排,有4位,分别侧重音乐、戏曲、曲艺和歌舞小品四个方面的节目;剧务则临时安排,以后再逐渐加入。主创人员确定后,总导演应该尽快组织一次会议。这次会议,通常要确定一个粗线条的前期工作时间表;确定工作地点,通常是租用一个招待所,比如以前住过的工程兵招待所、国务院第二招待所等;然后,要确定编导组集中的时间,开始工作。当年国庆晚会结束后,10月3号,剧组才正式集中,开始1987年春节晚会的准备工作,这较之以往"春晚"的准备时间,差不多往后延了三个月。

"不让观众换台",是我给这台晚会定下的基本目标。也就是说,要吸引观众一口气看完这台晚会,不在中间换看其他频道的节目。做到这一点

春晚编导组深夜讨论方案(右起:焦乃积、邹友开、李双江、邓在军、刘真。**1986** 年)

并不容易,节目必须是个个精彩,优中选优。我对整台晚会中音乐、戏曲、曲艺和歌舞小品等不同种类,暂时不定比例,让分工的 4 个导演先去选看节目,把各地的好节目都找来,由我先看录像带,提出初选意见,然后组织大家讨论。对于歌曲,除了听录音,还要看演员照片。电视是视觉艺术,演员形象不佳,观众不会满意。至于初选的节目是否上晚会,在大家充分讨论之后,总导演有决定权。当然,最后还有台领导和部领导在政治上审查把关,涉及到军队的节目,还要请总政派人审查。

对于这台晚会的节目,我提出了 4 个字:"欢、新、高、精"。

"欢",就是欢快,欢乐,欢笑。大年三十,中国人有吃年夜饭的习惯,一家人围坐在电视机旁,人人期望过上一个欢乐的除夕之夜。因此,节目的选择要把喜剧性的题材放在首位。这一次,我把相声小品和音乐、舞蹈,并列为晚会的"三大支柱",在时间分配上,相声小品等喜剧类节目占到一半以上。为了追求更好的喜剧效果,编导组精心研究每一个节目,反复琢

1987 年春晚压轴节目《春天的钟》,苏叔阳作词,王酩作曲,胡晓晴演唱

磨每一段表演和对话,挖空心思地设置"包袱"。为了"让亿万观众开怀地笑一笑",大家几乎到了废寝忘食的地步。

"新",就是立意新,形式新,让观众对晚会节目有新鲜感。在这之前,春节晚会已连续组织过多次,许多节目的表演形式重复出现,观众已经视觉疲劳。因此,我们力求有所创新和突破。首先,在节目的表现手法上求新。例如,分量最重但又最受观众欢迎的相声、小品,这次除沿用传统的对口形式外,还采取了群口相声、戏曲小品、动物小品、小品串场等多种形式。对节目主持人的安排,果断地改变以往由众多名演员主持、一贯到底的做法,这次选择了风度凝重大方的老艺术家李默然,请他担任晚会开始、结尾和重要节目的主持人,其他节目则由演员自行串联或穿针引线,省去了多余的枝蔓,使整台晚会一气呵成,精练流畅。舞台的布局,采用多方位、多场景的新形式,配置了现代风格的自动喷泉和旋转彩灯,四周辅之以富有民族特色的庭院布景、彩灯拱门,根据节目内容的需要随时转换,显得多彩多姿,富有层次感。

"高",就是格调高,做到健康、朴素、大方。既要反对迎合低级趣味、追求廉价取笑,哗众取宠,又要防止不注重艺术效果、单纯口号式的生硬宣传。好的喜剧效果,应该不仅仅是逗人发笑,更要耐人寻味,发人深省。这届晚会中的相声《五官争功》、《虎口遐想》,小品《拔牙》、《产房门前》等,都在这方面做了相当大的努力,取得了很好效果。

"精",就是每个节目要精选再精选,整台晚会要精练再精练。春节晚会节目量大,为了确保晚会预定的时间,有时容易凑数。我提出,这台晚会要像一串璀璨的项链,每个节目都应是一颗颗晶莹夺目的珍珠。例如,短短10分钟的《民族团结大联唱》,其中的每一首歌都是选了又选,反复敲定。有些节目本来已经排练就绪,剧场效果也不错,但考虑到政治和艺术统一的原则,尽管大家难以割舍,对演员也不很公平,最后还是不得不忍痛割爱。

一台春节晚会的播出,通常只有四五个小时,但是,为了保证晚会质量和效果,所有编导人员都要耗尽心血,熬了一百多个日日夜夜。参与1987

年"春晚"总体设计和节目安排的,除了央视编导组的成员,还有外请的作者、顾问,如苏叔阳、陈晓光、焦乃积、赵连甲、李双江、士心等,个个都是"大腕",他们也都和我们一样,每晚都熬到次日凌晨三四点钟。在剧组集体讨论的过程中,无论是对晚会的整体构思,还是每个节目的选定、各个环节的衔接等等,大家都出以公心、各尽所能、各抒己见,有时为一个细节问题,常常争得面红耳赤。如果经过反复讨论仍然不能取得共识,我就不得不行使总导演的"权威"了。在既要作出决断,又不致影响每个人的积极性的情况下,我想出一个好办法,会上宣布:对总导演定下的事情,大家尽可以提不同意见,但是,如果提了三次我还不表态接受,你就不要再提了。果然,焦乃积在是否使用一个演员的问题上,始终坚持自己的意见,他最后说:"邓导,这是我第三次正式提出意见了!"见我没有说话,他也就不再吭声了。我举这个例子是想说明,在每一台"春晚"的荧屏与舞台背后,有着众多具有高度责任感的艺术工作者为之付出大量心血与智慧,而且他们并不计较个人的利害得失。

怎样才能确保"春晚"的每个节目都能成为一粒粒光彩夺目的珍珠?艺术水准固然最为重要,同样重要的,要看它在晚会总体设计中所处地位是否适当,与所要表达的主题是否适应,演员的选择是否能准确地表达编导的意图,等等。1987年"春晚"中几首成功的歌曲,就是按照这个思路精心打造而成的。

《我们是黄河泰山》,这首在群众中引起强烈反响、成为"春晚"经典歌曲之一的作品,是由曹勇作词、士心作曲,彭丽媛演唱的。选定这道歌曲有它的时代背景:1987年,我们国家改革开放取得了很大成就,经济发展欣欣向荣,与此同时,人们的拜金主义有所抬头,出现了一味追求当"万元户"、"百万雄师下广东"等特殊现象。《我们是黄河泰山》,就是针对这个倾向创作的一首弘扬爱国主义的优秀作品,歌词的内容是:

> 我漫步黄河岸边,
>
> 浊浪滔天,
>
> 向我呼唤!

祖先的历史像黄河万古奔腾，

载着多少辛酸，

多少愤怒，

多少苦难。

黄河向我呼唤：

怎能愧对祖先！

我登上泰山之巅，

天风浩荡，向我呼唤！

中华的风骨像泰山千秋耸立，

铭刻多少功业，

多少荣誉，

多少尊严。

泰山向我呼唤：

要做中华好汉！

我面对大海长天，

用歌声向未来呼唤！

中华的希望像太阳一定会升起，

我们不负祖先，

继往开来，

走向明天。

我们就是黄河！

我们就是泰山！

《我们是黄河泰山》在士心谱曲后，彭丽媛、董文华都拿到了这首歌曲，她俩很喜欢，也都希望能在这届"春晚"演唱这首歌。分工负责歌曲的导演拿不定主意，向我请示。我对彭丽媛和董文华都很熟悉，她俩都是具有深厚功底的优秀歌唱演员，同时又各有特色。彭丽媛是纯正的民族唱法,董文华则含有通俗唱法成份。1982年我编导的《在希望的田野上》电视专题艺术片,主题歌原来是用的合唱和领唱形式,后来改为独唱,经彭丽媛在舞台上演唱后一举打响,红遍大江南北。1983年我编导的另一部电视艺术片《松花湖金秋》,又请她主唱主题歌《美丽富饶的松花湖》,也取得了成功。此后我与她还有过多次合作,她的音色与她本人一样,甜美、纯朴、醇厚,又有刚健、豪放的特色。董文华同样和我有过多次合作,她在春节晚会及我编导的其他晚会上,唱过《十五的月亮》、《今天是你的生日,我的中国》、《春天的故事》等知名歌曲,她的音色也很甜美,更多的表现为

彭丽媛演唱《我们是黄河泰山》(1987年)

与彭丽媛

婉约、抒情。经过反复考虑,我觉得《我们是黄河泰山》这首歌气势豪放,更适合彭丽媛唱。我同士心商量,他表示当初主要也是为彭丽媛写的。为此,我向董文华作了解释说明,同时为她在这届"春晚"中安排了另一首

歌的演唱，董文华愉快地答应了。晚会播出后的效果正如我所预料，证明我当初的决定是正确的。这个事例也说明，一个节目的成功，离不开作者、演员与导演这三方面的素质水平，以及他们之间的相互理解和密切合作。

这年"春晚"的另一首歌曲《血染的风采》，也有很多幕后的故事。

编导组讨论上哪个节目时，往往争得厉害。摆得上桌面的，是各自都有不同的艺术观点；摆不上桌面的，是谁都可能有对不同演员的亲疏远近。突然发现《血染的风采》这支歌不错，上与不上，大家在另一个层面上展开了讨论。

头一年，表现军队的题材是结婚，一位军队干部在演播室的镜头前举行了婚礼。这次的春节晚会是否又上歌颂军队的节目，当时还没定下来。我从小就当兵，对军队感情深。我觉得一个国家如果没有强大的军队，没有军人的舍生忘死，我们的家园就不会有安宁。我坚持一定要有表现军队的节目。

接着讨论谁来唱这支歌。《血染的风采》最早由王虹唱过一版，还有董文华也唱过。王虹是位通俗歌星，大奖赛时拿过通俗歌曲第一名，由她来唱《血染的风采》，可能会更好地抒发情感，取得意外的效果，因此我决定，就用王虹唱的这一版。可是遭到几乎一致的反对，理由也很充分：不行啊，大奖赛时，告诉她不要扭，她也说好好好，我不扭了；可是到中南海表演，中央首长一鼓掌，她扭得比原来还厉害。不行不行，这么严肃的题材怎么能让她来唱呢。

我说，你们放心，她一定能唱好。

大家还是反对。有的说，她的头发打扮得太"匪"，又挑眉又逗眼，像调情一样，不能让她上；有的说，她在中南海都敢这样，这种人你能保证吗？

回来后我又重新听了王虹的录音带，觉得她行。于是我对大家说，我绝对能说服她，头饰服饰，包括表演，会让她按我的要求来办。我作了最后决定，大家不再说什么了。

女歌手算是定了，男的由谁来唱？当时我特别注意新闻报道，《解放军报》有一则"战地百灵"的报道，引起了我的注意。与此相关的是，之前，为了说服大家上军队节目，我曾请总政歌舞团政委乔佩娟给剧组作报告：她和团长傅庚辰带歌舞团上前线慰问，有许多激动人心的故事。听了报告，不少人感动得流了泪。乔佩娟也讲到了"战地百灵"的情况，说他的名字叫徐良，是西安音乐学院毕业的学生，听了自卫反击战的英雄作报告，一激动，还没毕业就报名参军了。在前线最艰苦的时候给大家唱歌，唱得特别好，后来上了战场，中了敌人的子弹，把腿打断了。抢救他时，许多人说：一定要把我们的"战地百灵"救出来。看了报道，听了报告，我决定请徐良来晚会演唱。

但是，徐良在哪儿？到处打听后，终于得知他在昆明住院，但住哪家医院不知道。我作了决定："双江活动能力强，你去给我找人。"李双江果然能干，很快就从昆明给我回电话：徐良找到了，刚动了手术，不过很可惜，腿没保住，一条腿高位截肢，肯定还需要治疗恢复一段时间。我失望了，但又想，离春节还有一两个月呢，也许还有可能争取。我让双江进一步了解情况，他不负所托，谈好后留下联系电话就回来了。

听了双江介绍情况，我们讨论决定，让徐良上"春晚"。但他高位截肢，来京录音和演出得要有人护理。好在又打听到他有位未婚妻，是北京保育院的老师。我一听，好，把她请来，让她护理不就得了吗？经过一番努力，最终将她派到昆明，把徐良接来了北京。

录音时，我看着徐良很是怜惜。他好久没唱了，加上动了手术，大量失血，体力根本不支。没法坐着唱，得站着唱，一条腿站着，一手扶着椅背。唱一段后满头大汗，脸色苍白。看他唱，我心都揪起来了。录了一遍，我觉得还可以，但为了保证质量，还是又录了好几遍。有些地方音准不行，便一段一段地录，总算是录下来了。

我们给徐良认真设计了表演动作，让他坐在轮椅上，请李双江先向观众介绍："我有一个战友，被誉为'战地百灵'……"然后把他推到舞台中心，后面加上伴舞。等徐良唱完一段后，王虹再从伴舞演员中出来演唱。

王虹果然没让我失望。在这之前，我对她交待得很明白：不准扭，要大大方方，一定要表现出军人妻子的美好形象，服饰头发也要协调。还不错，这姑娘挺聪明的,演出时,她的衣服穿着真像是个家属,没有任何花哨动作。他俩的演唱很感人,反响强烈,晚会进行中,就接到全国各地打来的大量电话电报,给予热情的赞扬。此后,《血染的风采》在全国各地唱得更加响亮。

这届晚会,还安排了"半个"有关军队的节目:《繁星从眼前升起——助产士之歌》。

以往的晚会节目中,都有一个歌颂我们普通老百姓的节目。这次大家又讨论开了,今年歌颂谁呀? 歌颂护士? 歌颂售货员? 都有人不赞同。

《繁星从眼前升起》演出现场(1987 年)

最后有人提出歌颂助产士,找一个一辈子接生的。这个建议一致通过了。

但是,能不能尽快找到一个理想的人选,我心里没底。我又请能干的李双江出马了。他果然很快就找到了一个候选对象。这是位姓李的老太太,年轻时就开始当助产士,一辈子都做这个工作,接生过无数婴儿。这年她正好 80 岁。

我想看看老人的形象，和李双江一起去了老人家里。李新老人早已退休，她和女儿接待了我们。一见面，我就喜欢上她了。她正是我所要求的形象：花白头发，非常慈祥，不胖，也不干瘦，人很纯朴，头脑还很清楚。太好了！

在构思节目时我们想过，如果仅仅反映她的接生工作会显得单薄，她接生的孩子中，有没有为国家做出重要贡献的人呢？后来了解到，杨成武上将的儿子杨东明就是她接生的，眼下在国防科工委工作，是某研究所的所长，大校，挺棒的。和老太太见面时，我问她是否还记得此事。让我喜出望外的是，她对接生这个孩子的过程记得很清楚：那是战争年代，准备撤退，她都上车了，又让她下来，说有个人要生孩子了，是杨成武的爱人。我又找到杨东明核实，证明老人的记忆没错，父母曾告诉他，正是在这种情况下出生的。

根据这些情况，我要求为助产士创作了一首歌：《繁星从眼前升起——助产士之歌》。助产士不像别的职业，没有准确的工作时间，产妇也可能半夜发作。当一个新的生命呱呱落地时，天空繁星闪烁，随后太阳升起了。我要求把这种意境写进节目里去。舞台表演时，我们请来了许多漂亮的女孩子，穿得一身洁白，宛如一群随歌起舞的天使。当年被接生的杨东明大校来到现场，讲述了他所知道的出生时的故事。东明激动地给老人敬了一个标准的军礼，献上一束鲜花，祝她生日快乐，健康长寿。这个节目充满了人性的温馨，观众反映良好。

可以说，春节晚会的节目，我们很少有现成的节目上台。在节目制作的过程中，大都有类似生动的经历。

一份耕耘一份收获。这年的春节晚会，群众反映之好超过了我的期望。全国数十家报刊载文，赞誉这台晚会"欢快、健康、朴实、昂扬"；中央电视台也第一次应广大观众要求，连续两次重播了这台晚会。全国各地的观众来信，更是如雪片般飞来。几年之后，一位当届的春节晚会总导演对我说："邓导，1987年的春节联欢晚会节目，我们编导组研究了三遍。你在我们前面设置了一个难以逾越的障碍。"

2000年春节晚会的当天，《北京青年报》有一篇专文历数各届春节晚

胡启立等审看 1987 年春节晚会（前排左起：芮杏文、胡启立、邓在军、艾知生、孙道临）

会的特点，其中有这样一段话："1987 年的春节晚会被看作最成功、最辉煌的一次，那时的导演是邓在军。有华裔血统的费翔给晚会带来了新的空气，《冬天里的一把火》让无数年轻人痴狂，而深情的《故乡的云》再一次唱出了观众的眼泪。那一年的相声节目也很出色。"

我很清楚，对我的夸奖只能看作是溢美之词，但是，作为一个电视导演，自己的工作能给人们带来欢乐，就是最大的安慰。

曾有记者在一次采访中问我："您执导的节目数以千计，您对其中哪一个节目最满意？"我回答说："我对自己编导的节目都是尽心尽力的，因此它们都是我所钟爱的。但我对自己的要求也很高，很难说哪一台节目我最满意，只能说有些节目自己比较满意，即使如此，在每次总结回顾时，总会感到有某些遗憾和不足"。

应该说，在自己比较满意的节目中，1987 年"春晚"是靠前的。但也不是没有瑕疵。

　　比如,那次晚会中的相声和小品是比较出彩的。姜昆的《虎口遐想》,郭达、杨蕾的《产房门前》,都给人们留下了深刻的印象。郭达和杨蕾,就是在那届"春晚"中推出的新人。他俩表演的小品《产房门前》,是通过一个描述在产房门前等待妻子临产的丈夫的心态,抨击了社会上特别是农村中普遍存在的重男轻女的封建思想,是一个思想性和艺术性都比较强的节目,郭达和杨蕾的表演也很到位。台本中有个细节:临产的妻子对丈夫说,她想吃"饸饹",丈夫说,我们是卖"饸饹"的,你干嘛要吃这个?妻子说,我就是想吃"饸饹"嘛!审看台本时,我没听说过什么是"饸饹",询问作者,他说:"饸饹,就是你们四川常吃的凉粉嘛!"我想,既然人们都知道凉粉,不熟悉"饸饹",不如把它改过来。结果,观众在电视中听到的就是"凉粉"而不是"饸饹"了。过后不久,我去山东审选第二年"春晚"节目时,有位企业家请我吃饭,他说:"请你务必尝尝,我要亲手为你做一道你没有吃过的

为了连续导演国庆晚会、春节晚会,几乎有半年时间没有回家。孩子们把我的生日蛋糕送到剧组(左起:徐晶、段文彬、周强、王奇、周蕾、李双江。**1987** 年)

美味。"饭桌上,他给我端来一道亲自做的面点,向我说明:"这就是陕西人常吃的'饸饹'。《产房门前》中郭达给杨蕾吃的是这个,不是'凉粉'。"这下我明白了,当初是自己改错了台本。如果让郭达用陕北方言说"饸饹",观众听了会更生活化,也显得更加风趣和贴切。尽管这只是一个小小的失误,但它说明,做一个称职的电视导演,应该尽可能地扩大自己的知识面,同时不能忽视任何一个微小的细节。

联想到第二年1988年春节晚会,同样有一个小小的遗憾。这届晚会中有一个表现海峡两岸同胞亲情的歌曲节目《相聚在龙年》,由我们从台湾请来的高山族著名歌唱演员万沙浪和韦唯对唱。原来设想,在演唱这首歌曲的结尾时,将会呈现一个喜庆团结、亲密和谐的热烈气氛,于是设计了一个相声节目与之衔接,目的是把人们欢乐的心情延续下去并推向高潮。但没有想到,万沙浪在演唱过程中情绪万分激动,他边唱边走到观众席中,流着热泪与人们拥抱,观众也都激动地流泪还以拥抱。这时,全场呈现的不只是同胞亲情,还有海峡两岸至今尚未统一的悲伤与遗憾。这不是我们原来设计的方案,但实际效果却超出了原来的设想。可是,当这个节目结束后,紧接着转到原先安排的以逗乐为内容的相声节目,场上的气氛便显得不够协调。这件事告诉我,在编导一台现场直播的大型晚会时,应该预先想到可能出现的各种情况,准备有多种应对方案。

尽管如此,正如古语所说,"水至清则无鱼,人至察则无徒",世上没有十全十美的事物。作为一个导演,对自己编导的作品,不会有完美和最好,只能不断地超越自我,追求更好。满足就是停滞,停滞就必倒退。这是我在导演生涯中的一点切身体验。

1987年这一年,中央电视台首次设置了全国电视文艺星光奖。《1987年春节晚会》获得这届星光奖的特等奖、最佳编导奖;当年国庆晚会《时代的音符》和我编导的《古今戏曲大汇唱》,也都被评上星光奖;就连我执导的首届星光奖颁奖晚会《今夜星光灿烂》,也被评为星光奖。同事们开玩笑,说我这一年是"星光闪闪"。我也很高兴,可以说,这是自己艺术上丰收的一年。

《冬天里的一把火》

　　《北京青年报》的文章里提到了费翔,现在中年以上的人们,鲜有不知道他的。

　　美国好莱坞,被人称做"造梦工厂";中央电视台,则可以看成是"造星车间"。想想央视"春晚"惊人的收视率,看看那些从春节晚会之后突然大红大紫的明星,就知道这个比喻一点不夸张。我曾先后5次出任中央电视台春节晚会的导演,因此有机会多次参与这种"造星工程"。在众多明星中,费翔是佼佼者之一。

　　作为歌手,费翔有很优异的综合素质,算得上一个演艺天才。不过,浩浩人海里,演艺天才并不罕见,有的只是因为没有得到适当机会,他们的天才之火在人们还没注意时就提前熄灭了,非常可惜。费翔的这把"火",也差点遭遇这样的命运。二十多年前,广东太平洋音像公司给费翔录制过两盘盒带,很难卖掉,大量积压在仓库里,公司老板十分着急。也正是这个时候,我见到了费翔。

　　当时,我接任了1987年春节晚会总导演,正在物色演员。为了海峡两岸关系早日得到改善,每年春节晚会,我们都要选一两个优秀的港台歌手。王昆大姐当时任东方歌舞团团长,那次她从外地演出回来,给我打来电话,说她发现了一个台湾歌手,叫费翔,条件不错。我请她派人把资料给我送来。

　　很快,王昆送来费翔的录音带和一张很大的招贴画,看上去形象确实不错,我马上听了录音带,其中有首歌《故乡的云》不错,和晚会的要求合拍,我就让编导组集体听。大家听后认为,属于上乘之作。意见基本一致了,我决定起用这个演员。

　　请港台歌星参加春节晚会,不像大陆歌星那么方便,要有一定的审批程序。除了给"港台办"打报告，还要给台里部里的外事部门请示报告。天下着雨，我和导演陈雨露一起坐车赶到文艺部主任邹友开那里，谈了我的想法。邹友开同意了，我们就在他家里起草了报告，第二天一大早就送到广电部。没过多久，报告批下来了。

写到这里，联想起一件往事：就在这一年，我曾设想过邀请台湾歌星邓丽君来参加这届"春晚"。邓丽君那时正红得发紫，大陆也有很多人喜欢听她的歌。我先通过有关渠道跟她通了气，反馈回来的信息是：邓丽君知道我，也很愿意来大陆参加由我导演的春节晚会。但后来由于政治上的某种原因，她和我都没能如愿。最近我有机会同邓丽君的哥哥邓长富见面，交谈中他也印证了这件事。太可惜了，对所有人来讲，这都是一件再也无法弥补的遗憾。

话说回来吧！观众很难了解的是，明星在舞台上光彩照人，似乎每一个动作都很到位，每一个音符都很动人，给人以强烈的美感，但是，在舞台背后包装明星的过程却很复杂、乏味，常常好事多磨，甚至一波三折。每一台春节晚会，我们都要面对众多演员，包括已经成名的明星，包括上级领导和外界推荐来的。我们先要确定谁有好的作品，谁能入围。一旦明确下来，便开始了第一轮的筛选。这时，编导组就成了裁判组，我作为晚会总导演，就有点裁判长的味道了。这种明星和节目的筛选是反复进行的。常常有这样的情况：有的节目起初准备用了，但又发现了更好的节目，前面定下的便会拿下来，毫不留情。因此可以说，这种筛选过程，对那些面临众多竞争对手的演员甚至明星来讲，有时显得很残酷。

实际上，后来我听到过许多这样的事情：一个名演员投入了不少金钱和精力，请人创作了歌曲，也请了伴舞和乐队进行了多次排练，最后拍摄成节目带给我们送来，满以为可以顺利通过，但听到的却是被"毙"的"枪声"。

更痛苦的情况是，我们确实已经通过了他或她送来的节目，决定上"春晚"了，他们也兴高采烈地通知了相关的亲友。但是，到了演出前的最后审查时，由于各种原因，往往还是被比我们编导组更有权力的"最高法官"否决了。这已经超出了我的职权范围,我也无可奈何,真不忍心去通知这个演员。我很清楚,这种消息对那个演员本人,会是一个晴天霹雳。当然,生活中自会有一种自发调节的"生态平衡"。既然出现了"最倒霉"的人,也会有"最幸运"的人。有些节目本已被判"死刑",演员自己也早已绝望,却会在最后时刻接到通知"上!"这个"上",不管是用什么语言和方式传达,在这位演员的耳中,不啻是天籁之音。

费翔遇到的,则是一些意料之外的麻烦。

编导组在头一轮筛选时,大家对费翔没提什么意见,我很高兴。可是,在又一次编导会上,有人突然提出:费翔的母亲是台湾人,但父亲是美国人,因此,费翔似乎不能算台湾人。有了不同意见,大家便七嘴八舌发表各自看法。我没吱声。讨论中,我总是希望听到不同意见,这可以活跃思路,加深对问题的认识。最后,需要我这个总导演拿决策意见了,我说:"我认为可以。他父亲是美国人,但是,孩子都随母亲;费翔的母亲是中国人,他又在台湾出生,就应该是中国人。"

这是一点小问题,容易解决。大一点的麻烦是《冬天里的一把火》带来的,也是我自找的。

以往的春节晚会,只要演员确实优秀,观众很欢迎,通常可以唱两到三首歌。但这年情况不同了,中央电视台的春节晚会已经成了气候,时间金贵,从1986年的晚会开始的这几届,规定每个演员只能唱一首歌。当初考虑到晚会的主题,我们打算只让费翔演唱《故乡的云》。当我反复听了费翔的录音带后,认为《冬天里的一把火》这首歌很棒,便有了新的想法。在一次编导会议上,我说:"请台湾歌手来一次不容易,我们是不是让他多唱一首。"我让大家又听了一遍《冬天里的一把火》。这时出现了不同意见:有人赞成用,也有人提出,"一把火"节奏倒挺好,但和我们的晚会主题不大吻合。

在我的坚持下,大家终于同意了我的意见。没想到请台领导听歌时,领导不同意,认为费翔不仅唱两首歌多了,第二首歌还有两段,间奏也太长。晚会的音乐编辑曾文济是位很有经验的老编辑,听了费翔的歌带后,他和我有共鸣,赞成两首歌都上。最后,领导提出了折衷办法:上两首歌可以,但要把"一把火"的间奏拿掉,节省一点时间。我和曾文济都认为,不能没有间奏,否则两段词的连接会显得突兀,但可以让间奏时间缩短一些,做些艺术上的处理。我去找费翔商量,请他在间奏中加些跳舞的动作。

与费翔谈镜头(**1987 年**)

在讨论如何包装费翔的节目时,有人又建议,是否可以把他的妈妈和外祖母请来现场。我觉得这个建议不错,采纳了。这样处理,可以把海峡两岸人民之间的血脉之情表现得更加有味。

过了不久,费翔和母亲来到北京,住进了燕京饭店。

我去饭店看望他们:小伙子太可爱了! 费翔长得很英俊,个头高高的,有一米九的样子,眼睛也很特别,蓝蓝的,含蓄而有内涵,一件休闲短袖衫穿在身上,显得落落大方,气质极佳。作为晚会的总导演,能看到这样优秀的演员,从内心里感到高兴。

费翔的母亲是台湾某电视台的编辑。第一次见面,我送了他们一点小礼物作为见面礼。台长送给费翔的是一串珍珠项链。同行的人开玩笑地对费翔说：把它送给你的女朋友还是夫人？费翔说，自己还没结婚。他妈笑着插了话：他呀，女朋友有的是，就不知道谁会成为我的儿媳妇。费翔的母亲也很可亲，而且会算命，还给我算过。那是见面后的第二年，为了筹办1988年春节晚会，我去香港挑演员，她得知后去饭店看我。聊了一阵后，她就开始给我算命，对我几个孩子的情况算得挺准，有些情况的准确程度甚至让我暗暗吃惊。

当时，为了给港台客人接风，台领导请费翔和他母亲吃饭，选了琉璃厂的一个饭馆。饭后，我和费翔聊天，对他讲了节目的安排设计。谈到《冬天里的一把火》，我说很喜欢这段音乐，但是太长了，要求他把间奏音乐处理一下。

我以为费翔的事情就这样了，不会再有问题。没想到后来播出时，却出现了更多意料之外的、色彩斑斓的花絮。

第一次排练，是在央视的排练厅。费翔的动作稳健，落落大方，一点不造作，给人以单纯、纯朴、大方的感觉。通俗歌星通常有的忸怩作态和过分的眉飞色舞，他一点也没有，是个很大气、很有水平的歌唱演员，作派很好。我非常高兴。当时，我还不知道他跳舞也很棒，《冬天里的一把火》的间奏动作也还没来得及设计。我请他抓紧时间设计一下，基本要求是刚健有力。

费翔演唱《故乡的云》和《冬天里的一把火》（1987年）

第二次排练时,费翔已经给"一把火"设计好了迪斯科风格的间奏动作。他跳给我看,哟,太棒了! 我高兴得直鼓掌。我说好极了,要的就是这个。

可是,对费翔的动作又引起台领导担心了,觉得迪斯科的舞蹈动作国内还没见过,节奏感太强。我说:"这是表现健美,没问题。"领导见我态度坚决,便说暂时这样吧。后来审查时,领导还是担心,说最好别跳迪斯科了,把间奏拿下来。

我实在不甘心,加上自己算是老导演了,和台领导关系也不错,就有点倚老卖老,不肯轻易放弃。我坚持说:"真的不错,饶了我们吧!"这一回,领导犹豫不决,勉强同意了我的意见。但到了最后一次审查,还是要求我把间奏拿下来。这一回领导态度坚决,我没有办法,只好点头。

实况播出时,《故乡的云》是第一首歌。为了增加感染力,能够出情,在唱完这首歌时,让费翔讲了一段话:"我第一次来到大陆,但我特别想念我的家乡,下面再唱一首歌,献给我的妈妈,我的姥姥,我在山东的太姥姥。"在场的费翔妈妈和姥姥都激动地流下了热泪。这样,就有机地过渡到了下一首歌《冬天里的一把火》。

领导有明确指示,要把"一把火"的迪斯科拿下来,我也同意了,但当时实在太忙,我没有来得及给下面的人说。因此,播出的时候,乐队在照样演奏,费翔也照样在跳迪斯科。领导急了,一时间他无法改变现场的表演,就在话筒里嚷起来:"邓导,不能切全景!"

不切全景,观众就看不到迪斯科的舞蹈动作。给我配合的切换导演是张淑芬。我告诉她:"领导不让切全景了。"淑芬大为惋惜:"多好啊,太可惜了!"她也敢干,照样切,切了好多全景。看上去确实好,我也就装糊涂,给我切过来的全景我照样播出。

领导真火了,大嚷:"邓在军,你再切全景,我处分你!"

我想事情不能做得太过,这才对张淑芬导演讲:"淑芬,好了,再切全景,领导要处分我了,快切近景吧。"但是,摄像人员没有这个准备,所以后来大家看到的前面镜头有全景也有近景,后面的镜头只是近景、近景,还是近景，观众只看到费翔的上半身和手的动作。还有好些镜头出了画面，显得一点镜头逻辑都没有了。

给人们视觉冲击的舞蹈动作

尽管如此，费翔的演唱几乎让所有的观众倾倒，这把"火"照得他闪闪发光，无比明亮。中国的"星空"里，从此升起一颗偶像级的明星。晚会播出之后，观众信函如雪片般飞来。有段时间，我不得不成了费翔的临时邮递员，因为大量来信都是写着我的名字，让我转交费翔。我接触过不少明星，但对追星族不太了解，这一回也让我开了眼界，中国竟有那么多痴情的女孩儿。在费翔的要求下，我帮他看过几封信，哟，里面除了一张张美人照，说什么的都有。这些痴情的女孩儿既可爱又有点让人好笑。总之，通过我的手，给费翔的信就收过一麻袋。

广东太平洋音像公司也高兴了，公司老总告诉我，原来积压的费翔的录像带不但全卖光了，又复制了很多也都卖掉了。他们用赚到的钱盖了一栋新楼。我去广州出差，公司为了感谢我，特地请我去新大楼参观、吃饭。

还有一个挺有意思的小小的插曲。这次晚会播出之后，为了准备第二年春节晚会的节目，我出差去杭州，车厢里遇到一位教授。当他了解到我们是中央电视台的人后，对坐在我旁边的制片主任段文彬发牢骚，说："今年春节晚会也不知是哪个导演,怎么能把《冬天里的一把火》播出去呢?你看,这把火把大兴安岭都给烧了嘛!"

这当然是两件挨不着边的事儿,不过,1987年的"春晚"倒是起了一些"火"的作用,"烧掉"了某些人的僵化和保守思想。历史有着惊人的相似之处:1979年"春晚",我采用交谊舞串场的设想受到抵制;1987年"春晚",迪斯科又被判定为"资本主义不健康的艺术形式",遭遇非议和反对。其实到了今天,对于许多青年人来说,迪斯科已经不是那么新潮了。回过头来看这些事情,当初那些反对的人也会觉得自己有些可笑。实践表明,在现实生活中,有些看来很小的事件,却有可能影响甚至改变人们的思维定势,成为推动历史前进的某种契机。

有趣的是,虽然《冬天里的一把火》给我增添了生活麻烦,但我也沾了这次春节晚会的光。由于晚会反响强烈,导演邓在军的名字也变得响亮,我因此收到许多来信。阴差阳错的是,来信的称呼里,极少有叫我邓阿姨的,绝大多数是称我邓叔叔、邓伯伯、邓爷爷。更妙的是,里面还有情书,那些可爱的女孩儿,痴情得不得了,把我乐得哟! 其中有封信说,她结过婚,但已经离婚了,有一个孩子,很可爱。她希望能跟我结婚,一切事情家里都有她,她挣钱虽然不多,但还可以,生活不错,能够把家操持得很好,等等。我当然无法接受她们的爱情,但我由衷地祝福她们都能找到真正的幸福。

费翔火了,火得大红大紫。第二年春节,我仍然是晚会总导演,有人建议我再用费翔。这次我没采纳。我认为费翔在1987年春节晚会上已经被推到了高峰,如果没有新的好点子,没有更好的歌,我不能请他,否则群众可能失望,砸费翔的牌子,也砸了我自己。因此,1988年的春节晚会上,我用了台湾歌手万沙浪。

不过,在1988年中央电视台建台30周年晚会上,我又请来了费翔,选用了他的《午夜星河》和《溜溜的她》。

这一次合作,通过一些细节,让我更加喜爱这个演员。他来到之后,我把自己的设想告诉了他。因为费翔学的是戏剧表演,我注意发挥他的特长,在《午夜星河》里,我让他边唱边跳,从楼上跳到楼下,效果很好。排练中发现,费翔在艺术上非常严谨。他所做的每一个动作,都和音符节奏高度配合。排练了两遍,他都是同样的动作,同样的节奏,这说明他经过了精心设计,不是随意的。而且,他的表演感情很投入,跳得特别棒。作为导演,对这样的演员没法不喜欢。

《溜溜的她》是首情歌,如果让费翔在舞台上跟一个女孩子又亲又抱,绝对不合适,而且他又有美国血统,跑到中国的舞台上来调情,观众会骂娘的。于是,我们就选用了一个很乖的木偶代替姑娘。我对费翔讲,木偶的戏要认真排练,我要把你关起来。他笑着同意了。他在北京认识不少人,为了安心排练,他说:"我希望你不要告诉我的任何朋友说我来了,暂时保密。"我说:"时间很紧,和木偶排练,我要求你三天拿出来。所有动作要练

排练《溜溜的她》(1988 年)

熟,然后我就要录制。"他说没问题,从早到晚,坚持和一个操作木偶的演员一起排练。三天后开录,果然一切顺利。

还有一件小事,也让我对这个演员有好感。一次我想了解排练进度,打电话问他在干什么,他说正在做造型设计。当时,演员的演出服由自己负责制作,电视台不管。我去排练厅,见费翔正在设计服装,一个个地往演出服上钉大别针,前胸后背全钉满了。这是一件浅蓝色牛仔上衣,他试穿了一下,效果很棒,像将军服一样,别针作为衣服上的装饰物,一动就来回晃荡,在灯光下有一种奇特的效果,很好玩。这是他自己设计制作的,也就是说,他排练完了也没有好好休息。从这些小事,可以看出他的敬业精神

和聪明才智。

　　这些都是二十多年前的往事了。歌星的艺术生命是因人而异的,有的短暂如流星,有的则能有经久不衰的艺术魅力。好久没听过费翔的歌声了,不久前他又回到大陆发展。我很喜爱这个优秀的歌手,希望他的复出,会在中国的"星空"里,增添又一道新的异彩。

《爱的奉献》

　　中国流行歌坛，可说是群星灿烂。不过很遗憾，这些"星星"大多是一颗颗"流星"，来得快，去得也快。当然，也有极少数幸运儿，凭借实力和运气，在这片灿烂而残酷的星空里冉冉升起后，历尽波折，终于找准运行轨道，成为了真正的明星。

　　这类明星里，韦唯算得上其中一个。

　　第一次听韦唯的歌，是在东方歌舞团的一次晚会上。我在央视文艺部当导演，因为工作关系，许多人会通过各种渠道给我推荐歌手，我也不时去看一些晚会，挑选演员。当时，韦唯刚进歌舞团不久。算是有缘，这次晚会上我欣赏到了她的歌声。声音好的歌手并不算少，但是，声音好同时又有鲜明个性的却不多。第一印象中，我觉得韦唯声音不错，有个性，有张力。

　　随后不久，我请她参加了1988年春节晚会，和台湾歌手万沙浪一起，演唱《相聚在龙年》。这是我们的第一次合作。我注意到，韦唯这孩子很有特点，挺耐看，很上装，台风也不错；尤其是声音不一般，有实力，她这样的女中音难找，音域很宽，很厚实，别人上不去的高音区，她能上去。我喜欢她的嗓子、表演和台风。进一步接触中，我知道了她是壮族姑娘，质朴坦诚，没什么心眼，很可爱。正因为如此，在第一次合作之后，我又带她出去演出过几回。

　　明星是一步步升起来的，而且，舞台上的流光溢彩，未必就能照射到他们的日常生活中。韦唯当时名气不大，生活处境并不妙，已经和恋人分手，还没找到合适的栖身之处，临时和李娜合租了一间房子。毕竟是在聚光灯下讨生活的人，彷徨之间，已经有人注意上她了，献上了一支假玫瑰。这孩子心眼实，又正好情绪低落，假玫瑰当成了真玫瑰，闻不出上面喷的花露水味。在一次带她外出演出时，弄得我又生气又心疼。

韦唯、万沙浪演唱《相聚在龙年》（1988 年）

那次应邀到青岛和大连演出，我带了韦唯等歌手和一些小品、相声演员。对于一些年轻演员，我都把他们当孩子来看，管得比较严。演员的工作时间大多在下午和晚上，生活节奏和常人不同，所以，我允许他们睡懒觉，只要按时吃午饭就行。但是，为了让他们得到足够休息，保护好嗓子，要求他们晚 10 点以前必须睡觉，我要查房的。那次，我把韦唯和李娜安排在一间房里。

到了晚上 10 点多钟，我开始电话查房。查了几个房子，人都在；可是，查到韦唯，同房间的李娜含糊其辞了。我又追问一次，李娜还是答非所问，说"不在"。我生气了："我知道她不在，我是问你，她到哪儿去了？"在我逼问下，李娜只好说了实话，告诉我韦唯可能在"他"那儿，因为他刚才来过电话，把韦唯叫走了。

"他"是一个当时已经走红的演员。我翻了一下演员住房安排名册，拨通了这个男演员房间的电话。我问："韦唯在你那儿吗？"他说在。我没好气地说："你们干嘛呀，这么晚了，赶快让韦唯回房间睡觉!"他说"好好好"，答应了。

第二天早上起来吃饭，楼对面是商店，大家顺便逛商店，一看，他和韦唯一块儿下来的，还帮韦唯提着包。我当时不高兴了。他们两人一个是离了婚的，一个是待嫁之身，按常理我用不着管得太多。但是，我把年轻演员当孩子来看待，心里就多了一层爱护之情。韦唯的单纯我是知道的，而这个男朋友又未必是真心和她相处，我就管了"闲事"："韦唯，你跟他怎么回事，昨天为什么在他房间里呆那么晚?"韦唯说："聊天了。"我问聊什么。她说，在北京她住在李娜那里，可是李娜的房子别人打算要回去，没房子住了，而他家有房子，愿意让她过去住。我一听火了，说："我们家也有房子，而且我们家全是女孩。"我话里有话地提醒韦唯，她也向我掏出了心里话："他对我挺好的。"我问怎么个好法。她说："他挺有名的，还给我拎包。"痴情的孩子啊……我暗暗叹气，提醒她把事情理清楚点再说，不要一时冲动。可是从当时情况看，她已经很痴迷，听不进我的话了。我也无话可说，弄得两人都不高兴。

生活中，天才很稀少。这不仅由于天才本来就难得出现，还由于许多天才是在没有来得及完全展示时就半路夭折了。很显然，一个歌手，最基本的条件，是要有一副天赋的好嗓子。韦唯是完全具备这个条件的，我喜欢这个孩子，心疼她的好嗓子。可是，生活也有它无奈的一面，我以过来人的眼睛看到的东西，她却未必能理解和接受。当然，事情还有它的另一面：过来人的目光也会经常出错。对于韦唯的固执，我虽然有些担心，但也无可奈何，只能顺其自然，遥遥地关注着她的情况。

1989 年，中央电视台 30 周年台庆，我是台庆晚会总导演，又把韦唯请来，让她和毛阿敏一起唱了一首《哭哭笑笑》。两人都拿着假面具，一个哭，一个笑。韦唯显然适合唱"笑"的角色，但在中央台的录音棚里，第一次录音间隙，韦唯给我讲了这段日子的情况，她哭了。

生活中谁都免不了会有沟坎，会有磨难，就看你能不能迈过去。韦唯当时还没碰到过这么沉重的打击，心里痛苦，又不善排解，气病了，她是坚强的，但内分泌失调，身上长了水泡。祸不单行，这些内分泌失调带来的病症，又被有的人误解，出现一些不求实的说法，后来甚至打了官司。

我们这些老导演，看着这些孩子的麻烦，心里挺不是滋味的，特别想看着她好起来。可是，各人都有自己的生活安排，有些事情外人也不好插手。以后在亚运会开幕式和《黄山》、《毛泽东诗词》等几个专题片中，我又请韦

韦唯与毛阿敏演唱《哭哭笑笑》（1989 年）

唯合作过几次，每次她都出色地完成了任务。我的想法是，在我力所能及的范围内，多让她出镜，有利于她消除心头阴影，振作精神。这样，她帮了我，我也帮了她。

在这之后，她凭借自己的艺术实力，越唱越好，名气也越来越大，在国际上也有了相当的知名度，我由衷地为她高兴。

中国有句老话讲，"人怕出名猪怕壮"。这不是一种好的文化习惯，但社会风气就是如此。改革开放后，中外通婚越来越多，人们从最初的惊诧中也慢慢习惯了，没有惹出什么事来。可是韦唯这时已经成了名人，听说她竟然找了个"老外"作丈夫，一些人就不满意了，好像她做了什么越轨的事情。

对此我觉得好笑。韦唯作为一个女人，在生活上受过刺激和磨难，如果她找到了自己的真爱，这是好事。麦克是瑞典一位知名音乐家、指挥家，对她的事业有过帮助。韦唯虽然有了名气，她也有普通女人的一面，像我们每个普通人一样，她有权力寻找自己的幸福，不需要按照别人的意愿去选择自己的丈夫。尽管韦唯和麦克的婚姻最终破裂了，但我知道，责任不在于她。中国有句古话："祸兮福所依"，这场不算美满的婚姻，虽然给韦唯带来沉重打击，但也给她增添了三个活泼可爱的孩子。苦涩中包含有幸福，凤凰就是在火中涅槃的。

话题回到当年。韦唯遭遇的磨难并没有到此为止。不久，社会上又爆出了有关她的新闻。说韦唯在横店演出时漫天要价，不加演出费就不肯上场；观众都在等她，她还在点钱。有媒体挖苦说，韦唯唱的歌曲中还有《爱的奉献》。

我很吃惊。我的第一个反应是不太相信，以我过去对她的了解，她不是这种人。当然，这个时代变化太快，韦唯是不是也有新的变化，我没有把握，如果报道属实，那这孩子就太傻了。但少数记者是靠卖明星们的花边新闻为生的，韦唯这件事，给他们提供了拿稿费的机会。他们又不肯深入采访，以讹传讹，把事情搅得是非不清。韦唯也因此承受太多压力，变得很灰心。许多单位一时弄不清事情真相，不敢请韦唯出场。我见了韦唯，听了她对事情的另一种解释。比如"点钱"的事，她当时是在给工作人员分配稿费，不知道还有暗藏的摄像机在对着她，是不是预先设下的"套"，很难说。我相信她的话，有些报道不仅夸大了事实，而且歪曲了事实。我建议韦唯，不要感情用事地完全沉默，要实事求是地向上级反映事情真相。我正在拍摄大型纪录片《百年恩来》，其中的一首歌《无价》已经请人录了音，演员尽了力，但与这首歌所要求的意境仍有距离，不太理想，我喜欢韦唯的声音，权衡之后，我决定请韦唯重新录制这首歌。电视片播出后，虽然有人来信说这首歌不应让韦唯唱，但多数观众反映很好。这多少为韦唯起了点"正名"的作用。

我很高兴，在不久后召开的文代会上，丁关根同志谈到了对韦唯这件事情的看法。他说：我们培养一个人不容易，新闻媒介要实事求是地报道，如果有什么缺点，要挽救她，不要把她推向反面，何况有的事情报道不实。

与韦唯

我常想，我们不应该让自己的心态变得刻薄。对于一个经过许多磨难才成长起来的优秀的艺术家，同科学家一样，全社会都应该给予关心和爱护。韦唯确实很有歌唱天赋，她那独特的女中音，那经过无数次艰苦训练才形成的美妙歌喉，非常难得，非常宝贵。她奉献出了自己美妙的歌声，给亿万人民带来过一次次的欢乐和审美享受，这就足够了，用不着在其他事情上过多苛求。当然，听众和歌迷们也有自己的道理。一个明星，已经不仅仅属于他（她）自己，还是大众拥戴的人物，是公众人物。明星的诞生，大众不仅付出过金钱，也付出过情感。他们有理由期待这个明星有良好的个人情操。

我相信，韦唯具有这种优秀品质和良好情操。她不仅在艺术上精益求精，事业上奋斗不辍，而且为人坦率正直、待人诚挚。举一个例子：她曾答应我在纪念周总理110周年诞辰的晚会上再次演唱《无价》这首歌,不巧,届时正值央视举办青年歌手大赛,请她担任评委,这是一个在公众面前亮相的好机会,可她为了兑现对我的承诺,毅然决然地辞掉了青歌赛的评委。

玉琢成器,历久弥坚。尽管生活中曾经有过许多曲折和磨难,始终没有改变韦唯的本色。多少年过去了,她依然青春靓丽、光彩照人,依然是那样乐观、爽朗。我不时收到她发来的手机短信,一则则内容幽默的笑话,总是引得我捧腹大笑。

韦唯也是一个非常重感情的人。五年前,在我度过幸福的金婚和50年导演生涯、70岁生日的同一天,收到了她从国外托人专程送来的70朵鲜艳的玫瑰,附有一张贺卡。她在贺卡上画了两颗红心,还亲笔写下一段话:

邓导妈妈

周将军爸爸:

　　五十年金婚快乐,

　　五十年从艺荣耀,

　　七十年人生光彩。

最衷心的祝福献给最美的父母!

挚爱你们的女儿　韦唯

2008 年 1 月 19 日

真正的性情中人!

这就是才华横溢、可亲可爱的韦唯。

《思　念》

从艺术素质看,毛阿敏是个十分难得的优秀演员。

毛阿敏是侯跃文最先介绍给我的。1987年下半年,侯跃文到南京演出,正好同台演出的有当地演员毛阿敏。回来后,侯跃文找到了我:"邓导,这次我在南京给你发现了一个人,形象不错,台风也不错,唱得也不错。"我问是唱什么风格的,他说是唱通俗的。我答应把她请来北京看一看。

就这样,毛阿敏来到北京,我们见了面。

这一年中央电视台首次举办电视文艺"星光奖",台里准备在颁奖时办一台《今夜星光灿烂》晚会,让我当导演。和毛阿敏见面后,我让她先录一次音,了解一下她的艺术功底,如果行,就上我的"星光奖"晚会;如果条件很好,能完成我预想的设计,就上第二年的春节晚会。当然,要是不行也就算了。

录音棚里,我第一次听了毛阿敏的演唱,有点喜出望外。我感觉她声音很松弛,很有派,个儿也高,而且长得漂亮,歌唱演员有这样条件的并不多。我很满意,对她充满了信心。因此,我首先在《今夜星光灿烂》晚会上作了安排,让她同胡松华、李谷一、彭丽媛、阎维文等知名演员一起,担任独唱节目,并特地在演唱的间隙中安排她讲了一段话,希望她能通过这些铺垫获得成功。这次颁奖晚会我应该上台领奖,但正好该我值班,我请制片主任段文彬帮我上台领奖,自己坐在了导演席上。毛阿敏上场了。她风度翩翩,唱得委婉动人,动作也很好,有小小的唯美的舞姿,幅度把握得好,非常得体,台风不错,我很喜欢。她的优美歌声和落落大方的舞台形象,给观众留下了良好的印象。

接着,在当年由我担任总导演的春节晚会中,我又精心设计,让她进一步在舞台亮相。乔羽老哥写过一首歌词《思念》，是谷建芬大姐作的曲，词和曲都很美，也有人唱过，但没唱出来。我觉得毛阿敏的音域和音色适合，确定让她在晚会上唱这首歌。晚会的舞台布置是重要环节，要不断出新花样，当时南京有人推荐了一种新出的光导纤维花，我一看挺出彩，决定用，并特意用在毛阿敏演唱《思念》一曲。我们用光导纤维专门为她设计了一个 T 型舞台，让她亮相在舞台的最高点，边唱边往下走，辅之以优美的舞姿。事先我告诉她镜头将怎么运用，她从哪儿走下来合适。毛阿敏很聪明，领会很快，唱得好，台风也好。这次演出完全符合预先的设计，观众

毛阿敏演唱《思念》（1988 年）

反响热烈，毛阿敏由此一举成名。"乔老爷"也挺高兴的，他后来在我的艺术研讨会上讲了这样一席话："我写的这首歌，在邓导选上它之前拿到谷建芬音乐会上首次唱，没有唱开，但在 1988 年春节晚会上一唱，很快唱开了。后来这首歌又在多种场合唱，我也听了不少，但都没有这次好。到现在我仍然认为，毛阿敏演唱发挥最高水平就是在这次春节晚会上。这是谁的能耐，毫无疑问，这表现邓在军有能耐。"

与阿敏（2001 年）

在这之前，有个小小的情节，也使我对毛阿敏产生了好感。当时时兴先录音，演出时再对口型演唱。毛阿敏单位在南京，录音之后，离正式演出还有一段时间，她得第二天赶回去，这样就需要在北京住一晚。为了省钱，也为了更多地了解一下这个演员，我没有再给她单独开房间，说："干脆和我住一间房子吧。"那天我工作很晚，回房间时快 12 点了。我以为毛阿敏早已睡了，没想到房间还开着灯，她没睡，躺在床上看书。我很感动，没想到她这么好学。我心疼了，对她讲，以后不要睡得太晚，你们演员对自身的美容和面部保养要爱惜，睡觉太晚，人容易老，躺着看书对眼睛也不好。她对我笑笑，显得很纯朴。我认识的歌星中，不爱学习是一些人的通病，毛阿敏爱学习，又有很好的仪表和台风，所以我很喜欢她。

可是，歌星们面对的诱惑比常人要大。他们昨天还默默无闻，今天却一炮走红，一步登天。看到的都是鲜花笑脸，是奉承恭维，是过去没敢梦想的大把大把的钞票。这种变化反差太大，要想把握好自己，很需要修养和定力。我见过许多这样的歌星，很遗憾，他（她）们中间定力好的比例不算高。有些人只要稍微红一点了，讲话的口气就变味，对人对事的态度明显不同，就觉得我是"大腕"，应该捧着我，感觉不对了。他们大多真像流星一样，刚红起来，就会出这样那样的问题，令人惋惜。

阿敏是个艺术素质很好的演员，她不属于上述情况，但也避免不了来自社会的种种困扰。她在感情生活上受到了打击，一度又受到舆论的"围剿"，有一段时间，她离开舞台，去了香港。几年之后，广州办电影节，我应邀当评委。那天在会议大厅里，突然听到有人喊"邓导"。扭头一看，是毛阿敏。她这时已经和香港某公司签约，由他们进行包装。第一印象是阿敏变化不小，不再是当年那个"村姑"了。电影节的晚会上，我又一次看了毛阿敏在舞台上的演出。我遗憾地发现，她的作派和服饰，装饰味太浓了。演员都需要包装，但我觉得，当时阿敏的包装并不适合她，不能很好地表达出她真实的内涵。我感到她所追求的和我所期待于她的东西不完全一样了。

也许，生活给了她太多的压力。也许，她从生活里得出了自己的某种结论。当然，这仅仅是我的感觉而已，谈不上谁对谁错，孰好孰坏。每个人都有权按照自己的意愿来选择自己的生活方式。

岁月如流水。我很高兴地看到，沉寂几年之后，在新千年的前一年，毛阿敏又在大陆的舞台上露面了，演唱了《同一首歌》。这次我同阿敏见面，她又有了新的变化，而且是我愿意看到的一种变化。她还是那样的热情和纯朴。她的声音还是那么动人，那么富于感染力。有所不同的是，她在舞台上的风采，已经有某种更加沉实、厚重和大气的东西。生活的磨难给了她更多的智慧，使她更成熟了。

2003 年，在北京举办了一场我的自传《屏前幕后》的首发式，阿敏赶来参加了，并在会上说了一段感人的话：

> 我一直想借一个机会感谢邓导。我要说的是，在我唱歌的经历当中，有两位恩人，一位是大家非常熟悉的作曲家谷建芬，另一位就是我们的邓导。为什么这样说呢？很多人都不知道，是邓导让很多的观众朋友认识了我。在 1988 年的春节晚会上，邓导邀请我参加晚会，令我

在一夜之间,从一个生瓜蛋子变成了很多观众都熟悉的一个歌手,这首歌也在一夜之间在全国广为流传。从此以后呢,令我的人生有了很大的改变。

十多年过去了,我也没有请邓导吃过一餐饭,也没有送过她一个礼物,今天我要说,邓导,我可是沾了你很多的便宜哟!对不起,太激动了,说话语无伦次。主要是乔老爷坐在底下,看着他我就不太敢说,因为这首歌也让我想起乔老爷经常跟我说的一句话,是我刚唱完这首歌不久,大概有那么一两年时间,乔老爷每次看到我就跟我开玩笑:毛阿敏,你唱了我的小蝴蝶,赚了多少钱?谢谢你乔老爷,也谢谢邓导,令我从一个非常普通的女孩子变成了一个大家熟悉的歌手。那么为了表达这份感激之情,我今天给大家唱一首《烛光里的妈妈》。

阿敏那天的演唱,娓娓动人,又充满激情,可是,就在全场沉浸在她优美的歌声的时候,音响突然出了故障,伴奏带中断了。一般歌手在这种情

阿敏为我献唱《烛光里的妈妈》(2003 年)

况下肯定会乱了阵脚,但是,阿敏没有表现出丝毫慌乱,也没有分秒停顿,就在没有音乐伴奏的情况下,镇静自如地把这首歌全部唱完。她的临场应变能力和歌声中表现出的深厚艺术功底,赢得了全场的热烈掌声。在座的一位记者,第二天就这件事写了一篇文章,在报刊和互联网上同时发表了,题目是:《从毛阿敏不用录音带说起》。他在文章中赞扬了毛阿敏,同时用这个具体事例,对照和抨击了当时充斥舞台的"假唱"现象,批评某些演员一味追求炒作、不重视提高自己的艺术水平。这篇短文写得好,既有针对性,也很有说服力。

我很感谢阿敏说的这番话。这里加以引述,倒不是因为她的过奖使我引以为荣。而是因为,她在这段话中用朴素的语言所透露出的某些信息,从一个侧面表述了我做为导演与演员之间纯洁的友谊和工作关系,肯定了我对自己人生价值观的坚守。她这番话,使我想起了二十多年前我和她以及许多文艺界朋友之间的亲密合作。在那些共同奋斗的日日夜夜,使我们紧紧联系在一起的,并非物质利益,没有丝毫金钱或个人名利的考量,排在第一位的,是对艺术的追求,是期望得到观众最大的认可。

当然,这次看到她,我又回想起了当初演唱《思念》时那个可爱的纯朴无华的阿敏。阿敏现在很幸福,还当了妈妈。我默默地为她祝福,祝愿她善用自己的天赋,百尺竿头更进一步,给人们留下更多的美妙歌声。

说到这里,想起了一个小插曲。那是 1994 年,我去南京挑演员,阿敏原先所在的南京军区歌舞团要求我看看他们的节目。有个女歌唱演员上场了,团领导告诉我,当年曾想推荐这位演员给我,她唱得不比毛阿敏差。我专注地看了她的演唱,果然不错,形象气质也挺好,个头也不比毛阿敏次。我暗叹一声,如果当年推荐的是她,我想她也是有条件打响的。可是很遗憾,时间已经过去多年了,时过境迁,很多情况都发生了变化,她没有阿敏的那份运气。

这是命运的安排。造化弄人,谁也没办法。但是,我还是要强调,归根到底,阿敏的成功,是靠她十分难得的艺术天赋,靠她持之不懈的勤奋努力。因为谁都知道,天上掉馅饼的事儿,过去没有,今后也不会有。

《我爱你，中国》

1989——是个特殊年份。说它特殊，不仅因为这一年是中华人民共和国成立 40 周年，还由于当年发生了举世震惊的"六四风波"。

"三十而立、四十不惑"的说法，对平均寿命不长的古人而言，可能有道理；可是，对于现代人，似乎不是那么回事。进入 20 世纪，科技发展迅猛，大大拓展了人们认识世界的广度和深度，但我觉得，40 来岁的现代人，却很难有"不惑"的把握了。我们常常会被许多互相矛盾的认识所困惑，判断力常常会被大量的信息垃圾所干扰。当时我早已经过了"不惑"的年纪，却发现过去的很多自信，是建立在无知的基础上的，而这一发现，又使

我爱你，中国！（1989 年）

我变得更加困惑。40 年的岁月对人如此，对一个国家来讲，则似乎更显得短暂。天安门城楼饱经沧桑，见过多少世面，她也不会想到，就在举行过开国大典的广场上，会发生那场谁都不愿意看到的风波。

在社会的大舞台里，我只是个小人物，但小人物也有小人物的难处。当时格外让我为难的，是我正好领受了国庆 40 周年大型文艺节目总导演的任务。

从台里领受任务时，这场风波还没出现。我想，祖国成立 40 周年了，欢庆的气氛应该格外浓烈。因此我对整台晚会的艺术表达，作了大胆的设计，打算在天安门广场搭个纵深 60 米的大舞台，背景就是庄严的天安门城楼，在祖国的心脏，向全国人民一一展现讴歌祖国、讴歌时代的文艺节目。多年前我转播过的《东方红》大歌舞里，舞台上用幻灯打出过天安门城楼，现在我要用真的城楼作背景，而且四周都有精彩的布景作为衬托：历史博物馆、人民英雄纪念碑、人民大会堂等等庄严雄伟的建筑，这些沉甸甸的历史建筑都将成为我的"立体布景"。以前还没人这么做过，肯定会富有新意。我自己也为这一气势宏大的构想激动不已，到实地考察一番后，立马给台里打了报告。

台领导同意了我的设想。我便请舞美等有关人员去考察场地、丈量尺寸，研究舞台位置，桌椅怎么摆放，观众如何安排，等等。在这同时，台里也给北京市政府打了报告，希望得到他们的同意和支持。报告没有马上批下来，但市里有关方面给台里通了气，说这个想法很好，原则同意。这样，我心里便有底了，信心十足地开始组织节目的创作。

正在这个时候，出现了那场"六四风波"。

刚开始，我们没想到事情会演变到那种程度，照常成立剧组，进入了状态。但是，随着天安门广场的事态逐步升级，工作无法开展了。我们剧组这时驻在西直门附近的国务院第二招待所，从天安门不断传来消息，说是乱得越来越厉害，剧组的车不敢随便动，我们也去不了广场。后来上级又有明确要求，不让去天安门广场。再到后来，街上也乱了，我就更不敢让人出门了。我作了规定：剧组全部人马都集中到国务院二招，就呆在里面办公。我也考虑年轻人爱说爱动,大家呆不住,就说:你们白天可以写写东西,晚上实在寂寞了,打打扑克也可以。

一台晚会,尤其是要大量创作全新节目的晚会,总体设计和节目创作必须先行一步。但坦率地讲,当时局面太混乱,也不知道会乱到什么时候才能平静下来,我想得更多的是剧组人员别出事,对创作没法抓得太紧。没想到这场风波的平息也很突然,一旦情况发生了变化,国庆40周年晚会的事就又提上了日程,领导也开始过问了。时间白白耽误了几个月,有点来不及,我赶紧催促作者,但他们的稿子都未能按时交来。我很无奈,也很恼火,都什么时候了,还这么不紧不慢的,晚会怎么办啊。我很清楚,国庆活动最终不管怎样组织,电视台的晚会肯定少不了。心里头真上火啊,吃不下,睡不着。

再为难,事情总得要干哪。我亲自跑到一个个作者家里,对他们说:"不管你是不是党员,只要你是中华人民共和国的公民,就要从爱国之心出发,得给我写。"我把十几年前导播朝鲜歌剧《卖花姑娘》和《血海》的心情同他们交流,当时,我是一边哭着、一边执导的。我说:"看到国家这么一乱,心里就发慌。我们是个农业大国,经不起这么乱啊。国乱必衰,国衰必亡,当亡国奴的滋味谁都不愿意尝。不管现在有什么想法,最起码咱们都爱自己的国家吧!"在困难面前,自己有一个坚定的信念:祖国,肯定是最有凝聚力的字眼。我下定决心,不管困难多大,一定要团结起大家的力量,把这台国庆晚会办成功。

这时,事情有了一些变化。领导最后决定,取消现场直播,晚会节目改为录像合成后播出。

作为总导演,我首先面临的问题是,在这种新的形势下,如何把握这台晚会的主题?对此有种种不同的意见,在当时的情况下,都可以理解。但我的想法很明确,也很坚定:只要是炎黄子孙、中华儿女,都应该热爱我们的国家。剧组成员最终对此达成了共识,晚会主题和晚会的名称确定为《我爱你,中国》。

祖国,在我心中是最神圣的字眼。以往我所编导的节日晚会和专题节

在国庆 40 周年晚会导演工作台上（右为张淑芬。1989 年）

目,许许多多都是以"祖国"为主题:《祖国,您好》、《为祖国歌唱》、《和祖国一起成长》、《祖国,献给母亲的歌》,等等。这次,面对新的情况,我提出的这个主题,应该是符合全国人民心愿的。

其实,就是像美国这样的资本主义国家,在文艺节目中宣传爱国主义也是不遗余力的。譬如他们的"自由女神 200 周年纪念"晚会,动员了全美最优秀的艺术家,甚至请来了全世界许多优秀艺术家,在八九个小时的晚会节目中,不厌其烦地宣传美国的历史,宣扬"美国好"、"爱美国"的主题。历史证明,一个民族的兴旺端赖祖国的强大,每个有良知的艺术家,没有任何理由不爱自己的祖国。

果然,"热爱祖国"的主题有着非同凡响的感召力和凝聚力,编导组和作者齐心协力、日夜奋战,很短的时间内,一个又一个艺术精品陆续地创作了出来:《今天是你的生日,我的中国》、《烛光里的妈妈》、《风雨同舟》、《走过,我们一起走过》、《重整山河待后生》,等等。这些激动人心的歌曲与舞蹈，以其优美的旋律和非凡的魅力，至今仍深深打动着人们。

阎肃好友是位才华横溢的老同志，为人和蔼可亲。当我一再敦请时，他的作品仍在"孕育"之中，还没有想好到底写什么。我说，现在是非常时期，咱们中国人得有一种精神，一种能给人以凝聚力的东西。阎肃兄脑筋确实来得快，他说，好，我写个大合唱，写中国人，中国汉。没多久，一首大气磅礴的歌词《中国人》出来了：

中国人，中国汉。我们贫穷，我们苦干。我们奋争，我们登攀。我们走过漫漫长夜五千年，我们经过无数次的大磨难。我们倒下又爬起来多少遍，我们生了一十一个一万万。我们有过震惊世界大贡献，我们不甘心落在人家后头几十年，我们想把贫穷面貌快改变，我们一定要有展翅腾飞的那一天。中国人，噢，中国汉！历尽沧桑，依旧是勤劳勇敢；饱经忧患，依旧是善良乐观。压不弯的是脊梁，磨不掉的是信念，连在一起是长城，站在一起是泰山！一定要有展翅腾飞的那一天！

人民大会堂前演唱《中国人》（1989 年）

我觉得歌词很感人，能给人以振奋的力量和坚定的信念。排练时，我请来了陆海空三军和公安、武警的干部战士，共列成五个方阵，每个方阵100人，威武整齐地排列在人民大会堂前，以大会堂和国徽作为背景，加上镜头的运用和艺术处理，显得特别壮观，十分感人。

为了强调"祖国"意识，突出主题，作为整台晚会的开场节目，我决定打破常规，在天安门广场举行升旗仪式和唱国歌。

升国旗是一个庄严的仪式。

人是群居性动物，自有文明以来，为了表达信仰和偶像崇拜，人类发明过许多种仪式。过去，中国皇帝升朝，群臣要跪下顶礼膜拜，山呼万岁；江湖好汉，也有歃血为盟之类的习惯；就是到了"文革"，也有"早请示，晚汇报"的仪式。坦率讲，有的仪式很虚假，只是做做表面文章，所以，嘴上喊万岁，底下动刀子的事情曾屡屡发生。不过，仪式本身是很有价值和力量的。我认为关键的因素在于对象——这一对象，是不是真的值得你敬仰和崇拜。

国旗是祖国的象征，是值得崇拜的。

以往升国旗，我们也很认真，威武雄壮的士兵从天安门城楼里出来，迈着正步走向旗杆。但是，我觉得这还不够。北京是祖国的心脏，而天安门广场上的国旗旗杆，则是心脏的中心，这面国旗是中国的象征，它聚焦了全体中国人的目光，升旗仪式应该更加庄重、更加激动人心。因此，我们设计改为，由三军仪仗队持枪列队走出城楼，伴之以三军军乐队的行进式演奏。在升旗仪式上，我还要求铺上大红地毯，由一位藏族少先队员领唱国歌，让鲜艳的五星红旗在雄壮的国歌声中冉冉升起。这位藏族少年选自银河少年合唱团，名叫江舟，人长得清秀，嗓音既清脆、嘹亮又不失清纯、稚嫩，一开头就把人们带进了"我爱你，中国"的氛围。那年他才11岁，后来我接到他打来的电话，已经在北京大学毕业、出国留学获得双学位回国参加工作了。最近我又应他和父母的热情约请，参加了他的隆重婚礼。欣喜和自豪之余，我也深有感慨：时光流逝得可真快啊！

我很高兴地看到，这次节目播出后不久，天安门广场的升旗仪式做了

藏族儿童江舟演唱《国歌》(1989 年)

改变,基本上采用了我们的做法。每天的升旗降旗,万人争睹,成为首都一道弘扬爱国主义的特殊风景线。

国徽的中间是天安门城楼,它也是中华人民共和国的象征。我们的国庆节目在这上面铺洒了浓墨重彩。

我设计了两场重头戏:其一,在节目开头,由赵忠祥主持,请曾经参加开国大典的著名电影艺术家白杨,登上天安门城楼,在现场回忆她当年在这里耳闻目睹的庄严情景,抒发她这次再登城楼,极目眺望,目睹 40 年祖国巨变的激动心情;第二个重头戏,是由电影艺术家孙道临和秦怡,在观礼台上朗诵配乐散文诗《我心中的中国》。这两个节目都取得震撼人心的效果,把观众一下子带进浓浓的爱国情怀之中。

这台晚会,我们还特意从天津请来了著名的曲艺表演家、80 高龄的骆玉笙老师,唱了一首京韵大鼓《重整山河待后生》。骆玉笙老人几乎与世纪同龄,台前一站,就给了人们不同寻常的沧桑感,加之她的演唱大气磅

孙道临、秦怡在天安门城楼朗诵《我心中的中国》(1989年)

磅,演唱的内容又与她个人的特色十分协调,感染力极强。

为了做到情景交融,我们特意把演唱地点选在圆明园遗址,并且安排了合唱、伴唱。这个创意固然很好,不过困难也大多了。因为在室外的环境里,演员太少,显示不出应有的气势。我们为此组织了一个庞大的交响乐队,由几个乐团的乐手组成,人员和车辆调动变得很复杂。为了保证第二天的拍摄,又从国家气象局请来专家住在剧组,每天作一次天气预报。如果预测第二天是晴天,我们便通知散布在全市的上千人到圆明园集中。可有一次老天爷不给面子,突然下起雨来,外景拍不成了,只好把上千人又送回去。两天后,这种情况又碰上了一次,气得我有火无处发。到了傍晚,执行导演又会问:"邓导,明天拍不拍啊?"问得我心里发毛,决心难下。我说,"拍,明天下刀子也拍!"这当然是气话。上千名演员、十几卡车乐器、拍摄机器设备等等,哪一样淋坏了都难以收拾。

定下拍摄的这天倒是没赶上阴天,也没下雨,反倒是阳光太强、太热,拍摄现场气温高达 40℃。由于要拍摄不同角度的镜头，反反复复地拍了好多遍。尽管人人汗流浃背，但无论是演员还是工作人员，全都兢兢业业，没有一个人说过一句怨言。

整台晚会中，拍摄难度最大的，是最后的大合唱《我爱你，中国》。

这是晚会的重头节目。歌的内容很贴切，但却是首老歌，需要赋予新的表现形式，进行新的包装。我想了一个新鲜的点子：在天安门广场用灯光组成一张巨大的立体的中国地图。具体的设想是，由上千名青年在音乐的旋律中表演大型团体操，然后，灯光突然熄灭，每人手里拿着的两个大手电筒瞬间打开，用 2000 支灯光组成一幅光彩闪烁的中国地图：祖国大地上，黄河、长江激越地奔腾流淌，象征着我们的母亲河，也使人联想起亲爱的祖国母亲。紧接着在地图周围，五彩缤纷的焰火冉冉升起，电视屏幕上打出"我爱你，中国"的字幕，同名的歌曲也同时深情响起。

这是一个颇为大胆但却很新颖的设想，可在我汇报时，领导却不同意，理由有两条：第一，组成的地图不一定就感人，而且要花费大量人力物力，兴师动众，不值得；再则，更重要的是，如果处理不慎，容易出政治事故。因为在这之前，台里播出一个画册的画面时就出过问题。显然，这次晚会的时间地点在政治上更加敏感，如果出地图时，台湾或者西沙、南沙诸岛的灯光没有亮起来，就会惹出大麻烦。领导的顾虑可以理解，尽管我反复地向他们解释，保证不会出那样的问题，还是没有点头。

我仍然不甘心。对于当初的这个构思，自己越来越成熟，脑海里的画面感也越来越鲜明，认定这是个好想法，效果一定好。于是，我又第二次找领导请示。领导还是不同意，我就急了，说："这个想法能出情，能出效果；即使效果不理想，算我失败，你就给我一次失败的机会吧！"话都说绝了，领导上只好苦笑，默认了。

节目做完以后请领导审查，那位怕我出事的领导下来对我说："邓导，真感人！灯光地图出现以后，我直想流泪，内心里觉得有好多话要对人讲，特别激动人。"他是一位敢于承担责任、敢说真话的领导，我至今很感谢他。

由 2000 人组成的灯光地图《我爱你,中国》(1989 年)

　　当然,这个节目的拍摄确实不易。拼灯光地图是在天安门广场的正中心表演,两三千中学生参加。集中排练只能在晚上 12 点以后,一直排到次日凌晨。但"六四"以后的那段时间,晚上戒严,不让出门。家长既不放心，也不方便接送孩子，而我们又不可能做到每个孩子都安排人去接。说心里话，我真有点提心吊胆。最终我们总共只集中了两次：一次排练，一次正式录制。这种大规模的活动，2000 名中学生，每人手里两支手电筒，要求统一动作，很难说哪个环节不发生差错。第一次拍摄时，学生都按要求准时打开了灯光，然后再按一个一个省逐个闪光，拍得还算顺利。按照计划，紧接着是沿地图的边界线施放焰火，由部队战士操作。我的导演台在转播车上，离现场老远，是用无线话筒指挥联络。可是，还没等我开机，操作的战士由于太紧张，手一哆嗦，两根电线碰在一块儿，焰火提前放出来了。就这么一下，两万块钱没了，还得重拍，我好心疼。

这台节目在海内外播出后，在当时的政治气氛下，对于增进人民的团结，维护国家的形象，应该说起到了良好的作用。程志告诉我，晚会播出后不久他去香港访问时，在街上碰到一位中年妇女，认出他是《中国人，中国汉》的领唱者，兴奋地连连同他握手，说："你们这台晚会太好了！"中央电视台原台长助理、文艺部主任陈志昂以《荧屏之光驱散昨夜的梦魇》为题，在台办刊物上撰文说："《我爱你，中国》标志着我国大型文艺专题的完全成熟，也标志着导演邓在军同志的完全成熟。她在总体把握和局部处理上，确有开阔手段，不愧大家风范！"可是，个别人也有一种看法：晚会的内容很好，但严肃有余，活泼不足。我很重视这个意见，同时又想，处在当时的条件下，节目内容很难活泼得起来，如果太"活泼"了，恐怕未必符合人们的心态，效果未必就好。

瑞 士 惊 魂

1988 年瑞士之行,出了个大洋相,弄得我非常狼狈。

这次是应朋友的邀请出访的。在这之前,我和八一电影厂老导演、《草原之夜》的词作者张加毅合作拍摄过一部影片,名叫《白鹭的故乡》,其

《白鹭的故乡》摄制组在厦门(后排右起第二人为《草原之夜》词作者张加毅。1981 年)

中有个演员,是音乐学院的小提琴老师。他后来去了瑞士,发展得不错,赚了点钱,便邀请母校的少年交响乐团去瑞士演出,同时拍一部电视纪录片。他请我担任这部片子的编导,顺便领略一下欧洲风情。正好我那段时间有点空,少年管弦乐团团长吴祖强、指挥汤沐海和徐新等著名音乐家,又都是我熟识的,便接受了他的盛情邀请,带上一名摄像师和一名技术人员,高高

兴兴地上了飞机。

我对瑞士不太了解,就知道他们的"欧米迦"手表不错,银行存钱保险,全世界的阔佬都爱在那里开秘密账户。还听说瑞士特别安全,是个夜不闭户路不拾遗的国家。带着这种种遐想,我们在苏黎士机场着陆了。

由于我们带了设备,行李多,不好拿,在机场外面装车的时候,少年乐团的一个副领队过来提醒我:"邓导,你们有机器在那边,可别丢了。"远远一看,是技术员负责保管的录像机放在了对面马路边上。剧组的同志正忙着装车,我把自己的行李放在推车上,赶紧跑过去拿录像机。没料想这下坏事了:等我拿着录像机回来,手提包没了!

事情发生在仓促间,小偷不会跑远,我的手提包也就在这一两百米的范围之内。可是,周围全是匆忙过往的人影,我又没有应急的侦察能力,只能干着急:手提包正在悄悄地离我越来越远!我傻眼了。

包里有我带来的所有录音资料、我写的分镜头本,这将给下一步的工作带来极大不便。这还不算,包里还有录音机和艾玛照相机,还有好不容易凑起来的300美元,这对当时的我来讲,是一笔不小的财产损失。而最为关键的是,护照也在包里面:在国外没有护照,我就等于突然成了一个"黑"人。

我赶快到苏黎士警察局报了案。警察公事公办,把我审了一通。我也没好气,说我早就听说瑞士治安非常好,怎么刚下飞机就被偷了东西?警察告诉我,最近刚从意大利过来一批小偷,还给我看了一些相片,问有没有面熟的。我苦笑着回答他,下了飞机我就忙自己的事情,哪有功夫注意其他呢?况且在我眼里,高鼻子蓝眼珠的白种男人长得都差不多。他的问话倒使我想到了另一件带有黑色幽默的事情:我们计划在瑞士呆一个月,然后再去意大利。如果我的行李被窃,真是意大利小偷的手笔,他们倒是提前用特别的方式表达了对我的欢迎。警察听我这么讲也笑了,答应帮我尽快破案。

我又到了中国领事馆。报告上述情况后,我没有得到所期望的同情和安慰。工作人员说:"哪有你这样的,不行,我们不能给你补护照,你要来

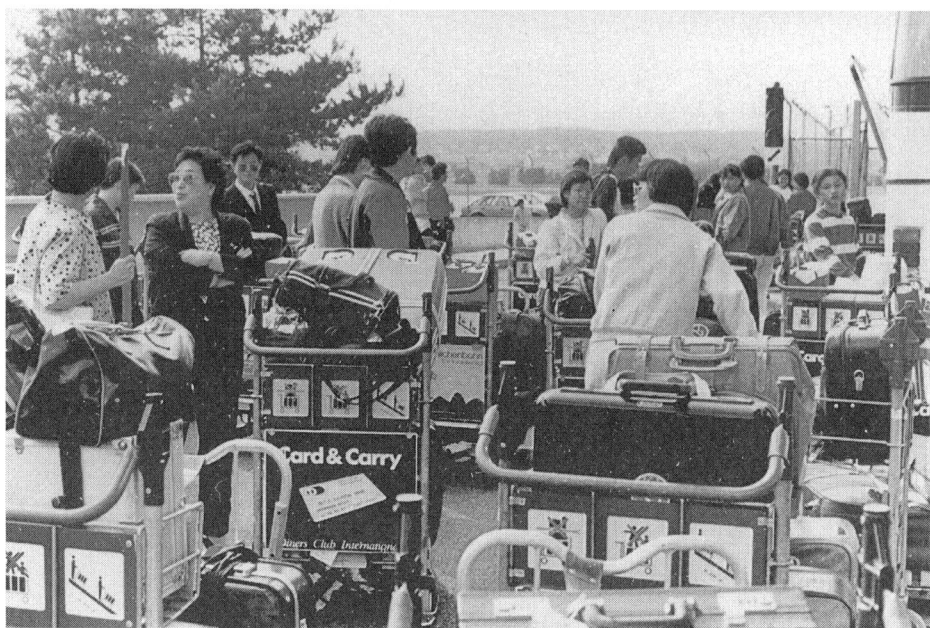

丢失提包的瞬间（左手边为即将被盗走的提包）（1988 年）

学习，要写检讨。"我急了，顶了他一句，我说："这辈子我还没写过检讨呢！"当时气氛搞得有点僵。

我又伤心又紧张，想着想着就流眼泪，几天都没睡好觉。可是，事情只能怪自己，谁叫你一下飞机就丢护照呢？伤心流泪都没用，关键是要解决问题。国内的朋友远水不解近渴，帮不上忙，只有找国外的朋友。想来想去，灵光一闪，想起了钱嘉东叔叔，记得他似乎是在联合国干事儿。钱嘉东曾经当过总理的外事秘书，我们早就认识，兴许他能帮上忙。

运气不错，嘉东果然在联合国工作，而且是中国常驻联合国日内瓦代表团大使，那会儿正在瑞士。在领事馆的帮助下，我和他通了电话。

嘉东叔叔很意外："在军啊，你在哪儿，怎么啦？"

我说了护照的事情后，他哎哟一声，说："这可麻烦了。"

后来我了解到，出国丢护照的事情经常发生，但大多是在出外办事、旅游、买东西时被偷的，像我这样刚下飞机就被盗走的并不多。所以当时嘉东就开玩笑挖苦我："在军哪，你在国内出名，出国丢护照也出名了。"他热情地答应帮助解决,我这才松了口气。

瑞士国土面积不大,才 4 万多平方公里,人口 600 多万,比北京市还小。我这次工作压力不大,有机会走动走动,还去了瑞士的一些小村庄。这是一个得天独厚的美丽国家,位于欧洲中心地带,气候温和,四周的山脉、河流和湖泊,形成了自然的国境边界,少了许多邻国间常有的地界之争。我四处游览,就觉得像进了一个大花园,到处是茂密的森林和田园牧场,环境保护得很好,据说绿色植被占了近半的国土面积。一路行走,满眼是精心呵护的绿色,鸟儿在鸣叫,花儿开得灿烂,空气清新得发甜。和老百姓接触中,感觉到他们生活得安详、富足,没有高声喧哗,更看不到吵架打斗。在国内,常年是快节奏的生活,每天都被钢筋混凝土的现代建筑困住,似乎也习惯了,然而,来到这种恬静的大自然中,似乎突然意识到了生活中缺少的另一种东西。

这是我第一次来到欧美国家,以后,去的国家多了,逐渐了解到,他们所以有这样优美的环境,除了天赋的自然条件、很强的环保意识与实际措施之外,还有很重要的一条,就是全力保护本国的矿产资源,自己不开采,而是购买或掠夺发展中国家的资源。联想到我们自己,媒体不断地报道:黄河长江之源水量在减少,森林被大肆盗伐,矿藏到处乱挖,大量草场变成沙地,北京的沙尘暴卷土重来,雾霾浓重,遮天蔽日……两下一对比,我很伤感:我们对大自然掠夺太狠,保护环境的意识醒悟得太迟,我们正在为此付出惨痛代价! 尤其让人伤心的是,即使进入 21 世纪后的今天,我们一些同胞出于无知、贪婪,还在继续破坏我们自己的家园,透支子孙后代的财产。

在瑞士呆了一段时间,对她也有了更多了解。这片美丽的国土上,几百年都没有发生过战争,甚至 20 世纪的两次世界大战,也没有伤及她一根汗毛。他们真聪明,自 1648 年脱离罗马帝国以来,一直执行中立政策,国际社会也承认瑞士这种永久中立国的地位。他们没有参加联合国,却积极参与联合国的各种活动,首都伯尔尼,也是联合国许多机构的所在地。

瑞士的文化活动,有一点让我感受很深,就是周密的计划性。日耳曼民族的纪律性是世界闻名的，而居住在瑞士的多个民族中，日耳曼人占70%以上，这自然形成了他们的文化主流。和我们不同，他们的各种文化活动都有很强的计划性，几个月、甚至一年之内，将会上演哪些剧目，有哪些大的文化活动安排，基本上都提前作出预告。一旦公布，很少变动，观众也通常会提前作出相应选择和安排。他们生活方式中这种自然形成的规范和秩序，让我不禁想起一句话："没有战争英雄的民族是幸运的民族。"

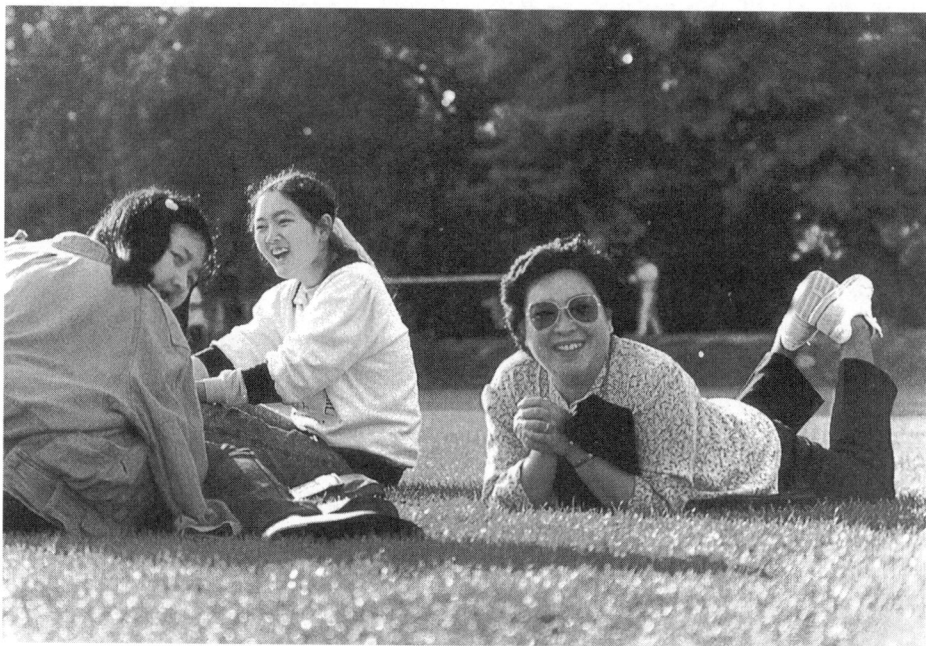

与中国少年交响乐团团员在瑞士伯尔尼（1988 年）

这次演出很成功。乐团成员都是孩子，演奏的大多是西方古典名曲，难度不小。另一方面，作为观众的瑞士和意大利人民音乐素养都相当好，要求很高。尽管如此，我们所到之处都受到热情的欢迎，获得赞许的掌声。乐团的这些孩子中，有的后来也成了名家，例如目前在国内外都很知名的小提琴家吕思清，就是其中的一个。

在瑞士，也有件小事让我很受刺激。

那是一次联欢会，会场就在草地上，搭了个凉棚，人们可以端着杯子随意走动交谈。有个白人中年妇女走到我面前,笑着问我:"您是哪个地方的人?"还没等我答话,她又主动追问一句:"台湾的?"

我摇头。

"日本人?"

我说:"中国人"。

没想到这个回答却把她给难住了,想了想,她又客气地问了一句:"中国? 中国在哪儿?"

这句话问得我五味俱全。

她的地理课肯定学得不好,但是,我能简单地责怪她的无知吗? 我感到自尊心受到了伤害。虽然有些狭隘,但当时我无法摆脱这种心情,很无礼地离开了她。这件事发生在二十多年前,今天,想必这位女士对崛起的中国会有一些地理概念了吧。

到瑞士20多天后,警察通知我:护照找到了,手提包也找到了,让我去认领。看来瑞士警察办事效率不错,他们是在日内瓦河里找到的。

不过,这是一个迟来的消息。嘉东叔叔很帮忙,在这之前已经帮我补办了一个临时护照。后来了解到,这是一件很不容易的事情。使馆的人员跟我讲,补办一个护照有许多烦琐的手续,要反复通过电传联系,把我的护照号码从国内提出来,取消号码等等,总之又费钱又费力。我很感谢嘉东叔叔的关心与帮助。过去讲,在家靠父母,出外靠朋友。这次在国外,我对这句话又有了新的体会。当然,在异国他乡,最重要的是要有一个强大的祖国,她能给你真正的自尊和自信。

我去了一趟警察局。不出所料,值钱的东西全没了,就剩了个空包和泡得稀烂的护照和名片,这些东西小偷没有用。这次被窃,我是咎由自取,不怪警察,也不怪小偷,怪的是自己警惕性不高。好在已经有了充分的心理准备,也就当做教训记取,一笑了之。更可心的是,回到北京后,得到家人给了我最需要最温暖的安慰。尔均和孩子们说:"丢了什么都不要紧,最重要的是别把你给丢了!"

突破空中禁区

担任第十一届亚运会电视播出总导演（1990年）

1990年，北京召开第十一届亚运会，我是这届运动会开幕式和闭幕式的电视转播总导演。

接到这个重大任务，我想了很多、很久。从内心里，深知这是台里对我的信任。当时，由于"六四"风波，美国人挑头想在国际上孤立我们，这给我们将要举办的亚运会带来很大压力。亚运会虽然比不上奥运会，但举办这么大规模的国际运动会，在中国几千年的历史上却是头一回。这是一个向世界展示中国形象的重要契机。尤其考虑到当时的国际政治气氛，可以说，我们没有退路，亚运会必须办好、办成功。而能不能做到这一点，开幕式和闭幕式的好坏，又起着关键的作用。北京市主要领导说："开幕式电视转播搞好了，意味着亚运会成功了一半。"这句话可能有点夸张，但作为总导演的我，对肩上担子的分量是很清楚的。

视角的变化，能给人带来完全不同的视觉效果。为了使亚运会转播的画面更加丰富和壮观，让中外观众更好地了解现今的北京，我提出了用直升机航拍。这个想法比较大胆，因为北京市城区上空是空中禁区，除了国庆阅兵，从未允许任何飞机进入。

台里领导很清楚这件事情的困难，说："这事不好办，还是算了吧。"

我却不甘心。在这之前，我看过一些国外参考资料，也看了不久前汉城奥运会转播的录像，他们动用了直升机，画面效果不错。我想，北京亚运会处在一个非常时期，必须办好，而且应该比上一届汉城亚运会转播搞得更好。在我看来，划出"空中禁区"是国家利益的需要，我动用航拍同样是为了国家利益，两者没有本质上的利害冲突。如果通过加强协调，得到上级的理解，事情就有成功的可能。我几次向领导建议，他终于松口了："那行，你去奋斗，你去努力。"

台领导这一关过了之后，我在一次亚运会组委会上，正式提出了使用直升机航拍的建议。

组委会里有空军的代表，他觉得这件事难办，推说空军没有直升机。我说不可能，咱们中国这样大的国家，空军会没有直升机？他还是坚持说没有。他所说的没有，大概是说，没有能适合我们航拍的直升机。但我当时航拍的愿望非常强烈，没去想这些细微区别，我们两家在会上就争起来了。组委会一位负责人说，好了好了，你们中央电视台嘛，是老大，空军也是老大，你们下去自己谈吧。我不同意他"老大"的说法，急了："你这是什么意思，谁是老大？是褒义还是贬义啊？"我并不喜欢和别人发生冲突，但坦率讲，如果我觉得自己是出于公心，又自认为有理，有时我也是很固执的。

作为亚运会开、闭幕式电视播出的总导演，我压力很大。这个时期的国际政治环境特殊，一心想挑中国毛病、想看北京亚运会笑话的，大有人在。还有一个未知数是，这么大规模的电视转播，我们国家还没有先例，我也没有足够的经验和把握。据我事先了解，美国举办第24届奥运会时，为了搞好开幕式电视转播，导演先到各国考察，录制资料，反复研究，整整准备了两年。我没有这种条件。远的不能比，就比近的。既然汉城奥运会也动用了航拍，我不敢说一定能搞出世界水平，但如果连韩国都赶不上，这不是给我们国家丢脸吗？我把自己的想法告诉空军的同志，无论如何请他们帮忙，解决直升机。

经过反复协商，空军终于答应了：提供给我们一架直升机，型号是"米—8"。

我没同意。

拍《黄山》时我曾用过"米—8"，声音太大，而且飞行不稳，拍摄效果不好，后来不得不换了一种"黑鹰"直升机。我对空军的同志说，我想要好一点的直升机，他们说没有。我说在黄山用过，那种直升机很小巧。他们说那不是空军的，是地方的。我说不管是空军还是地方，我就要这个。他们还是说没有。我说："那我去调查，如果空军有，怎么办？"他们说："你调查啊，如果有我们肯定支持。"

我真的做了调查，发现有一种直升机不错，叫"超美洲豹"。我乐了，对空军同志说，我就想用这一种型号的直升机。空军为难了，说这是中央首长的专机，他们无权动用，要我打报告。我说让我打我就打。我想，中央首长更会考虑国家利益的需要。结果果然不错，报告真的批下来了。

这是奋斗得来的结果，我心里好舒坦。那天下午，我带着摄制人员，高高兴兴地来到南苑机场，准备试航。没想到好事多磨，临行前我问技术人员磁带带上了没有，他们说带了带了。等到要上飞机了，技术人员惊叫一声："哎呀，空盘没带！"

没有空盘就没法卷带子，等于不能干活。我气坏了。回去取，不仅路远，而且堵车。有人说算了，先上天看看吧。我说不行，必须回去取。正好有一辆公安的警车跟着我们，我让他们快取快回。飞行是件很严肃也很严格的事情，需要提前申请航线，要考虑天气好坏，尤其是今天，要破天荒地飞进空中禁区，本来没敢怠慢，提前到达了机场。可是，由于磁带盘的波折，等到取回登机时，比预定时间晚了一个多小时。飞行员很不高兴，没给我们好脸色看。我也只能道歉和苦笑：在类似情况下，我也给过别人脸色看。后来我才知道，下午时间空中的气流变化大，直升机不像民航班机，风力大到一定程度就不能飞了。

这次试航，真是一波三折。拍摄中，摄像师又突然来了个"杂技动作"，险些成了"空中飞人"。

由于这次航拍来之不易，为了尽量多搜集些资料，我带了两台摄像机。一台机器安排在驾驶员座位下面，打开盖子，把机器探下去拍摄。另一台机器安排在机身中间，舷窗不能打开，只能打开舱门，给摄像人员腰里捆根绳子，再绑上机器，吊在舱外拍摄。由于没有经验，摄像师又太紧张，脚还没踩稳，吱溜一下人就到了机外，像是要跳伞。幸亏有人眼疾手快，死死拽住绳子，硬把他给拖了回来。

好悬！事情还没开始干，就差点出个"烈士"。我心里怦怦跳了好一阵子。

起飞以后，我按照随身带着的北京地图，要求驾驶员从通县方向进入，沿着长安街往前飞，一直飞到八宝山，再飞回来；然后转个圈，在北京上空沿南北方向的中轴线又飞了一个来回。

有了这次的直接观察，我很快就拿出航拍方案，准备正式开始航拍。

也就是这第一次北京上空的飞行，使我头一回意识到自己不再是年轻人了。在这之前，我一直有个外号，叫"拼命女郎"，就凭这股拼劲儿，始终觉得自己还跟年轻人一样，什么苦都能吃，什么活都能干。到了空中，遇到强气流，直升机不停地颠簸，我在地面时的那种良好的自我感觉全没了。飞着飞着，头就发晕，难受得不行，好像五脏六腑都要吐出来。当时心里就暗暗嘀咕，我不行了，我不行了！真有一种活不成了，要掉进下面八宝山的感觉。但我决不能因此中断航拍，机会可是难得啊！我一直挺着，总算坚持到飞机落地，一回剧组就趴在床上起不来了，整整睡了一天。

航拍结束，立马接到电话，通知我把所有录像带送到有关部门审查，要求镜头中不能出现某位中央领导住的小楼，不能出现中南海等等，如果有，统统都要抹掉。我很无奈，只好把带子交给亚运会办公室："该抹的就抹，该留的还得给我留下啊！"说实话，我很担心审查把关的人"宁肯错杀一千，不能放走一个"，把我们玩命换来的宝贵镜头给胡乱剪掉。幸好，我们需要的镜头都保留下来了。后来知道,我们这次中轴线上的拍摄,是北京市解放以来的第一次,真正是打破了"空中禁区"。这盘拍摄素材,也成了有关部门难以获得的宝贵资料。

困难一个接着一个。我自以为考虑很周到,可遇到了一个绕不过去的难题:航拍必须使用"全方位天线"。因为飞机肚子底下是死角和盲点:没有这种设备,航拍时飞机上发射的信号,现场接收不到。

我请求领导给我批一个"全方位天线"。王枫台长拒绝了:"我哪儿有这笔钱啊!"不仅如此,即使有了这种全方位天线,也还有另一个问题:直升机噪音太大,航拍时会影响现场观众听开幕式的音乐。这一来,真有点走投无路了。

天无绝人之路。就在被逼无奈之际,我们想出了一个类似"小米加步枪"的土办法:在实况转播时,有机地插进前一天排练时航拍的画面。不过,采取这个方法,必须与现场转播画面紧密衔接,做到毫厘不差。这可不

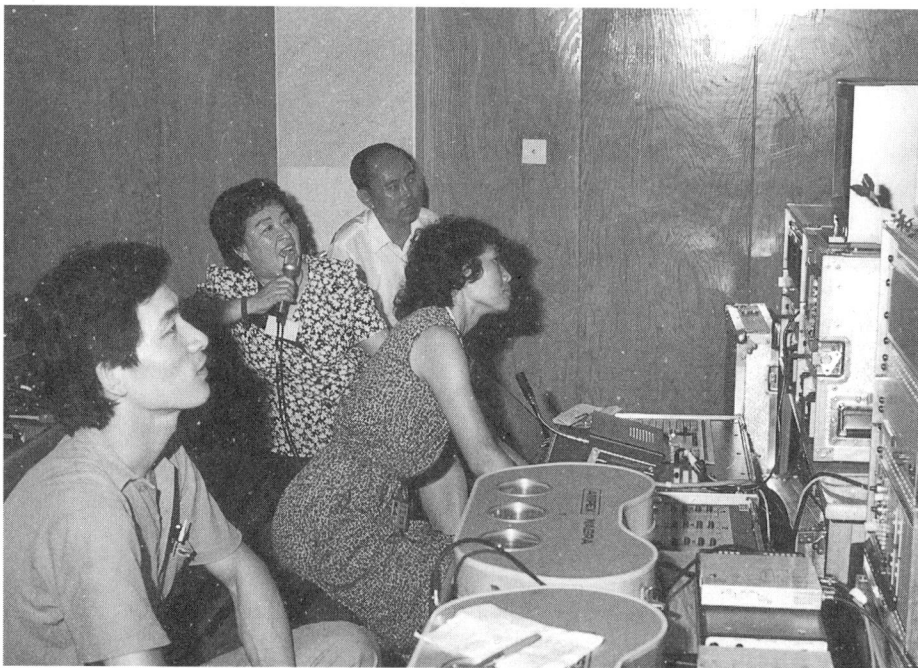

在亚运会开幕式播出导演工作台上(**1990 年**)

是一件容易的事。当时我在转播车上指挥执导,要求身后协助工作的胡迎杰、赵安、徐小卉、张海潮等几位导演,掐点对准画面。等到该插进航拍画面时,由我提前下达预备令:"一、二、三,放!"他们立即把机器打开。对设想的这个方案,我们事先做了多次实验,证明十分有效。实况转播时,配合得非常到位,画面对得非常准确,一分不差,一秒不差,甚至一针都不差。如果差了一针,画面就会蹦跳。结果,播出的画面一次也没有发生蹦跳,丝毫看不出衔接的痕迹,真正做到了"天衣无缝"。

《同一首歌》

《同一首歌》眼下在国内很流行，我的同事孟欣曾用它做了一个栏目的名字。很少有人知道，这首歌是我为亚运会开幕式组织创作的，它的诞生也经历了一些曲折。

在亚运会开幕式转播的开头，制作了一个五分钟的片头，它要起到整个播出"龙头"的作用。为此，我们组织创作了一首歌曲《同一首歌》，由陈哲作词，孟伟东作曲，词曲都很美。同时设计拍摄了一组画面：一个天真活泼可爱的儿童在长城顶上追逐气球；一群孩子在天安门广场画和平鸽；然后过渡到北京市日新月异的面貌、新建亚运村美丽别致的建筑，最后出现亚运会主会场。但是，领导在审看时提出，这首歌有点"圣歌"的味道，是否不用。我和音乐编辑后淑年认为，原来我们设想的正是这样的"味道"。在我们的坚持下，台领导同意了。这个片头播出后取得了意料之中的效果。《同一首歌》至今传唱不衰，体现了它的生命力。

亚运会开幕式进入了紧锣密鼓的排练，时间并不宽裕。这时出乎我的意料，组委会突然临时决定：在工人体育场组织一场大规模文艺晚会演出，定名为《亚运前夜》。

组委会有他们的苦衷。北京市组织大型群众集会很有经验，但亚运会开幕式是重要的国际性活动，不仅规模很大，而且穿插有体育、文艺等项目，届时，作为主会场的工人体育场，将有7万多人挤在一个相对狭小的时空里活动，组织者面临着诸如灯光运用、人员集中、疏散、安全保障等一系列新问题，会不会出现纰漏，实在没有把握。为了获得经验，他们便想出了这个主意，提前组织一台晚会，实地演练一回。

我没有二话可讲，只有想办法完成任务。

我首先要面对一系列新的问题。在这么大的场地组织文艺晚会，国内

与《同一首歌》曲作者孟卫东、音乐编辑后淑年（1990年）

还是第一次，场面如何调度、节目怎样衔接等等，都需要认真解决。其中最突出的问题是，场地太空旷，演员与观众之间距离过远，难以充分交流感情和调动起观众情绪。这一问题，在独唱和魔术之类的节目中显得尤为突出。1985年春节晚会之所以失败，就是因为在体育馆举办，遇到了类似的情况——可那次还只是1万多人的场地，而这一次是七万多人。

开始我很为难：这种大空间的广场艺术，似乎更适宜给观众看大场面和全景式的东西，比如团体操、大型舞蹈等等，观众即使看不清局部，但可以欣赏到整体的韵律和宏观的美感。可是独唱之类的节目就有问题了：在比足球场还大的"舞台"上，演员会被巨大的空间所淹没，即使配上几十名伴舞演员，在观众眼里也好像是一群小蚂蚁，视觉效果太差。

挑战的背后，常常是新的机遇和新的突破。

我们想出了一个好办法：在搭建中心舞台的同时，利用敞篷卡车，形成另一个流动舞台。我把歌唱演员都请上汽车，坐着车绕着广场唱。采用这个点子,不仅解决了演员与观众交流的困难,而且因为形式新颖有趣,反倒给观众带来特殊的美感。

4月5日,是彩排之夜。老天爷却开了个玩笑,一向少雨的北京竟然下起瓢泼大雨。我恨得直咬牙,可是,来不及改变了,只有硬着头皮坚持彩排。会场里20多道彩色追光亮了,照得满场生辉;200多个立体声喇叭响起了,空中回荡着激越的旋律;600多人的舞蹈队在雨中的草地上翩然起舞,地上有水,但该躺下的照样躺下,仿佛一群水中仙子;10辆装饰一新的敞篷车上,更是群星灿烂:李谷一、蒋大为、殷秀梅、成方圆、刘欢、蔡国庆、冯巩、那英以及来自海峡对岸的赵传、千百惠、辛晓琪、潘越云及庾澄庆等,他们给话筒套上塑料袋,迎着春雨放声歌唱……舞裙浇透了,歌手淋湿了,可是,晚会现场的气氛却非常浓烈,激动人心。尤其让我感动的是全场观众,在大雨中他们本可以选择离开,但却没有人走。观众席上,开放着无数朵"伞花",在我眼里,那是广大群众一颗颗为北京亚运会增光添彩的赤子之心。"亚运"凝聚了千千万万颗心,春雨如丝,织就了"亚运前夜"的前夜。看到这种情景,我忍不住流泪了。

《亚运前夜》晚会获得出乎意料的成功。随后连演三天,数十万人观看,在首都引起罕见的轰动效应。有的报纸用通栏大字标题报道这个晚会:"中国都市性广场艺术诞生了!"姜昆说,他把晚会的录像带送给一位美国朋友,对方说:这样大型的节目不是单纯的艺术家能导出来的,必须要有全面的组织能力,要有对现代技术的了解和整体把握,它必然是出自一个大手笔。我很高兴得到这样的评价,但我很清楚,如果没有一个优秀的群体作后盾,这个所谓"大手笔"也是描不出好画面来的。

人情冷暖世态炎凉,对此各人都有不同的体会。亚运会开幕前夕,我参加了组委会召开的两次新闻发布会,对这一点也有了新的感受。两次新闻发布会都是在梅地亚宾馆召开的,中外记者来了一大堆,组委会安排各方面代表分别回答记者提出的问题。我个子不高,又是个女的,在会场很不起眼,但毕竟是开幕式电视转播总导演,因此,也需要回答一些相关的问题。

第一次新闻发布会使我多少有点尴尬。当时日本记者提问:开幕式需要多少时间,而且希望我们的回答能精确到多少分钟。这也并非他故意为难。因为电视转播需要租用卫星,租金很贵,租用时间多了或少了都不合适。这也是在场许多外国电视记者都想知道的。

我能够告诉他们准确的时间。因为在这之前,我已经做好了导演分镜头本。是关在电视台的一间集体宿舍里写的,正是夏天,没有空调,也没电扇,热得要死,差点晕倒,后来躲进有冷气的录音棚,才写完了厚厚一大本。我是按音乐节奏来分的,时间很精确,甚至可以精确到秒。但是,当时还有一个定点跳伞的时间没定下来。虽然这不是我所能左右的,但记者不管这些,对我的回答表示失望。我赶紧声明:"这个问题下次我一定解决,会给你们我的工作台本,把准确时间一秒不差地告诉你们。"记者大多是铁石心肠,光有漂亮的许诺不能打动他们。发布会结束,没一个记者给我递名片,把我晾在那里。

三四天后,举行了第二次答记者问。这次我已经胸有成竹,我告诉那些记者:飞机什么时候起飞,什么时候出现第一个跳伞,什么时候开始入场式,什么时候节目开始,节目到几点几分,开幕式几点几分结束,说得很干脆,很清楚。有趣的是,这么一来,这些记者态度完全不一样了,有的挤不上主席台,一直追到外面也要给我塞张名片。

两次发布会,记者们前倨后恭,让我很有感慨。所谓人情冷暖,有时也有人心公道的一面。如果你事情干得不漂亮,不能埋怨别人的"冷";真把事情干好了,人心自然会被烘"暖"。

为什么世界各国对亚运会开、闭幕式的电视转播给予极大的重视,投入天文数字般的播出经费?我从实践中体会到,原因在于"转播"二字远远不能包含它的工作范畴,体现它的重要作用。电视播出不仅要完美地、准确地传达现场的一切,而且是在相当程度上直接参与开、闭幕式的艺术创造,也可以说,是在进行一次艺术上的再创造。这里我可以举两个例子:

在亚运会开幕的同时,闭幕式的排练也进入了倒计时。最后一次彩排时,我安排了一次试录。瞅着镜头里的画面,我傻眼了。为了保护运动场草坪,主会场铺了一块巨大的地布,银灰色的。这块地布不能铺得太早,否则会把下面的草捂死,一直要等所有的景都搭完了才铺。这时,离闭幕式正式开始只有三天了。我当时非常忙,地布铺好后没去看。但组委会其他人看了,肉眼看去,效果还不错。可是,等机器往那儿一架、一看惨了!地布是银色,灯光一打全都反光,所有的色彩都"吃"进去了;镜头里,表演的人就像在水里一样,影影绰绰看不清楚。当时我急坏了,真正体会到当年伍子胥过昭关为什么会一夜急白了头。相信人急到了极处,少活上几年完全是可能的。

正好,彩排结束后组委会开会,要求各个环节的人员都参加。我也去了,在会上放了一炮。

这次会议,组委会的负责人贺敬之、高占祥、张百发、万嗣全、朱祖朴等全都来了。组织亚运会,是一个巨大的系统工程,涉及方方面面,虽然电视转播在我眼里是比天还大的事情,但在整个亚运会的系统里却只是一个局部。我满脑子着急,又去晚了一点,只好先坐在那里听别人发言。各路诸侯汇报了各自的情况,准备得都不错。等没人说话了,贺敬之是文化部长,就表了态:"不错,挺好嘛。"

我一听急了,领导表了态,我再不发言,就不好改了。我对高占祥副部长讲:"不对,问题大着呢,我还有意见。"

高占祥马上提醒会议组织者:"电视台邓导有意见,让她说说。"

我就放了一炮。我说了两个问题:一个是地布不行;再一个就是压轴节目《世界人民大团结》的舞蹈演员不行,用的是业余演员,水平太差,从镜头上看,有些演员的眼睛不知道往哪儿看,也没有表情,播出去太丢人。

领导问我怎么解决?

我说:"舞蹈的问题等会儿再谈;先要解决地布问题,得把地布给我翻过来。"

这下会场炸锅了,尤其是舞美人员反应强烈:这哪儿行? 地布一撤,一天一夜也翻不出来啊,哪来得及!

我说:"翻不过来也得给我翻,连夜翻。"我看到会议有点冷场,便接着说,"我不是危言耸听,如果你们不信,明天所有的领导可以看我的电视录像。否则我不承担责任。"

对于《世界人民大团结》舞蹈,我要求重新调整演员。

这也是个难题。他们说,这个时候到哪儿去调演员?而且只有一天时间,还要重新学重新教,不可能啊。我说有可能办到:"去东方歌舞团找,哪怕退下来的老演员,拉上场都比他们强。把全团动员起来,我就要镜头前的几十个人就可以了。"

总之,我提了两条意见:一是换地布,一是调演员。两件事都是大动作。听我说得干脆,会场的人全傻眼了。

第二天,主要领导果然来到电视台看了我的彩排录像,看完后,也都觉得情况严重。最后,我的两条意见和要求他们都答应了:一是把东方歌舞团集体调出来,一是连夜翻地布。

东方歌舞团的演员真可爱,她们毕竟是搞专业的,学那么几个动作等于用牛刀杀鸡,小菜一碟。地布翻过来后,反面是哑光的,不再反光,效果变得正常。我这才大大地松了一口气。

我知道亚运会的分量,也清楚自己的责任,坦率讲,自己真的想过:豁出命不要了,也得为国争光。当时每天都处在高度疲劳的状态,人整个都是浮肿的,还老拉肚子。我以为是吃了不卫生的食品,闹胃病,也没时间去检查,心里想,一切等亚运会完了再说。为了保证播出效果,在现场直接听从我指挥的导演就有 10 人,摄像师 18 人,转播工作人员 80 多人,其规模超过了中央电视台任何一次实况转播。体育场的规模很大,不算运动员和现场工作人员,光观众就有 7 万多人。为了充分表现全场的恢弘气势和演员的细微动作,我在场地的各个角落都架设了摄像机,有些机器架设的难度是空前的。例如,在主席台顶棚上架了机器;在探照灯的灯架上架了机器;还调来全北京市最高的消防梯,在 40 多米的高度架了机器。由于摄像机的位置太高,攀登的架子太窄,摄像师不敢上去,我就领头带他们上去。我胆子大,在黄山拍片时,最险峻处的"仙人桥"谁都不敢过,我先过,大家只好壮起胆子跟着过了。当然,我也有害怕的时候。有一次办春节晚会节目,在广州一家餐馆拍蛇,我怕蛇,没敢去,这可能是我唯一没到拍摄现场的一次。在其他场合,作为导演,我总能走在前面。

终于迎来了正式转播的这一天。以往,大型文体活动转播,总导演都坐镇电视台控制室。这次我改变了以往的工作方式,亲临现场1号转播车,指挥3套转播车、18台摄像机,使用17个讯道进行实况转播。字幕、穿插镜头等,都在车上一次完成。这是一个牵一发而动全身的场合,真有点将军指挥打仗的感觉。好在已经有过转播《亚运前夜》晚会的经验,心里比较有底。尽管如此,胜负成败在此一举,作为总导演的我还是又兴奋又紧张,心里在默默祈祷。

在亚运会电视转播车上(1990年)

功夫不负有心人,亚运会开幕式的转播终于获得圆满成功。

国内外的收视信息迅速反馈到中央电视台:根据观众抽样调查,亚运会开幕式收视率高达83%,约6亿人收看了现场直播,仅北京地区就有600万人收看;18个国家和地区的24个电视机构转播了开幕式。亚洲地区的收视观众约达20亿人。

开幕式转播第二天,在国际广播中心新闻吹风会上,亚广联体育官员莫若祥说："我代表亚广联,对中央电视台十分成功的开幕式转播,表示衷心的感谢和热烈的祝贺。"参加吹风会的各国和各地区代表,随即报以热烈掌声。亚广联节目主任阿瑟·温德姆来电:"中国中央电视台对所有比赛报道,是具有专业水平的、精确的、内容丰富的。对开幕式和闭幕式的报道,充满了激情并富有诗意。"

由各国、各地区电视转播专家组成的顾问委员会认为,历来大型运动会转播难度最大的是开幕式、游泳、体操和田径。为了表达对亚运会电视转播的高度评价,顾问委员会发起倡议,评选国际信号的最佳节目,提出给开幕式和团体操的转播以"特别奖"。

广播电影电视部副部长王枫给我发来了贺信:"邓在军同志:辛苦了!亚运会开幕式成功的转播在国内外产生了极好的反响,振奋了民族精神,开创了 CCTV 新的历史篇章。由于您和剧组同志们的努力,辛苦劳动,齐心协力,团结合作,使开幕式的电视转播壮观、热烈、感人,图像清楚,声音清晰,画面很美,质量上乘。亚运会开幕式的转播圆满成功,您和剧组全体同志立了功,做出了直接的突出的贡献。"

其后不久中央电视台的会议上,台长杨伟光也肯定了我们的成绩:"我们常说世界水平,我国就有一批世界水平的电视编导。邓在军同志就当之无愧。真正认识到这一点,是在第十一届亚运会以后……可以说非常成功地驾驭了这么大的活动。这样大的场面过去还没有人转播过,确实是一次成功之举,获得了亚广联的开拓时期特别奖,这是给我国电视工作者的一个很高的荣誉,也是给邓在军同志的一个很高的荣誉。因此说,这次转播不仅是中国水平,也是世界水平。"

由于第 11 届亚运会的电视播出,亚运会组委会和广播电影电视部给予我书面表扬,我被中央电视台评为先进工作者,同时,这次播出和《亚运前夜》的成功举办,也为我们国家此后的大型广场文艺晚会开了先河。

随着掌声的响起,我欣慰地品味着成功的喜悦。

没想到的是,我的身体状况,却在悄悄给我鼓倒掌。伴随着超高强度的劳动,癌细胞已悄悄地浸入我的躯体。

无 影 灯 下

亚运会之后,我累倒了,住进了医院。几十年来,除了生孩子,这是我第一次住院。我身体一直不错,以为事情不大,却没想到,这一住进去,差点儿就出不来了。

决定住院有点偶然性。亚运会结束后,我在家里写总结,觉得胳膊痛。丈夫对我很体贴,加上这一段实在太累,我就有点儿"撒娇",对他发牢骚:"尔均,你这桌子这么高,胳膊都写痛了。"老周和女儿蕾蕾听见了,就过来给我按摩。第二天是星期日,我在床上躺了一天。蕾蕾说:"妈妈,你不舒服,又从不看病,现在有时间了嘛,星期一我陪你去看看病吧。"我答应了。我的医疗关系单位在武警部队总医院,离家不远,星期一走着就去了。医生很奇怪:"怎么没你的病历?"我确实从来没看过病,哪来的病历。医生建议,如果有空,最好住院检查一下。于是,我在星期二住进医院。检查后发现,是心脏有毛病,供血不好引起胳膊酸痛。就着重针对心脏的症状,每天打点滴。大家来看我的时候,我还开玩笑:"没事,一个星期就出院了;出院后咱们好好玩玩,聚一聚。"

大夫又建议说:"邓导,你是忙人,又没病历,住一次院对你很不容易。时间宝贵,干脆做次全面检查,把最难的两项放在最后。"我答应了。最难的两项检查,一是胃镜,一是肠镜。胃镜没事,可是,最后一天的肠镜发现了问题。

做肠镜检查的,是从解放军总医院请来的女大夫。她让我躺上检查台,对我讲:"不要怕,有点痛。"我说没事。刚一会儿,我就痛得哎哟了一声。她说:"别动别动,这儿有点问题。"然后就听见她们说:"你把这儿剪一刀……哦,掉了掉了,再剪一刀。"在这之后,她们的声音变得特别小,很难听清了。我没在意,以为她们不想在诊室里喧哗。但是,下面的事情就让我有些纳闷了。她们说："邓导，不做了。"我说："不是还没做完吗?"她们说不做了，你先下来，而且让我到另一个房间去穿衣服，又叮嘱说："邓导，你在那里穿好，等我一会儿。"

我这才意识到，可能她们不想让我听见对话内容。过了一会儿，她们过来了，说："邓导，看来我们还要给你作个活检，完了再通知你检查结果。"我问要多少天，她们说三四天。我有点担心了，问到底有什么问题。她们说："不管怎么的，你都得挨一刀。"我听了一愣，不过因为自己很少看病，也没想到这一刀有多厉害。当我准备离开时，她们显得很慎重："你别走啊，我得让护士来接你。"又要求我回去不要喝热水，要躺着别动。我还是没让护士来接，自己从检查楼回到了病房。

检查结果没有让我知道，是医院直接告诉我家人的。

那天我躺在病床上，尔均和苓苓来了。尔均在门口还愁着脸，一见我面，就堆起了笑，不是那种让人高兴的笑，好像不太对劲。苓苓的眼睛肿肿的，像是哭过。我问她怎么回事，苓苓说没睡好觉。我这人马大哈，平时容易被哄骗，但今天情况太明显，我就多了个心眼："你们有事瞒着我吧?"

尔均支吾地说，可能要转院，转到三〇一医院，因为给我看病的大夫是三〇一的，那边手术也做得好点。我问到底有什么问题，尔均说可能有个小小的东西，不碍事的。既然他们"坦白"了，我也就变得宽大，没有进一步追问。

我住进了三〇一医院。换了医院，还需要重新检查一次。检查时，我听到了大夫的对话："你看，好大了，都摸得到了。""里面那么大一个，怎么都没提前发现?""晚了，晚了!"他们还问我有过什么病史，家里有人得过癌症没有?

我这才大吃一惊，问："我这是癌吗?"

大夫说："还没定，得切出来检查后才能定，但是已经很大了，摸得到了。"

回到病房，我问尔均到底怎么回事。老周无法再瞒，只好彻底"坦白"："初步诊断是肿瘤。"我心里有点毛了。老周还强作镇定地安慰我:

"没事,就一点点。"

我不懂医,但对癌的危害是知道的。心想:完了,得了癌症,没多少活头了。回想起来,亚运会期间,自己身体内部就拉响了警报,当时肚子老痛,上厕所频繁,还以为是吃了不干净的东西,没想到竟然是癌症发作。

手术之前(1990 年)

尔均他们走后,我躺在病床上,思路格外活跃,思前想后,忍不住哭了。奋斗一生,不要命地工作,结果是这么个下场,越想越难过。后来又想,管它呢,人总有一死,只是早晚,能活几年算几年,哭也哭不回来。当时就下了决心:如果好了,我还要工作,直到闭眼为止;而且我还想:难过,流泪,都救不了我的命,还不如愉快过完有生之年。哪怕还让我活两年,这两年我就活得痛快点。遗憾的是,这时正是我事业兴旺的时候,尤其舍不得的是我的几个孩子……想到丈夫和孩子,我又掉眼泪了。

我这时的心态非常矛盾,不稳定。有时很烦,看什么都觉得没劲。人们来看我,我既不特别高兴,也不特别悲伤。我想,人的一生中,什么最要紧?身体好最要紧,最值钱,其他什么都是次要的。争名争利争地位争节目,其实很不值得。什么都看淡了:就这么回事,人要死了不就死了吗?你这时身体不好,不能动了,完了。你想干大节目,想把什么事情干好,干不了了。你想给谁发个脾气,也发不了了。一时间仿佛看破红尘,看得特别明白:不要争,不要伤脑子,不要计较什么事,人说不定哪天就翘辫子了。

那天早上 7 点多钟,我躺上了手术台。

无影灯下,我心里挺慌的,不想说话,心里发烦。我没做过这样大的手术,不知道手术有多痛苦,插完管子后,自己反而变得镇定,无所谓了,反正人已经交给大夫了。我对他们的医术还是信任的，并不担心会死在手术台上。我只是在想，良性肿瘤肯定不是了，但恶性的里面还有更恶的，我的癌有多恶？

他们给我打了麻药，和我说话："邓导，几点啦？"

我说："把我的表取走了，我没带表，怎么知道几点了？"

"那你衣服换到哪儿了？"

"在病房……"

他们是在试探麻药的效果。我渐渐昏迷，开始还前言不搭后语，后来便什么都不知道了……

手术做了 5 个多小时才结束。我的运气不错。瘤子在结肠部位，保住了肛门，只截掉了一尺多肠子。旁边还有一个平滑肌瘤，有鸡蛋大，也拿下来了。癌肿也就指甲盖大，已经变紫，万幸的是，没有破皮，也没转移。为了加大保险系数，大夫加长地给我截了肠子。是三〇一医院外科周礼明主任主刀，这次手术做得很好。很不幸，十几年后，周主任因做手术不慎受到感染，患肝癌去世了。至今我很怀念他、感谢他。

当初发生这一切时，我在另一个世界里沉睡。

终于，隐隐约约听见有人叫我名字，我想回答，但要发音好像特别费劲。后来才知道，手术前我嘴里塞了东西，手术结束，他们忘了及时取出来。按照程序，我必须答应一声，让家属知道我是活着离开手术室的。有人从我嘴里拿了点什么东西出去，我这才费劲地应出了声。

下午一点多钟，我被推出手术室，活着回到病房。

台领导对我这次手术很重视、很关心，黄惠群台长亲自给 301 医院写信，说我因播出亚运会过于劳累得了重病，请医院务必给予最好的治疗和护理。术后，广电部王枫副部长和黄台长来看我，我的样子让他们很意外。他们后来告诉我，当时他们吓坏了：怎么这样啊——五花大绑，氧气，输尿管，排血的管子等等，像个正在组装的机器人。

孩子们真好。开刀以后，蕾蕾和苓苓在医院轮流值班，侍候我。我的刀口比较长，我又胖，就缝了好几层。大夫叮嘱说，咳嗽要注意，别把线崩开了。我一心想忍住咳嗽，可是很奇怪，越不想咳嗽吧，越要咳嗽，咳嗽得伤口像裂了一样。为此我和孩子都很紧张，只要我觉得想咳嗽了，两个女儿就成了"骑兵"，赶紧压到我身上，按着我的肚子，保护伤口。因此，她们常常一夜一夜的不能睡觉。

对于疼痛，我表现得倒很坚强。为了止痛，医生给我打了三针止痛药杜冷丁。我了解到打杜冷丁不好，一是影响伤口愈合速度，再就是搞不好会上瘾。所以，我坚持不再打，一针也不打。疼得实在厉害，浑身冒汗，我还是干忍着，衣服湿透了就换，经常一个晚上换两三次衣服。孩子可跟我遭罪了，非常辛苦，但是，为了妈妈的康复，她们没有一句二话，我又欣慰又心疼又感激。

手术后，第一次下床出乎自己意料。脚一沾地，就觉得膝盖发软，人站不住，突然跪了下去。哎哟，我一下好心酸：我站都站不了啦！为了能早点"逃离"医院，在自己能下地后，每天早上和晚饭后，就在楼道走廊里练走路，甩着手走，像个新兵连士兵一样。人家都抱着肚子走，我甩手走。医生说我特别能吃苦。

我的人缘不错，在解放军总医院住院的日子里，许多人都来看我，病房里的窗台上鲜花不断。我在文艺圈里干了这么多年，因此，来看望的人中间，名人不少，护士们很高兴。有个护士对我说："邓导，谢谢你！你住院的这段日子里，我们几乎看到了北京文艺界的所有名人。"

小护士和我是两代人，尤其我刚经历了癌症手术，心态完全不同。每个人都有名字，都是"名"人。名气的大小对生命的本质而言，意义不大。所以，大家其实都是普通人。我最高兴的是有要好的朋友来看我，来聊天。手术后我并不知道自己是否好了，好到什么程度，自己生命还有多长，存了这些未知数，人就豁达多了，珍惜友谊，珍惜亲情，珍惜真心的情感交流。

尤其让我感动的，是过去与我同组工作、有过矛盾的一位女同志也来看我了。过去在入党问题上，她曾给我制造过许多障碍，没想到她会来看我。我很高兴。随后她还给我写过一封信，真诚地为以往的过错向我道歉，其实我早已不放在心上了。她的生命状态也不太好了，是丈夫用三轮车拉着来看我的,不久后便去世了。我心里酸楚,就觉得人的恩怨实在不值得计较,对人不应求全责备。

也有让我意外和深思的事情:有些朋友,我以为肯定会来看我,但很遗憾,他们的身影没有出现。当然,有的可能不知道我生病;有的,则可能是其他让人苦笑的原因。

我经历了一次死神的召唤,了解到人的死亡其实很容易。

手术后的有段时间里,我的精神状态还是有点不稳定。一方面,脾气好多了,什么人与人的关系啦,矛盾啦,都不太计较了。但有时候,心情还是烦躁,心里一不痛快,想得就多,不像以前,动不动就打哈哈,心眼好像变小了。这可能是生理上的病变带来的影响。我化疗了几个月,头发掉了,吃东西没胃口,甚至药也不想吃。医生规定要做六个疗程的化疗,我只做了两个半疗程,就自作主张地停做了。尔均老得哄着我吃饭吃药。因为免疫功能下降,出院后,遇到感冒的人,我肯定也会感冒。我成了家里的"大熊猫",家里人都对我小心呵护。只要有空,尔均就陪我散步。因为我心不静,心烦,书也不看了,电视也不看了,老坐在那里想事,他就建议让我学钓鱼。我是门外汉,第一次鱼上钩了我也不知道。钓了四五次,我也喜欢上了,尤其是看着鱼上钩了,一抖鱼竿,钓起来了,哟,好大的一条,足有两三斤呢!乐得我哈哈直叫。

总之,这次因癌症住院,我不仅经历了一次生离死别,还品尝了一回当半吊子哲学家的味道。

黄　山　泪

　　和住院相比,回家的感觉真好:尤其是被癌魔抓住后,又死里逃生回到了温暖的家,感觉更是加倍的好。我家住在三楼,楼下的两户邻居,男主人也和我同时得了癌症,其中的一位,是新中国成立初期的驻外使馆武官,另一位是"文革"中被江青点名批斗的总政文化部副部长刘永寿。他俩发现病情还在我之后,但住进医院后,不幸都没再回来。我很怀念他们。

　　住院之前,亚运会的成功播出和《黄山》的同时热播,在社会上引起强烈反响,很多人向我和尔均表示祝贺。自己尽管得了癌症重病,做了大手术,心灵上还是有所慰藉的。

　　万想不到,身体的劫难刚刚结束,一场精神劫难却正等着我,差点气得我又回了医院。

　　那天,我从外面进了客厅,突然发现气氛不对。本来两个女儿正和她爸爸说事儿,我一进来,大家都不说话了。我问:"怎么回事儿? 你们说什么呀,干嘛背着我?"他们显得有些紧张尴尬。我急了:"我这人就不愿意你们这样,有什么话好好说,直接说。"当时,我猜想可能又是与病情有关的问题想瞒我。

　　见我真的火了,苓苓给我说了实情。她说,从外面听到传闻,说剧组在拍摄《黄山》时贪污了钱,我也不是有病住院,而是被关起来了。尔均其实早就知道这一变故,怕影响我治疗,一直没敢告诉我。现在窗户纸捅破,他也不得不说出事情原委。他说,听说黄山市有人写匿名信给广电部,说我们花了50多万拍这个片子,剧组私自截留了钱,台里为这件事开了大会,台长公开了这件事情,剧组的制片主任也因此被停职审查。

　　真是一个晴天霹雳!

　　这完全是莫须有的事情,我当时就气哭了。突然间,我觉得好累好累……

　　为了开发黄山旅游资源,扩大影响,亚运会前,黄山市派人找到我,想请我给他们拍一部反映黄山风光的专题艺术片。我没答应。台里有规定,导演不能随便和外面合作,必须经台里批准;同时,亚运会快到了,虽然还没明确由我任总导演,但北京市领导已经有了这个意向,我也知道了。我不能接这个活,又怕人说中央电视台导演架子大,就把这事推到了台里,让他们去协商。黄山市文化局长真的找到台里,提出请我拍片的事。台里考虑到我事情忙,也谢绝了。可是,他们又第二次来了,而且黄山市长季家宏也亲自出面,找到洪民生副台长,坚持要请我出马。台领导最后还是同意了,给我下达了任务。

　　于是,1988 年秋天,我先去黄山考察了一次。哦,黄山真美,就像一幅水墨画。这里,苍松翠柏,悬崖峭耸,每个景观都秀丽诱人。尤其是黄山云雾,总是在山间缠绕游走,婀娜多姿。人走进去,腾云驾雾似的,像到了仙

率摄制组春、夏、秋、冬四上黄山(1989 年)

境。这么好的风光,应该把她展现在世人面前,吸引更多游客的到来。黄山激起了我的创作热情。

其实,多年来我心里就有过一个强烈的愿望:"拍遍祖国的大好河山!"我也知道,我们国家幅员辽阔,民族众多,自然风光和人文景观美不胜数,即使穷毕生精力,也难以实现这个宏愿。更何况,我在台里的主要任务也不是拍风光片。尽管如此,我还是尽可能地见缝插针,了却自己的部分心愿。在此之前,我已经拍摄了当时还不被世人熟知的张家界、袁家界,以及风光优美的天池、千岛湖、松花湖、长白山等地。这次有机会把秀丽的黄山也纳入自己的镜头,我还是很高兴的。

摄制组全体人员先后去黄山实地拍摄四次,拍下了黄山的春夏秋冬。我去了其中的三次;拍冬景时,因为准备亚运会转播没能去成。

为了拍好黄山,我投入了极大的心血和热情。仅仅为了拍到黄山日出,我们多次凌晨三四点就起床,攀登山顶。我对拍摄的质量标准一向定

登山途中(与音乐编辑武咪咪。1988 年)

得很高,要求每一个镜头都应是一幅优美的风景画。剧组同志也很努力,有些地方实在不好拍,大家便用绳子把摄像师刘文山从悬崖上吊下去拍。为了获得更好的画面效果,尽管经费预算很紧,我还是决定租用费用昂贵的直升机。剧组四处打听后了解到,离我们最近的直升机租赁公司也远在河北邯郸。我不辞辛苦,和制片主任一起赶到邯郸,苦苦请求后,用较低的价格租用了直升机。

在黄山时,我两腿的老毛病犯了,又肿又痛。当时黄山没缆车,全靠走路,吃饭没钟点,渴了没水喝。摄制组出发后很难赶回来吃饭,要走很远的路才能赶到合适的拍摄景点,而当赶到景点,有时还要等待理想的光线,非常累人。我的身体状况不好,得过风湿病结节红斑的双腿,膝盖对称性地长疖子,发高烧,又发低烧,人总是肿肿的。一发病就得往经络里打激素,膝关节骨质增生,膑骨软化。在黄山爬山的时候,我得用拐杖,有人扶着;下山时,像螃蟹一样得横着下来。腿痛是经常性的,腿肿了,就用酒来擦。我很能挺的,大夫也说我真能忍。

为了《黄山》,我出面请著名的词曲作者谷建芬、王酩、士心、付林等写了十多首歌,请了多位名歌星演唱。其中有刘欢、蒋大为、阎维文、毛阿敏、韦唯、董文华、杭天琪、屠洪刚、景冈山、万山红等等。为了确保画面精美,做到情景交融,我又决定用直升机把歌星

与谷建芬在黄山牌坊前(1988 年)

在黄山山顶拍摄韦唯独唱（1989 年）

拉到山上现地演唱。演员们大都是从外地一早赶到黄山，我没让他们进宾馆休息，直接用车拉到山上拍摄，原因是经费不富余，直升机只租用了一天，再则歌星们的时间也挺宝贵。这样，一批批地接送演员，一批批地导演拍摄，自己一直坚持在山上。我最后一个下山，再连夜把演员们送走。到我第三次上黄山拍摄回来，脸肿得自己都不认得自己了。去医院检查，大夫也没查清是什么病，只说是因为劳累过度，要我立马躺下休息。但时间不等人，我只休息了半天，第二天照常工作。其实，这时癌细胞已经在我体内滋长。

黄山管委会主任是黄山市的副市长张脉贤兼任的，他一直陪着我们拍摄。我想，黄山人应该知道，我是拼着命在工作。

不但如此，我还热心地多管闲事，帮助黄山市联系解决了一百多万元修水库的经费。这是在一次市领导征求我们意见时，我提了两条：一是山上卫生条件太差；二是缺水。摄制组上山拍摄时，由于用水困难，只给了我

与蒋大为、蔡国庆、黄明暄、刘文山等在黄山山顶（**1989 年**）

一暖瓶热水，要用它完成饮用和洗脸的双重任务。我说，现在对外开放，不仅国内游客，还要吸引外宾来黄山旅游，你们这里连厕所都没有，水也喝不上，怎么可能打出黄山的知名度？市领导则向我叫苦："没办法，本来打算修座水库，修了一半没钱了。"他们的政策也很灵活，说："你如果能帮忙拉来 80 万元，可以给剧组 20%的回扣。"我当即表示，这是给黄山人造福的事情，回扣不会拿，帮忙我可以试试。

我说了就做，回到北京，通过多方活动，打电话，送报告，还真的帮他们联系解决了一百多万元修水库的经费。从此，山上有水喝了，为黄山发展旅游创造了最初的重要物质条件。当然，"回扣"我是一分没要。

我还用自己的名义，请著名书法家吴作人题写了片名：《黄山》。

可以说，我对《黄山》投入了真情，倾注了心血，吃了那么多苦，搭了那么多面子，尽了自己的最大力量。我是真心想让黄山富起来，是用一种善良的心态来做这件事情。可是，结果却落下个不是。人与人之间免不了误解，一般人的误解我可以无所谓，但如果两人特别要好，是朋友，你要是对我不信任,那对我的伤害就很深。黄山市某些人的做法确实给了我很大的伤害。

气愤之余我又觉得奇怪:他们为什么要这样对我,不应该呀?

我所说的"不应该",并非自认为有功于黄山,即使有错,他们也应该保护一下,把问题帮忙"捂住"。不是这样。我是觉得他们的做法使我无法理解,作为一级组织,没有道理这么干。

对于台里的做法,我也难以理解,觉得太不慎重了。我在台里干了那么多年,组织上应该是了解我的。当然,如果真有问题,我没有权利反对领导的处理。我所不满意的,是台领导对这件事情处理得太草率。任何事情都应该调查在前,处理在后。培养一个人不容易,涉及到人的处理,更应该慎重行事。我联想起对某位主持人的处理。她当时那么红火,那么有风度,领导上指派她随邓小平同志出访日本担任现场播音,国内外反响很好,可是,一封诬告信,台里就不让她播音了,对她伤害之大,使我的这位好友差点没自杀。结果呢,她并没有任何问题。

我不想屈从这种命运。

我委屈、愤怒,就像有个大锅扣在头上。火冒万丈,又没地方发,只能从眼睛里出来,怒火变成了泪水。我癌症刚开刀,身体特别弱,尔均怕我难过,给台领导打了电话。黄惠群台长说:老周,请你一定替我给邓导做工作,这没有她的事,而且我们交待过,中央电视台的人,不管任何人去看邓导,都不准提黄山的事。于广华副台长说:我们了解邓导,邓导是从来不管钱的,这件事跟她没关系,让她千万不要放在心里,一定要保重身体,好好养病。

这怎么能说跟我没关系呢?我是总导演,剧组的制片主任出了事儿,不是给我抹黑吗!既然事情发生了,我坚持一定要彻底调查清楚。

还真查出了"问题":一是有白条;二是有张5600元的发票不对头。

账上有白条,并不奇怪。尤其是录音,最容易打白条。比如录管乐,小号吹得不好,多次录音仍达不到质量要求,就会找一个水平高的来吹,该多少钱,录完就付现款。他是以个人身份来的,只能打个白条证明。又比如黄山挑夫,雇请他们挑器材设备上山,也只能打白条。类似情况还有,可以说是这个行业的一个基本特点,台里完全清楚,算不上问题。

那张 5600 元的发票倒是让我紧张起来,担心制片主任有说不清楚的事情。后来情况也搞清了,是付的劳务费,不是制片个人私拿。当时拍片,黄山市有的人跟着剧组工作,提出要点劳务费,我们觉得有道理。但因为票据要拿到黄山相关部门去报销,他们觉得自己不便签字。制片主任也是出于好意,为了便于报销,他从朋友那里拿了一张发票,填了 5600 元。还没有来得及结账,事情发作了,上级封了账,查出了这张发票。事情摆到桌面上,做法有错,并非制片主任贪污。

账目封存后,查了个底朝天,每一张发票都经过仔细核对。最终弄清楚:我们造了 19 万元的预算,实际上才花了 18 万多。除了已经说清楚的白条和那张发票,没有发现任何其他问题。

后来听说,查账的人也吃惊了:拍一部《黄山》,整整 12 集,还请了许多大歌星和知名词曲作家,摄录了十几首歌,动用了直升机,总共才花了不到 19 万! 有的人甚至开玩笑说:这个剧组,简直像个铁算盘。他们的惊讶是有理由的,最近,我应邀观看了一个镇办的文艺晚会,打听了一下,这台晚会花费了整整 900 万元!

当时,我们用这 19 万元,拍出了一部精美的 12 集电视风光艺术片《黄山》。这个片子,享誉海内外。许多镜头,一直出现在中央电视台《请您欣赏》栏目中。许多熟人告诉我,到黄山旅游的国内外游客,上山前后几乎都要看这部片子。我们台的国际电视总公司和黄山市有关部门,通过发行这部录像带都赚了不少钱。

无风不起浪。我很纳闷,我们这么努力,为什么有人还要整我们一下,是什么道理啊?

我这人爱认死理,有了这种疑问,我就想弄清楚。

我首先弄明白了为什么黄山市有的人坚持要请我当导演。当时,在我还没同意时,他们就在安徽用我的名义拉了赞助。赞助方说:如果是邓在军当导演,他们就投钱,否则不投。这个情况对方没告诉我,却自作主张打我的旗号,拉了50万元。多余的这部分钱,听说主要用在黄山的文化建设事业上面了,但我们不清楚。

我们的账目都要在黄山市报销,给我们拨的经费是死的,不到19万,这是明摆着的事情,为什么还要费力气告我们剧组呢?事情也弄明白了,原来是黄山市正在换届选举,内部有人拿这件事做自己对立面的文章。

人言可畏。当时,人们不明就里,各种心态映出五花八门的面孔,引出七嘴八舌的议论。有人明明知道真相,但不想去解释,一说起黄山,哦,我听说了,出事了!除了传言我被关起来外,还有更富创意的说法:我去加拿大看大女儿,因此又传闻我携款逃到国外了。

作为《黄山》一片的导演,我也确实拿过钱,因为获奖,台里给了我300元奖金。黄山剧组在我住院期间送来过5000元劳务费,我让孩子把钱送交台里纪检部门。后来纪检把这笔钱退给了我。

黄山的事,给了我一生中最大的伤害。提起黄山,就有泪水想流出来。尔均也不敢给我说黄山,一说我就会蹦起来。我说一辈子再也不去黄山了。当然,这是气话。黄山是那么美,绝大多数黄山人对我是那样热情,同样是我永远难忘的。我对黄山怀有的是一种深厚而复杂的感情。

话说回来,当年拍《黄山》时,尔均正因前列腺手术在301医院住院,主刀的是外科主任李炎唐,他的技术水平很高,还曾为邓小平、李先念同志做前列腺手术。李主任告诉我,尔均的手术做得很成功,但术后发现有个硬结,需要好好观察。后来做了活检,在结果还没有出来时,我心里着急,打电话向李主任了解,他说,很可能是肿瘤。我一下就懵了:我刚开了刀,尔均又是这个状况,两个人都是癌症,可怎么办呢?从此我得了失眠症,本来我一挨枕头就能睡着,从与李主任通电话的那天起,每天吃安眠药才能入睡,一直到现在。幸好,最后尔均的活检结果出来,排除了肿瘤。按说,尔均动手术的时侯,我应该多在医院陪伴照顾他,但黄山的摄制任务紧急,又有季节性,只得硬下心肠带领摄制组赶去黄山。为这件事,使我对尔均始终怀有一分歉疚。

时间是最好的药物。二十多年过去了,当年黄山给我心里造成的伤痕也慢慢抚平了。几年前，应广西南宁市的邀请，我和尔均去当地参加国际民歌节，没想到在那里遇到了黄山市当年的市长季家宏，他已升任安徽省政协副主席。家宏同志热情地邀请我们去黄山做客。说实话，我不想去。尔均的想法与我不同，他说：我倒是想去趟黄山，趁现在腿脚还灵便，一起去看看当年你"蒙难"的地方，也算是补上人生际遇的一课，了却一个心愿。我只好同意了。这样，我俩在 2007 年秋天去了一趟黄山，按尔均的意思，没有惊动地方，是请南京军区帮助提供的方便。黄山军分区司令员、政委都很热情，陪同我们浏览了黄山。黄山还是那样美，迎客松依然热情地招手，青山绿叶、苍翠欲滴的群山中，乳白的云雾依然是那么多姿多彩，旖旎动人。不过，毕竟时光流逝已久，不免有物是人非的感慨。

　　最为高兴的是，这次黄山之行又见到了老朋友。当年，与我合作拍片的黄山市文化局长张怡清和他的夫人，文化局的科长周小林和他的夫人，早在拍摄期间我们就结为好友，周小林更是我的"难友"。他们听说我来了黄山，一起赶来宾馆欢聚。老友重逢，共忆往事，不胜唏嘘。怡清早已退休，他在书画艺术上造诣很深，是知名的书画家，人称"板桥张"。小林的人生更为曲折传奇，他一度被"隔离审查"，出狱平反后大彻大悟，坚决辞掉科长职务，创立"三百砚斋"，专门从事歙砚的开发和销售。由于他学识丰富，文学功底深厚，而且经营有方，几年之内便名声大噪，远播海内外，多位中央领导人都曾去他那里赏砚把玩。李鹏总理还把他特制的砚台作为国礼送给日本天皇，日本大使又专程来黄山代表天皇向他致谢。香港前特首董建华也用高价购置收藏。他现在的日子过得富裕而又潇洒。我给小林开玩笑说："你可是因祸得福了！如果不是沾了《黄山》电视片的光，成了难友，你可能还在机关呆着，既发不了财，更施展不了你的才华！"

　　这次黄山之行的旅游途中，我和尔均曾在当年剧组经过的黄山桃源宾馆休息、用餐，谈起往事，我不由得触景生情，便涂鸦了几句，送给好友怡清和小林，以博他们一笑：

　　　　桃园依旧人已老，

　　　　嗟叹世间公道少。

劫波历尽知音在，

从来友情价更高。

十六年后与夫君周尔均重来黄山，蒙好友怡清、小林伉俪热
情款待，相晤甚欢。十月十日登山途中在桃园宾馆用餐，此系当
年"黄山"剧组休息工作场所，历历往事，触景生情，缀成上句，以
表情怀。有道是：是非曲直，终当厘清；公道正义，自在人心。浮
云遮日，只能一时；浪沙淘净，更见真情。

乙酉金秋　邓在军

才华出众的小林，随即回赠诗篇，并详加注解，把此事的来龙去脉叙述
得一清二楚：

和邓在军导演、周尔均将军黄山重逢一首：

黄山颂歌唱恢宏，

玉屏迎客秋色浓①。

丽日云海倏起浪，

秀色山峦恶雾蒙②。

奈何一曲"黄山泪"，

断肠人儿泣仙琼③。

迎客青松客何在，

天都莲花面羞红。

时光飞逝十六载，

又逢金秋桂花红。

老街老友重相聚，

喜极而泣泪朦胧④。

歧途误入"三百砚"，

昔日小林成老翁⑤。

青松迎客年复年，

桃花溪水水流东。

我颂在军与尔均，

"鹤舞千年"墨更浓⑥。

小林注：

①一九八九年金秋中央电视台著名导演邓在军率拍摄小组登黄山采景。

②"黄山"片拍摄历经春夏秋冬，一九九〇年十一月，十二集黄山音乐风光艺术片在亚运会期间隆重推出，反映热烈，好评如潮。此时一封匿名信竟让中央电视台和黄山市政府成立两支调查小组，同样热烈地调查黄山剧组的经济案件，剧组有两名制片主任和一名制片被押海淀看守所，一时谣言四起，天昏地暗。时隔十个月真情大白，涉案三人莫名其妙地享受了一次地狱之炼。

③黄山片后邓导又接手亚运会的拍摄任务，时值冤案袭击住进三〇一医院诊断为肠癌，手术截除，称为"断肠人儿"。

④十六年后的金秋，邓导、尔均伉俪重登黄山，旧友重逢喜极而泣。

⑤黄山片冤案后，小林顿有所悟，毅然辞去工作，创建了"三百砚斋"。

⑥老林特制水镜坑金晕"鹤舞千年砚"赠邓导、尔均伉俪雅玩存念。

乙酉年金秋老林题记于三百砚斋

黄山的友人告诉我，十多年来，有若干剧组来这里拍过不少部介绍《黄山》的电视片，但都没能超过当年我们拍摄的电视艺术片《黄山》。这一点我倒相信，因为我最清楚，不仅我自己，有多少人，包括编导、摄制人员、技术人员、作者和演员，为了《黄山》付出了多么艰辛的劳动！仅举一例：为了拍摄最佳的"黄山日出"镜头，在当时没有缆车的条件下，我们不得不一次又一次地半夜出发，跋涉山路，攀登峭壁，多次在悬崖山巅苦心守候难得捕捉的那一刻。那种艰难拼搏、呕心沥血的情景，至今历历在目。当然，艺术永无止境，黄山的美景是永远拍不完的。我还是热诚地希望，后来者舍得花力气，拍摄出更加精美的"黄山"。

记得有部文学作品的名字叫《往事并不如烟》。秀丽的黄山是永存的。我所叙述的这一切，就让它作为如烟的往事，供朋友们在茶余饭后作为谈笑资料吧！

艺术研讨会

研讨会现场（横幅为好友赖少其题写。1992 年）

人生是一部充满喜怒哀乐的情感剧。在 1991 年和 1992 年的短短两年内，我经历了自己一生中的大悲与大喜。

1992 年 3 月 18 日，梅地亚会议中心挂出横幅："邓在军电视艺术研讨会"，这是著名书法家、好友赖少其特地为我撰写的。中央电视台历史上，以个人电视艺术成就为专题组织讨论会，这是仅有的两次中的一次，规格比较高。

俗话讲，三十而立。当时，我从事电视艺术工作已经 33 年。以往，我在广播学院等场合讲过一些课，在报纸杂志上也发表过一些创作心得体会,但是,真正从艺术上对自己的成长道路作深入探讨和全面回顾总结,这却是第一回。台领导很客气,说,事情还有深一层含义:我是在央视成立初期就进来的元老,我的电视艺术生涯,也几乎和中国电视的发展同步,又一直处在电视艺术探索的第一线,成果明显;因此,这次虽然是个人电视艺术研讨会,在某种程度上,也是中央台电视艺术发展的一种总结。台领导话说得客气,但我还是由衷感谢台里给我的这次机会和荣誉。

生活就像戏剧,充满悬念。开会这天,我首先的一个悬念,是搞不清这天到底能来多少人?

我们发出了一百多份请柬。被邀请者,或者是电视艺术界的专家学者,或者是演艺界的明星"大腕"。这些人平时都很忙,时间"含金量"高,参加我的研讨会,他们没有非来不可的义务。我期望至少能来上一半人,能听到各方面的意见,会场也显得热闹些。

上午9点开会,不到8点,客人陆续签到。期待中,我有一种怪怪的感觉:心里好像既充盈又孤独。所谓充盈,是觉得自己多年来一直在不懈努力,创作状态不错,生命的磁场饱满强大,似乎不需要打肿脸充胖子,领导提出给我召开研讨会,也证明了我在人生奋斗中迈上了新的台阶。至于孤独的感觉,我一下子说不清楚。孤独是心灵深处发生的事情,即便处在人海中,有时你照样可能感到孤独。当时,尽管丈夫和孩子都围在身边帮忙,在跑前跑后的,但瞅着梅地亚的大门,我还是有一种莫名其妙的孤独感。也许,当时我的心灵所渴望的,是和亲人情感无关的另类接触。

我品味着内心深处这种新鲜感觉,满面笑容迎接来宾。随着时间推移,签到本上的名字越来越多:乔羽、时乐濛、晨耕、肖穆、傅庚辰、阎肃、士心、晓光、曹勇、任金洲、钟大年、任远、叶家铮、高鑫、郝俊兰、张凤铸、李范、曹利华、林涵表、缪俊杰、高志平、洪民生、于知峰、邹友开、冯香琴、马超曾、潘宝瑞、王冼平、赵明信、陈临春……电视界的知名人士和词曲作家来了很多,有我的老师,也有我的朋友。我心里涌起一阵阵暖流。

演艺界的朋友也来了不少,签到本上留下了一长串很可爱的名字:姜昆、赵忠祥、李扬、陈佩斯、韦唯、董文华、郁钧剑、阎维文、程志、殷秀梅、张

朋友们的热情祝贺（1992 年）

暴默、谢莉斯、倪萍、黄民喧、博成、韩宁……这是一群容易烘热周围空气的面孔。他们一个个都是捧着鲜花来的，鲜花上还夹着各具特色的祝词，许多人和我拥抱、亲吻。欢笑声中，他们排着队给我献花。哎哟，这一时刻，我心里装满了幸福，就觉得人生到这个地步，应该很满足了。这种感觉花钱是买不来的，这是一种心灵的满足，是心灵之间美妙的感应。我很感谢大家的"捧场"。在其他场合，这些明星一旦露面，都会引来不少追星族的欢呼，而现在，他们能抽出时间参加我的讨论会，去掉了多余的包装，开会时一个个都规规矩矩坐在下面，很不容易。瞅着这个星光灿烂的场面，我很感动。

　　一些关心我成长的老首长，也题词鼓励，给我留下墨宝。我 12 岁参军时，就在李德生率领的部队，当时并没有机会见到这位已经著名的师长。机缘凑巧，几十年后，德生同志担任国防大学政委，尔均任国防大学政治部主任，这下我常有机会见到这位老首长，每次见面他都要亲切地叫我"小邓"。他这次送给我的题词是："登攀电视艺术的高峰，奉献美好欢乐于观

艺术界前辈给予热情鼓励（左起：时乐濛、乔羽、晨耕、邓在军。1992 年）

众。"杨得志的题词是："艺术献人民，欢乐洒人间"。张震的题词是："执著追求，刻意求新，努力攀登电视文艺的新高峰"。肖克的题词是："温故而创新"。送来题词的还有中宣部、文化部、广电部领导也是我的老朋友高占祥、聂大江、王枫等。一些因事羁绊来不了的艺术界朋友，也都发来了贺词、贺电、贺信和书函，其中有阮若琳、谷建芬、李铎、杨萱庭、胡松华、彭丽媛、毛阿敏、万沙浪、牛群、冯巩等人。著名书法家欧阳中石书赠我的一首诗："中华焕彩入荧屏，正是人间最挚情。屏外心声屏里现，只因编导巧经营——为电视编导邓在军同志多年成就赞"，我特别喜爱，会后一直把它悬挂在书房里。我深深感激他们对我的关爱和情谊。

　　研讨会要开两天。开幕式结束后，便进入对作品的研讨。专家学者将会对我作什么样的评价，这是我的又一个悬念。

　　我这时的心理状态也有点特殊：既自信，又有点隐隐的自卑。坦率讲，在电视艺术探索的道路上，我曾经许多次第一个"吃螃蟹"，取得过一系列

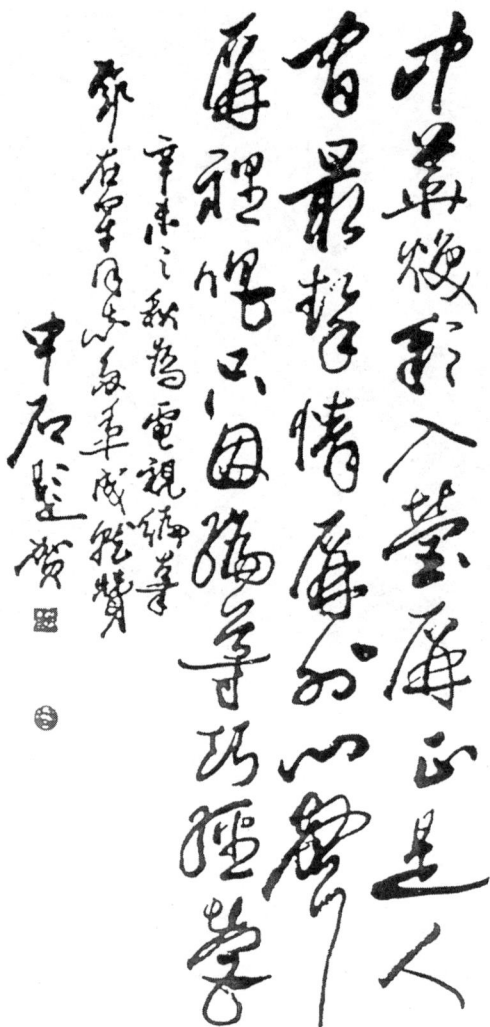

欧阳中石的赠诗（1992年）

成功，我感到自己有理由自信。而我的自卑，则来源于一个微妙的原因：由于参加工作太早，我没能正儿八经受过艺术学院本科严格的培训。这种有趣的自卑感深藏心底，它既提醒我不要骄傲，不要自大，又激励我充分发挥自己的潜能，比他人付出更多的努力。

当然，随着对艺术问题认识的深入，这种心理状态在我心里已经淡化了。我认识到，艺术的最高境界，不在哪个博物馆里，也不在谁的艺术作品中，而是藏在每个人的心灵深处。如果你肯努力，再加上幸运，就有可能在艰辛的艺术跋涉中，从内心深处倾听到艺术女神的提示，甚至对话。有位美院的教授朋友，曾向学生表达过这样的看法：真正的艺术在学院是学不到的。老师指出的你的错误，也许正是你的长处、你的个性；你应该坚持这种艺术"错误"，发展创造出自己的独特个性；否则，你可能充其量只能成为一个平庸的"老师第二"。

艺术教育确实有自己的独特性。我虽然也参加过艺术学院的培训，但是，我的艺术教育更多是在实践中完成的。我想，我的成功"诀窍"，除了有丰厚的实践经验,也许还有更重要的一点,就是比较善于倾听自己内心里的直觉。

会上有 31 位专家学者和领导作了发言。令我感动的是,许多专家都带来了讲稿,看得出,他们作了认真准备,不是应付差事。对于我的电视艺术生涯,领导和专家学者都作了细致的分析。

副台长洪民生,在谈到我与中国电视艺术的关系时认为:"邓在军同志是中国电视艺术开拓者之一。""她所做的工作,与我国电视事业发展同步。研讨邓在军的电视艺术,基本上能反映中国电视艺术的发展状况。"

我的带男性色彩的名字,的确给过许多人误导。《文艺报》副主编李兴叶说:"昨天我第一次见到邓在军同志。亚运会期间,听别人说邓在军是位女同志,我很吃惊。在我的印象里,她是个男的。看了她执导创作的作品汇辑和她的艺术简介,自己心情很激动。一个女同志,在艺术上取得了如此的成就,可以想象出她为之付出的心血和艰辛。她许许多多的作品和她自己撰写的文章,处处都体现了一名电视艺术家要把欢乐带给亿万人民的执著追求。对这样一位多年来在电视文艺方面取得杰出成就的编导,应该把她从幕后更多地介绍到幕前来,让人们知道她的功绩。有哪一位导演一年中能够给观众带来这么多的欢乐呢?"

有趣的是,北京师范学院中文系副教授曹利华,发言中也对我的性别感到意外:"邓在军,一个地道的男子汉的名字,没想到她是一位年过半百的女性。以她以往的作品给我的冲击力,很难与一位女性联系到一起。"他很细心地从"主题与传达的一致、阳刚与阴柔兼容、现代与传统沟通、探索与传统的创新"四个方面概括了我的电视艺术特色之后,热情洋溢地说:"我曾赞美过《望长城》摄制组的献身精神,他们用热血和生命为代价为观众奉献出一部具有开创性的大型纪录片。当我观赏邓在军同志的作品和了解到她的创作道路时,我深深地感到她是在另一条战线上,同样以自己的热血和生命,开创了具有磅礴气势的电视艺术精品。邓在军同志的电视艺术为中国电视艺术的发展历程,作了一个形象化的总结,又为中国电视艺术的发展提供了丰富经验。"

中央电视台台长杨伟光刚从国外归来，第二天就赶来参加会议。他谈到："邓在军同志是我国电视艺术界造诣很深的、公认的、著名的电视编导。现在我们的新闻报道，常常有'世界一流'、'世界水平'之说。不仅外国有，我国也有一批世界水平的电视编导，邓在军同志就当之无愧。"

研讨会上，大家的发言和评价，让我既意外又感动。当然，对作品的得失，大家也提出了一些中肯的分析意见，我更是由衷感激。这是同行中的一群佼佼者，他们的这些宝贵意见，无疑给我提供了新的艺术营养和精神能源。

熟悉我的人大概都知道，在人际关系上，我没长心眼，从来都是大大咧咧；但是，对于节目的艺术质量，我却很严格，爱较真。这种习性，使我无意中让不少朋友生过气，而我却懵然不知。

会上姜昆谈了一件事情，我才知道曾经"得罪"过他。那是在准备1987年春节晚会节目的时候，当时，姜昆在社会上已经很有名了，观众非常喜爱他。我过去与姜昆合作过多次，这次春节晚会，我还是决定用他。但是，当他给我送来相声《虎口遐想》的样稿后，我觉得有些不足。首先是内容太长；其次，有些段落该切中要害的地方没有到位，有的则是说了一半话，没说透。我的想法是，用可以用，但必须修改，可是，我又担心全都直说了吧，会影响他的信心。所以我说，那好，我用你这个作品，但是第一段你要改哪些哪些。第二稿拿来以后，我说还不行，第二段你还要改哪些哪些。第三次拿来，我还是说还不行，有些地方还没改到位，应该怎么改，要针砭时弊的地方，怎么才会更恰到好处。就这样，前后让他改了三次。第一次让他改，他没有什么，邓导邓导的还叫得挺热情。第二次就有点不大愉快了，但我还没察觉到。到了第三次，我虽然迟钝，已经感觉到他可能不太高兴。但我是直肠子，觉得我把意见说清楚了，他也同意拿回去改了，就没再多想什么。最后，他按我的要求修改后，演出效果很好。

一直到这次发言，他才讲："当时邓导改我这个节目的时候啊，我觉得邓导怎么那么严厉，老和我过不去，老跟我别着。"他说，当这个节目播出以后，收到特别好的效果，而且改的地方效果特别好，"这个时候我才真正

感谢姜昆直率的发言。导演与演员之间要的就是这种心灵的沟通（1992 年）

认识了邓导,觉得她精益求精,是真正地爱护我们。"

　　他说这段话的时候,我却突然觉得自己应该反省:自己的方法是不是有问题,怎么得罪了别人我都不知道呢? 不过我很快又安慰了自己,我想,只要愿望是真诚的,不带个人功利,尽管方法上有些问题,最终是会被人理解的。

　　当初,我在组织创作歌曲《在希望的田野上》时,也遇到过类似问题。《在希望的田野上》是陈晓光作词,施光南作曲,彭丽媛演唱。这种珠联璧合的组合,使这支歌曲亮相不久,便很快红遍全国,历久不衰。可是,它的诞生却曾历经一波三折。

　　那是在 80 年代初期,安徽出现了农民搞土地承包的新鲜事物。胡耀邦总书记指示,为了反映农村改革的新气象,艺术家要下到田头,为农民演出。由中国音协出面组织,中央电视台安排落实这件事。这次活动组织得非常认真,集中了当时最有名的一批歌唱家,如叶佩英、李谷一、蒋大为、刘秉义等。我被派到安徽,拍摄他们下农村演出的情况。农民看戏的机会真是太少,演出场地就在田头,搭那么一个小舞台,贴上标语横幅,周围却人山人海,树上都爬着人,小脚老太太也赶来了。我拍下了两次演出的实况,又插空拍了一点外景镜头,编辑成一部电视专题艺术片《在希望的田野上》,并用它来命名这个片子的主题歌。后来,胡耀邦同志专门致信文化部,祝贺这部片子的成功,赞扬它的"方向是对的"。

在安徽田间拍摄《在希望的田野上》(右一姜志、右三李谷一。1982 年)

当时,音协的同志曾拿来谱好的一首歌给我看,说是省音协主席为主题歌写的曲子,词也是当地作者写的。我一看,不太行。词不是 80 年代的感觉;曲虽然上口,但不够大气。总之,整个节奏和感觉,不能体现改革开放时期新农民的形象,不适合作主题歌用。音协的同志有些为难,他说不好给作者交代,希望我尽量想办法用上。我回答说,不管是谁,作品不符合要求我不能用。

回到北京,我让音协的同志重新找人写主题歌。他们又拿来一稿,词写得还是不理想,旋律也不能让我振奋,不行,我让再写。又请一位知名度高的曲作者写了一稿。我觉得还是不行,通俗味浓了点,写农村的歌曲如果通俗不和民族味结合,生命力就不强。可是由于时间关系,我只好勉强同意了,乐队也配了器。但到了最后,我还是下决心把这一稿"毙"了。说心里话,"毙"一个节目,思想是有负担的,都是好朋友,决心难下。

我们又重新找人写。陈晓光的歌词拿来了,有点长,但很有新意。我让减点词,赶快作曲。当时提了许多曲作者,我没同意,点名让施光南写。我觉得施光南写的东西功底好,有气魄。施光南这一稿很快就写了出来,他自己骑着摩托给我送来了歌片。我哼了哼,觉得旋律很美,有新农民的形象和味道。我很高兴,让他赶快送到歌舞团排练。曲子最早是按合唱领唱的风格写的,合唱演员当时被拉到录音棚旁边的小礼堂,时间紧迫,没有更多时间练唱,施光南亲自一句句地教,等大家唱熟了立即进棚录音。我熟悉许多作曲家,很有意思的是,他们中间有的人旋律写得很美,本人唱歌却老是走调。施光南没这个毛病,他歌唱得挺好的,音准也不错。

我和施光南的第一次合作是 1979 年春节晚会的《祝酒歌》,以后又有过多次合作。我们在事业上结下深厚友谊,配合得极好。他是一位优秀的作曲家,没想到英年早逝,曲终人去,令人伤感、痛惜。他的家里我去过一次,是同他交谈拍摄《伤逝》的事情。他悉心创作的歌剧《伤逝》早写完了,舞台上也演出了,反响不错,我和他约定,把《伤逝》拍成电视,作为电视音乐出现。施光南很兴奋,认为这个想法是个创举。可是非常遗憾,不久他就因脑溢血,成了植物人。大概医生已经觉得回天无力,那次我去医院看他,病房里冷冷清清,没见有医护人员,也没听说有进一步的抢救措施。我不懂医,急了,在医院里到处找人,希望大夫能挽回他的生命,他爱人则抱着我哭。

瞅着病床上昏迷不醒的施光南,我非常伤感。他正值创作的黄金年华,是最能出作品的时候。眼前的这个人,曾经谱写出《祝酒歌》、《多情的土地》、《打起手鼓唱起歌》、《在希望的田野上》等一曲曲无比优美的旋律……现在,这个优秀的大脑却停止了思考,他的灵魂里再也不会有旋律的颤动了。我真想自己有能力把他唤醒,继续我们约定的《伤逝》的合作。可是已经晚了,晚了……音乐片《伤逝》没有拍成,作者本人却不幸过早地

与士心谈《我们是黄河泰山》（1988 年）

"伤逝"了！

这时我又想起我的好朋友，曾经多次合作过的作曲家士心、王酩……士心病危时，我和尔均去医院看他。他紧握我的手，吃力地诉说我们多年的友情和他刚刚出版的歌曲集《说句心里话》，彼此都流下了热泪。他已经不能握笔了，谆谆嘱咐身旁他的夫人李湘，在歌集扉页写下："送邓导——把这本'心里话'留作永远的纪念吧！"只过了几天他就走了，这是我俩最后的诀别。我们国家有多少优秀的人才，过早地被病魔和政治的病毒所吞噬啊！

王酩也是一位十分优秀的作曲家，当年很多的电影和电视剧都有他谱写的歌曲，比如那首旋律格外优美动听的《绒花》。我导演 1987 年"春晚"时，请他写一首压轴的歌曲，他很快写出了《春天的钟》。这首歌曲旋律优美，深沉而又动情。可是，当天"春晚"播出时，却出现了一个意想不到、"既小又大"的失误。歌曲的最后一句是："让我们静静地等，静静地等……"音乐旋律即将结束时，有一个延长的休止符。它想表达的意境是,人们在悠扬的音乐声中,静静地期盼和等待春天的钟声敲响,共同迎接新年的到来。可是,晚会现场的技术人员没有掌握好时间,这个延长的音符还没有结束,钟声便提前敲响了。我心里咯噔了一下,可惜已经没办法挽回了。问题也就出在这里,我说它"小",是因为时间仅仅误差了几秒钟,欢腾的电视观众根本意识不到;可是,这个问题又很"大",因为作曲者期望的艺术效果没有完美地呈现。晚会刚刚结束,王酩就给我打来电话,谈起这个"休止符"的事,说着说着,竟然伤心地在电话中哭了起来。我完全理解他的心情:一个真正的艺术家,对自己创作的作品就像对待亲生的孩子,是小心呵护,非常珍爱的。我诚恳地向他道了歉,并在第二天重播时改了过来。

话扯远了。回想起来,为了《在希望的田野上》这首歌,我曾经让许多作者失去"希望"。可是如果没有经历这些波折,也就不会有现在这首歌《在希望的田野上》的诞生。生活中有很多无奈的事情。由于我的工作性质,在其他许多不同的场合,我"毙"过很多作品,让为数不少的作者和演员失望过。在我内心里,绝非故意和谁为难,只想把事情做得更好一些,完美一些,有时就难免得罪人。在这里,我愿意向当事者们表示由衷的歉意,诚恳地请求他们的理解。

其实,每个人都会有"失望"的时候,都会遇到"失望"的事情。我当然也不例外。这次研讨会上,"盘子"收费这件事,就让我感到尴尬和失望。

"利康"烤鸭店的总经理孟继明是我的好朋友,听说要开我的艺术研讨会,为了表示支持,建议把与会人员拉到他那里吃饭。我说不行,台里要求只在梅地亚中心吃。于是,他就热情地给我们每桌赞助了两只烤鸭,而且亲自带领厨师到梅地亚来现做。朋友的情分让我感动,我没拒绝。可是,梅地亚的做法却让我很是意外。烤鸭上桌需用盘子盛,找梅地亚餐厅借用,餐厅负责人表示:用盘子可以,但不能借,只能租,按租用的数量收钱。这是件小事,却让人生气。生意人的这份精明,让我觉得像碰到了莎士比亚戏剧里的那个讨厌商人。我不满的是,研讨会是中央电视台召开的,我和梅地亚中心都归中央电视台领导,我不期望得到你其他支持,在餐厅吃饭已经让你赚钱了,借几个盘子还要算钱?当然,我生气的另一个重要原因是,这份钱得从我自己的口袋里往外掏,而我当时又的确银根太紧,钱包是瘪的。对这种过于精明的经营手法,我闹不明白,到现在也不想弄明白。

这只是一个小插曲,研讨会本身开得很顺利。听了大家的发言,我很激动,很高兴,但并没有飘飘然,真的没有。研讨会观看了我的作品剪辑,我也坐在底下看,边看边琢磨,就发现了许多问题,哎呀,这个地方处理得不好,那个地方节奏还不行,还缺点什么。这么回头认真挑毛病,就老是觉得自己的不足,远没有资格翘尾巴。

这时,我刚接手了《毛泽东诗词》的创作,研讨会给了我新的压力和动力。我在想,大家给予我这样的评价,在今后的艺术创作中,我只有将尺度定得更高、不断超越自己,才能不辜负朋友们的厚爱和期望。

研讨会上,还有一件令我格外感动的事情,就是敬爱的七妈邓颖超也

邓颖超伯母在重病中委托秘书高振普到会转达他老人家的祝贺与勉励(1992 年)

派秘书高振普来参加了。振普转达了七妈对我的关怀："告诉在军,我现在写字手抖,就不题什么字了。祝贺她取得的成功。"

七妈当时已经88岁高龄,身体很差,正在顽强地同病魔搏斗。她老人家在重病中还在关心我的事情,使我激动万分,决心在自己的工作中不断取得新的成绩,决不辜负她的殷切期望。万万没有想到,仅仅三个月之后,七妈就永远地离开了我们!这是我人生中遭遇的又一次沉重打击。

痛 别 七 妈

研讨会结束后不久,七妈的病情日趋危重。当时我和尔均在外地出差,接到赵炜秘书的电话通知,立即赶回北京到医院探视,这时她老人家已经深度昏迷,不能说话了。

1992年7月11日6时55分,七妈走完人生的最后旅程,与世长辞了。我们万分沉痛,无限悲伤!

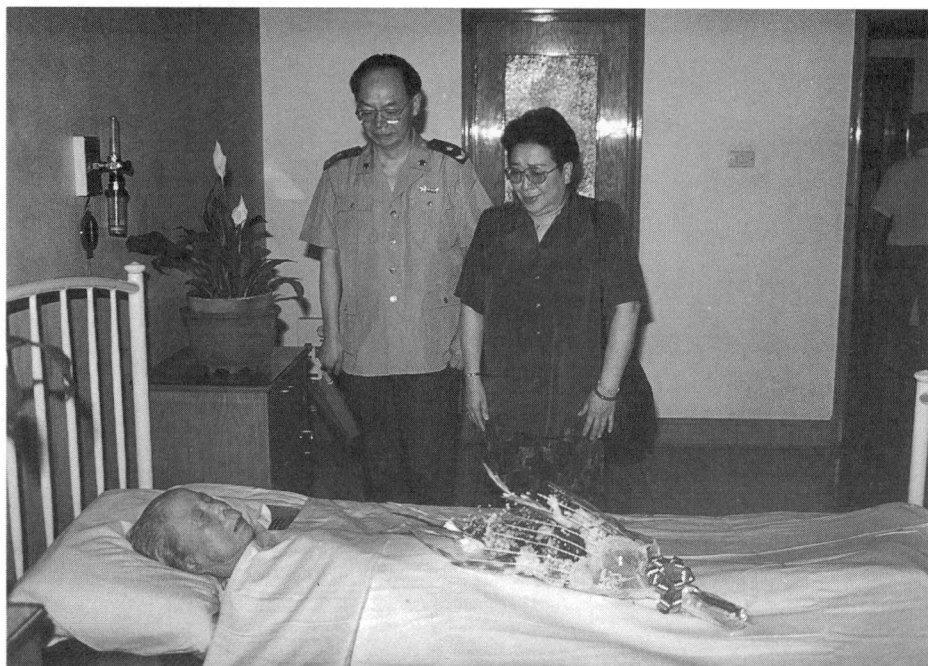

在北京医院向邓颖超伯母遗体告别(1992年7月11日)

七妈逝世后,按照她老人家的遗愿,她的骨灰撒进了天津海河,撒到了祖国的江河大地,天地经纬之间,与敬爱的伯伯重新汇合在了一起。泪光中我想起他俩生前的谆谆教诲:物质不灭,生生不已,永远为人民服务!

敬爱的七妈,是一位伟大的无产阶级革命家,她与七伯共同度过了波澜壮阔的一生。七妈早年与七伯一起参加五四运动,一起参加觉悟社,先后参加中国共产党,又一起投入大革命的洪流,一起参加地下革命斗争,一起参加二万五千里长征。她很早就是中国共产党的一位杰出领导人。后来我在编导摄制《百年恩来》电视艺术片的过程中,获得了不少有关七妈早期革命生涯的资料,其中有许多鲜为人知。

在广东省汕头市,保存有两栋一模一样的小楼。据当地史料记载,这是当年黄埔革命军东征时领导人的住所。其中一栋住着蒋介石和陈洁如夫妇,另一栋住着恩来伯伯和七妈。伯伯时任黄埔军校政治部主任兼东征军党代表,七妈受党的派遣,担任国民党中央党部妇女部副部长、国民党中央委员。由于两栋楼紧挨着,伯伯和七妈经常与蒋介石和宋美龄夫妇一起用餐,商讨工作,私交尚笃。后来,蒋介石叛变革命,七伯、七妈便义无反顾地与蒋介石彻底决裂,从此与他在政治上分道扬镳,成为敌对的双方。

1996 年,我在莫斯科采访,得到特别允许,到俄罗斯的中央档案馆查阅共产国际档案,意外地看到了一卷特殊的手稿。它是恩来伯伯向共产国际介绍中国革命问题长篇报告的记录原件,有厚厚的三大本。记录者不是别人,正

Moskau, den 20. Juli 1928.

An die

Kleine Kommission des Sekretariats des
EKKI.

Im Hause.

Betr. Kongressteilnahme von
Genossin Den Yen Tschau (China).

W.G.!

Wir beantragen, dass Genossin Den Yen Tschau für die Dauer des 6. Kongresses Verpflegung bezw. Unterhaltsgelder wie die Kongressdelegierten erhält.

Genossin Den Yen Tschau ist zusammen mit der chinesischen Delegation nach Moskau gekommen, hat jedoch kein Mandat, sondern nur eine Gastkarte zum Weltkongress.

Da sie aber bis zum letzten Parteitag der K.P. Chinas Leiterin der Frauenabteilung beim Z.K. war, ist die F.A. EKKI. interessiert daran, dass sie am Kongress und den dabei stattfindenden Besprechungen über die Arbeit unter den Frauen teilnehmen kann.

Mit kommunistischem Gruss

共产国际邀请邓颖超参加共产国际"六大"的邀请函(现存共产国际档案。1928 年)

是七妈邓颖超。每一本的封面上都有"邓颖超"的亲笔签名。这是一份珍贵的历史文献，它既见证了中国历史的一段重要历程，也见证了七妈与七伯并肩战斗的共同经历。可惜的是，这份珍贵文献在莫斯科的档案里尘封了半个多世纪，七伯和七妈生前未能再次见到它。

七妈参与了我党我军早期的机要通信工作。总参三部原部长戴镜元告诉我们：我党我军的机要通信是恩来伯伯建立的，还亲自发明了代号为"豪密"的电台密码。

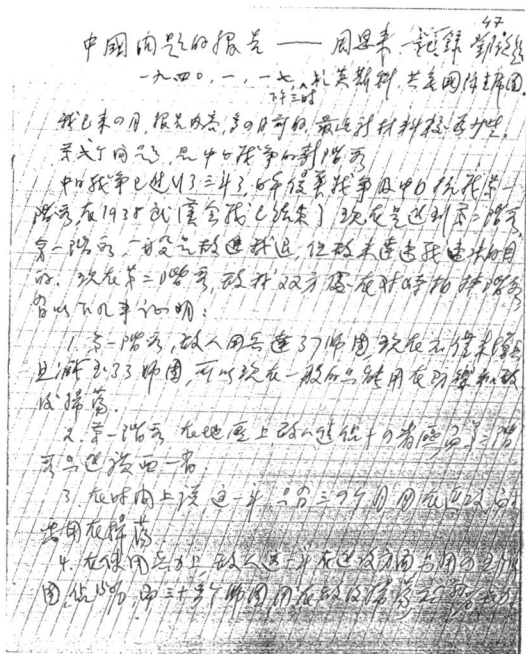

邓颖超记录的周恩来向共产国际作报告的原件
（现存共产国际档案。1940 年）

"豪密"的保密性特强，从未被敌人破译过。今天，我们从影视节目中，常能看到地下工作人员用电台收发情报的惊险情节，但几乎没有人知道，当年中央苏区的第一部电台，就是由恩来伯伯亲自策划建立的，而且，上海党中央与中央苏区的电讯联络，也是由伯伯亲自负责、亲自翻译。党中央发给中央苏区的第一份电报，就是伯伯亲手发出。而在那段时间里，每当伯伯有事不在，电台的收发和翻译就由七妈负责。

七妈对党和国家所作的重大贡献，书刊资料多有记载。我列举这几件事是想说明，她老人家早在中国革命的早期，就参与了我党的重要领导工作。但在恩来伯伯担任党的主要领导人的重任之后，她就自觉地退居辅佐的地位，从不出头露面。七妈经常教育我们要保持艰苦奋斗的革命传统，但她从不提起自己出生入死、艰苦卓绝的革命业绩。我只是在七妈与我们亲属的随意交谈中，偶尔得知一些事情。记得有一次是我怀孕时，七妈嘱咐我要注意保胎。顺便说到，早年她也怀过孩子，那是从事地下工作的时侯，可惜为逃避敌人追捕，不慎流产了，从此再也没生育。另一次是 80 年代与尔均和我交谈，她在询问尔均父母情况时，顺便谈到，1931 年党内出了顾顺章这个大叛徒，她和七伯在转移到中央苏区之前，曾在我们家隐蔽过。再有一次，有人写了一个剧本，内容是表现烈士周文雍和陈铁军牺牲前举行"刑场上的婚礼"的真实故事，情节生动感人。作者托我转请七妈审阅。按照周家家

与邓颖超伯母（1982 年）

规，我是不能转达的，但事关烈士宣传，我还是请示了七妈。七妈说，周文雍和陈铁军是她的战友，他俩在残酷的斗争环境中英勇顽强，就义时的事迹更是可歌可泣。七妈答应了这件事，还亲自约作者详谈了一次。除此之外，她很少谈起自己的过去，从来都是谦虚谨慎，严格自律。四届人大召开前，毛主席提名邓颖超出任人大副委员长，恩来伯伯见到传阅件，把七妈的名字划掉了。七妈虽然是在伯伯去世后才知道这件事，但对伯伯的做法，她完全赞同。也是在伯伯去世后，七妈应西哈努克国王邀请去柬埔寨访问，临出发前，我和尔均去看望她老人家。七妈说："多年前西哈努克就几次邀请我，但你伯伯在世，我不能同他一起出访。现在我要还国王的愿。"对七妈的高风亮节，赵朴初同志曾深情对我赞扬说："邓大姐比我大三岁。邓大姐很像周

总理,他们两个人很像很像。都是那样严格,那样简朴,那样认真。"

七妈对自身高度严格,对自己邓家的亲属同样也十分严格,从不给予任何特殊的关照。但我注意到,她却以极大的热忱,在原则范围内尽力照顾周家亲属。显然,这既是出于她作为长辈的爱心,也是为了替伯伯分忧,让他能集中精力处理党和国家的大事。七妈所做的每一件事情,都是从大局出发,既高度坚持原则,又细致周到、体贴入微。

回想起多年前,我还是18岁的小姑娘,第一次和七妈见面,就感受到了她亲切温暖的关爱。当时她说:"你是独女,我也是独女,而且都姓邓,好!"以后几十年间,她一直密切关注着我和尔均的成长与进步。

1959年我第一个孩子萌萌出生,七妈把珍藏的一块绸缎指名送给她,我用它为萌萌缝了一件漂亮的披风。以后我二女儿蕾蕾、三女儿苓苓,也都穿过这件披风。

60年代初,我们住在西郊总后大院。一天上午,七妈冒着纷飞的大雪,突然来到我俩的住所。当时我们住的是筒子楼,总共三层,我们全家挤在楼下的一间半房子里,生活条件很简朴,七妈来了,连个像样的椅子都没有让她老人家坐的。七妈哪在乎这个,看到我们同其他干部生活上打成一片,没有任何特殊的地方,十分满意。她一边高兴地抱着萌萌逗弄,一边亲切地同帮我们带孩子的保姆交谈,询问她老家在哪里,生活情况怎么样,同我们相处得可好。这天,七妈在我们这里待了将近半天,我们的小家也由于她的到来,其乐融融,充满了温暖。七妈见过的这位保姆,当时还是个十七八岁的大姑娘,家在京郊。时光匆匆,前些年突然接到她打来的电话,告诉我她已经当了祖母了。她说七妈那次的亲切谈话,给她留下了终身难忘的深刻印象。80年代在西花厅,七妈还回忆起当年来总后看我们的情形。我插话说,"那时我们住在筒子楼的二层,住了十多年",七妈纠正说:"不对,你们住的是楼下。"七妈是对的,是我记错了。当时我们确实住在一层,后来才搬到二层的。

1963年,我第二个孩子蕾蕾出生。七妈在西花厅送我一袋她自己栽种的扁豆,还有石榴和花生米罐头,说要给我增加点营养。那时正是国家最困难的时期,七妈馈赠的这些食品可都是宝贝。恰巧七伯从里屋出来看见了,他说:"别的都可以给孩子,花生米罐头可是要用来出口换外汇的。"七妈赶忙向他解释:"这批罐头因为出口不合格,苏联给退回来的。孩子难得吃到。"七伯的严谨和七妈的关爱之情,至今如在眼前。

　　七妈喜欢照相,用的是老式的"徕卡"相机。她特地在西花厅的花园里为尔均和我照了两张合影,其中一张是在海棠树下。七妈对这两张照片很满意,高兴地把它送给我俩。

　　七妈很关心我们这个小家。80年代中后期,七妈三次找我和尔均到西花厅长谈。由于"文革"以来她老人家很少同我们见面,对我们的情况问得很仔细。在1984年的一次谈话中,七妈关心地逐个询问我们几个孩子的成长情况:"萌萌结婚了吗?""蕾蕾的'蕾'字怎么写?""她两个小时候我都见过,很可爱。"听我说三女儿周苓考上了北京人民艺术剧院,七妈说:"这好嘛,你伯伯在世时我俩常去看人艺的戏,同那儿的演员很熟悉,感情很深。"在问起周强的情况时,七妈同我们开玩笑说:"好了,有了儿子,可以传宗接

邓颖超伯母在西花厅海棠树下为我和尔均拍摄的照片(1960年)

代了。"她还打听周强的身高,听说周强11岁就长到了1米62,七妈有些意外:"有那么高吗?"在详细地询问我父母的近况后,七妈再一次亲切地说:"你姓邓,我也姓邓。你是独女,我也是独女。"

七妈对于我在电视台的工作情况也很关心,见了面就要询问了解,还几次让我把自己编导节目的录像带送给她看。对我编导的节目和中央电视台的节目,七妈给过很多鼓励,也提过很中肯的改进意见。七妈说:"现在电视进入了寻常百姓家庭,可以说是最大众化的传播媒介,有着不可取代的政治教育和文化娱乐功能。你们做电视编导的,要深刻理解自己工作的重要性,精心编导出思想性和艺术性都很完美的好作品。要知道,它起到的作用不可估量呢!"她说:"战争年代以至建国初期,我们可没有这样的宣传工具。现在条件有了,电视工作者也作了很大努力,但有些节目仍然平淡无味,甚至格调低下,这里面有个对观众的责任感问题,对人民负责的问题。五六十年代我们拍了一些好电影,像《英雄儿女》、《冰上姐妹》、《女篮5号》、《鸿雁》等,思想内容好,故事性也强,观众爱看,电视台还可以再播映嘛。音乐效果,是电视艺术的组成部分,现在播出节目的音乐声太强,有时听不清讲话内容,影响了节目效果。特别是诗词朗诵节目要注意。播音员的口齿也要十分清晰。这都关系到一台节目的整体效果。"七妈的这些指示,经她老人家同意,我向台领导汇报了,他们十分重视,及时采取了改进的措施。七妈得知后,非常高兴。

也是在其中一次的谈话中,七妈再一次关心地问我入党问题解决了没有?我委屈地回答说,"写了好多次申请和思想汇报,就是没有回音。二十多年来电视台文艺部导演中没有发展一个党员,工作累,入党却没有我们的份。"七妈说,"不只是累,而且你们的工作重要。"很明显,七妈对我们党支部的"左"的做法不以为然,但作为一个具有高度原则性的老共产党员,她在没有充分了解情况之前,不会对一个党支部的具体做法表示意见。但我觉得,那种含蓄的口吻也表明了她老人家的某种态度。

后来我历尽波折在1985年终于被批准入党。七妈高兴地向我祝贺,鼓励我说:"在军是一个自强的孩子。"她还把刚刚出版的《周恩来选集》等珍贵书刊作为礼物送给我,并且特地交代:"这是我用工资买的,其中有两册是专门给你的,别人没有。"

为祝贺我入党,邓颖超伯母送她的《周恩来选集》等珍贵书籍（1985 年）

在 1988 年下半年七妈通知我俩去西花厅见她,我特地带了两台照相机,其中一台是一次性成像的"拍立得"。我们想和七妈多留下几张合影。七妈很高兴,连说:"好! 好!"又说:"就在你伯伯和我这张合影下面照。"那天七妈的兴致很高,同我俩谈了有一个多小时,秘书几次过来打招呼,说时间长了,让七妈早点休息。她老人家却说:"我喜欢同在军、尔均多说些话,你不要赶他们走!"已经年过八旬的老人,又同我们谈了好一阵。可惜我们那时经济条件不宽裕,照相机质量差,胶卷又是过期的,虽然照了不少张,洗印出来效果都不好。带来的那台"拍立得"却引起了七妈的兴趣,她老人家还是初次见到这种简易相机,亲自试拍了一张。当然,用"拍立得"照出的相片质量更差,过一段时间就褪色了。尽管那次我准备了两台相机,留下来的却是遗憾!

对我的身体状况,七妈也很关怀。我由于长期患关节结节红斑病症,遵照医嘱注射激素,有一段时间体重增加了不少,人也有些变形。七妈亲切地叮嘱我:"可不能再胖了,要切记:生命在于运动!"

同样,尔均先后在军队的总后勤部、总参谋部和国防大学工作。每个时期,七妈或者向有关领导,或者当面了解他的思想和工作情况。1982 年尔均调总参工作时,仍住在总后,每天要往返于西郊和北海公园旁的旃坛寺,七妈关心地询问他交通工具是怎样解决的,中午吃饭怎么办,有没有休

我与邓颖超伯母、尔均

息的地方？想得十分细致周到。到国防大学工作后，七妈对尔均说："你们学校成立，张震、李德生同志让我题词，我写了'十年树木，百年树人'八个字。学校是培养人才的，国防大学又是培养高级军事人才的，任务很光荣。你要好好工作啊！"临别时尔均向七妈敬礼，七妈笑着说："我不能给你还军礼了"，又说："你穿军装很神气啊！不过你也是年过半百的人了，要爱护身体，注意不要

邓颖超伯母送给尔均的闹钟（**1987 年**）

发胖。"1987 年,尔均因病在 301 医院动手术。七妈得知后,关切地向我询问手术的情况,并把她自己的一个白色小闹钟让我带给尔均,亲切地嘱咐说:"尔均生病,吃药应该很准时,这个闹钟很好使,你带给他。"

　　七妈的音容笑貌、她老人家关爱之情,我俩时时萦绕在心中,浮现在眼前。七妈的祖籍是河南南阳,出生在广西南宁。2005 年,南宁市文化局长专程来到我家,转达省、市领导的决定,要在南宁市中心公园建立一座"邓颖超同志出生地"的纪念石刻,约请尔均为石刻题字。这是一件义不容辞的十分光荣的任务,尔均当即应命,题写了"志洁行芳"四个大字。我们认为,这四个字,体现了七妈崇高的道德品质和伟大的人格力量。广西壮族自治区和南宁市领导对这件事高度重视,专为石刻揭幕举行了隆重的仪式,特地邀请尔均和我出席。自治区党委副书记、现任中宣部部长的刘奇葆同志,南宁市委书记、现任全国政协副主席的马宁同志参加了揭幕仪式,并在会上讲话,他们盛赞邓颖超同志的光辉业绩和崇高品德,称她是中国

应广西壮族自治区南宁市委约请,周尔均为邓颖超出生地纪念石刻题字"志洁行芳"。图为与时任自治区党委副书记的刘奇葆在石刻前合影(2005 年)

共产党人的光辉旗帜,是广西人民、南宁人民的骄傲。我和尔均也分享着这份极大的光荣与喜悦。在南宁市中心屹立的这座永久性的石刻,既寄托了广西人民和全国人民、也寄托着我俩对七妈邓颖超的无比崇敬和深深忆念。

亲爱的七妈,我们永远怀念您!

中国的艺术大师们

1991年国庆节,我作为首批获得国务院颁发的政府特殊津贴的一员,出席了广播电影电视部举行的颁发仪式。我惊奇地发现,和我一起上台领取证书的,还有我熟识的老一辈艺术家,如侯宝林、赵子岳、谢添、陈强、吴印咸等多位。看到他们一个个神色庄重地接过荣誉证书,我不由得浮想联翩。这是一群毕生为中国艺术事业奋斗并作出了巨大贡献的艺术大师,这份荣誉是他们完全应得的,或许可以说是迟来的。我作为一个中年导演,有幸分享他们的荣誉,既感到有些惭愧,也是一种幸福,深感光荣和鞭策。

由于工作特点,我有幸结识了我国老、中、青三代众多的艺术工作者,并从他们身上吸取了很多宝贵的经验,获益良多。

在老一辈艺术家中,除了前面提到的白杨、秦怡、孙道临、骆玉笙、李默然等几位外,与我合作过并结下友情的,在电影、戏剧界还有金山、黄宗江、凌子风、赵子岳、张瑞芳、孙维世、于蓝、田华、刘琼、于是之、李默然、张君秋、新凤霞、常香玉、赵丽蓉等,音乐界有李德伦、严良堃、韩中杰、吴祖强、乔羽、时乐濛、晨耕、王昆、郭兰英等,舞蹈界有戴爱莲、贾作光、赵青、

与同为首批获得国家特殊津贴的陈强合影(2000年)

陈爱莲、白淑湘等,曲艺界有侯宝林、郭启儒、郭全宝、马增芬等多位。他们中间的绝大多数,都堪称国宝级的艺术大师。我深深感受到,在这些老艺术家的身上有着共同的鲜明特点:他们都热爱新中国,热爱中国共产党;都具有高度的敬业精神和极为扎实的艺术功底;都有着深厚的道德和文化修养;为人都十分谦和有礼。

与文艺界的老师与好友(前排左起:晨耕、张非、时乐濛、王昆、后排左起:周尔均、时乐濛夫人王利军、乔羽夫人佟琦、晨耕夫人贾素娥、乔羽、邓在军、张非夫人王江。1998 年)

给我留下深刻印象的是,每当这些老艺术家应我约请来台录制或播出节目,从来都是早早来到工作现场,提前进行准备,或者互相切磋,或者默默思考;开录后,对导演的提示,都是认真倾听,一丝不苟地照办。他们常常还提出很好的建议。比如在录制国庆 40 周年节目配乐诗朗诵《我心中的祖国》时,孙道临和秦怡向我提出,原作中涉及了祖国的方方面面,唯独缺少科技的内容,而科技是国家发展一个不可缺少的方面。我认为他俩的意见很可贵,同作者商量后,根据当时我国的科技成就,添上了"对我来说,祖国是什么? 是南极长城、风云一号卫星送回的珍贵信息"这一句,及时弥补了这一缺陷。骆玉笙老人是曲艺界的泰斗,她那天在圆明园演唱的一曲《重整山河待后生》,字正腔圆、声如裂帛,有绕梁三日之感。但她已八十高龄,那天在高温 40°C、全无遮蔽的圆明圆废墟里,一遍又一遍地录

与骆玉笙

制,全身都被汗水湿透了。我实在不忍心,请她休息一下再录。她表示没有问题,能够坚持,不要休息,还一再问我录得怎么样,如果效果不好,就再来一遍。老艺术家这种高度的敬业精神,令我非常感动。

对照一下今天的情况,有些演员年纪轻轻,却以"大腕"自诩,在录制或播出节目时,常常要到开始前的几分钟才匆匆到场,迟到早退的现象也不少见。我想,在怎样做人和从艺的问题上,确实应该很好地向老艺术家们学习。

我与这些艺术大师们结识,多数是在60年代前期。那时,中央电视台在社会上的地位不像今天这样显赫,我也只是个初出茅庐的年轻导演。尽管这些老艺术家在艺术上已经炉火纯青,在年龄上也是自己的长辈,他们却从不以此自傲,恰恰相反,对我非常亲切,非常爱护,把我当作他们的小妹妹。

白杨老师是中国影坛上的一颗巨星,我还是小孩子时对她就非常仰慕。年轻时看过她主演的电影《八千里路云和月》、《一江春水向东流》。后来又看过她和赵丹合演的《十字街头》,给我留下美好的印象。与白杨老师相识后,她给我的感觉,丝毫没有一点旧上海滩大明星的影子,而是一位典型的善良、温柔、贤惠、美丽的传统中国女性。她家住上海,逢年过节主动打电话给我拜年,来北京公干也提前告诉我,相约攀谈,并不止一次地给我寄来她的照片。由于分处两地,我俩见面的机会不多。1997年,我去上海华东医院采访巴金老师时，从他那里得知，白杨老师也因重病住院，就在隔壁病房，我赶忙过去看她。令我十分难过的是，她已经病入膏肓，整个人变了模样，而且深度昏迷、人事不省多日了。我俯在她耳旁，轻轻地呼唤："白杨老师，我是邓在军，看您来了。"这时，她面部的肌肉动了一动，似乎听懂了我的话。据身旁照顾她的人说：这种情况是多少天来没有见过的了。在我回到北京后不久，白杨老师就不幸逝世！

与白杨在天安门城楼上（1989 年）

　　侯宝林老师也是我的一位忘年交，他的一家——侯师母和跃文、跃华也都成为我的好朋友。有时去他家谈工作久了，他就留我在家吃饭，席间谈笑风生，亲如家人。侯老尤为健谈，总是妙语如珠，逗得大家捧腹大笑。他在相声艺术上自我要求十分严格，一个段子、一个"包袱"、一句话、一个字，都要反复推敲，不经过深思熟虑，决不轻易定稿、与观众见面。"文革"以后，中国的老百姓都想再能看到这位相声大师的风采和表演，我也很想再一次录制、播出他的节目，但因为年龄关系，他作为一个对艺术负责、对

与侯宝林伉俪

自身声誉负责的老艺术家,不愿也不能再登台演出了。为了满足广大观众的心愿,我自作主张地设计了一个节目:用木偶配合录音,表现他和郭启儒合说的相声,选的段子是妇孺皆知的《醉鬼》。现场录制的那天,我临时向他汇报,请他到晚会现场观看,他愉快地应允了。木偶的表情自然很夸张,把这位大师漫画化了,我担心他看了不高兴,不想侯老边看边哈哈大笑,下来后还连连夸奖我:"这个节目做得好!"这是1988年的事情,录制的是中央电视台建台30周年晚会。节目播出后没几

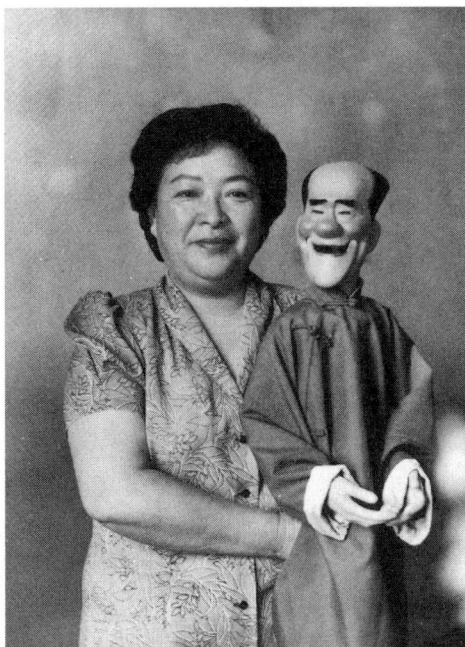

用木偶表现侯宝林的表演形象,博得侯老称赞(1988年)

255

年,侯宝林老师就离我们远去。在我记忆中,这是侯老少有的也是最后一次观看自己的节目。

有这样一句话:"自古红颜多薄命"。其实,这句话也可以说成是"自古文人多薄命"。中国历代的知识分子,除少数人因攀龙附凤、飞黄腾达之外,大多数人的际遇是贫困、失落和挫折不断。解放后,中国的知识分子,包括我们的许多艺术大师,在庆幸获得新生的同时,又不幸遭遇频繁政治运动的冲击,不少人更在"文革"中陷于灭顶之灾。

其中,孙维世和金山的际遇尤其悲惨。维世大姐是恩来伯伯和颖超伯母的义女,她和丈夫金山同我的关系自然更深一层。我们常有机会相聚畅谈,在影视表演艺术方面,他俩给了我不少有益的指点。战争年代,维世在苏联专修戏剧,回国后任中国青年艺术剧院副院长;金山作为电影演员早在30年代就闻名全国,他主演的《夜半歌声》轰动了上海,解放后他主演的《钢铁是怎样炼成的》、《二七风暴》等戏剧、电影也都享有盛誉。他俩曾告诉我,他们是在排演话剧《钢铁是怎样炼成的》的过程中相爱的。当时维世是导演,金山则饰演保尔·柯察金,两人一见钟情。维世认为金山是她一生中遇到的最好的演员,金山则说维世是他一生中遇到的最好的导演。维世大姐为人爽朗、直率,稳重、亲切,不过我注意到,在我们的交谈中间,她不时会流露出一丝忧愁和怅惘。后来我才知道,由于维世的才华出众、性格真率,在那个"斗天、斗地、斗人"实际上是整人的时代,她很难不遭到某些人的嫉妒和排挤。我在前面提到,维世的父亲孙炳文烈士,是我党早期的党员,也是当年恩来伯伯和朱德同志在德国从事革命活动的战友。蒋介石叛变革命后,孙炳文同志不幸被敌人逮捕杀害,牺牲得很惨,是被腰斩的。七伯、七妈把对战友的悼念与沉痛压在心头,把自己的爱给了烈士子女。1937年,七伯、七妈找到维世后认她为义女,朱德同志则收养了维世的哥哥孙泱。正因为如此,伯伯、伯母对维世的爱,超过了一般亲情意义上的爱。维世也把七伯、七妈当作自己的亲生父母。有一次在西花厅,维世因为剧院的一些事心情不快,七妈爱怜地同她关起门来深谈,谈完出来,维世一边擦眼泪一边笑着对我说:"真不好意思,今天我向妈妈汇报思想,妈妈批评了我,批评得好,批评得对!"我也看过七妈写给维世的信,末尾的落款是"你爱的爱你的妈妈",母女之间的深情厚爱跃然纸上。

不幸,也正由于七伯、七妈对维世的深爱,最终她没能逃过"文革"这场灭顶之灾。江青嫉恨她,因为她很清楚江青在上世纪 30 年代的丑恶历史,而且在苏联为毛泽东主席担任过翻译。叶群也嫉恨她,因为林彪曾追求过维世,但遭到了拒绝。所有这些因素加在一起,使维世在"文革"中不可避免地陷入江青、叶群一伙的魔掌。维世被非法逮捕关押后,遭受的残酷迫害骇人听闻。老艺术家、原中国青年艺术剧院院长吴雪哭着告诉我:"孙维世挨打的样子,现在好像还活生生地在我眼前。那个时候人家打她,打得她在地下滚……我们都是受迫害的,但是她更厉害。人家知道她跟总理和邓大姐的关系,他们恨总理!"

维世大我十几岁,去世时才四十多岁,正是风华正茂、才华横溢的黄金时期。在"四人帮"的摧残下,这颗在戏剧艺坛上冉冉升起、熠熠生辉的明星就此殒落,令人万分痛惜!

金山是 30 年代早期的老共产党员,年长我许多,却难得地始终怀有一颗赤子之心,言谈举止仿佛青年人,充满了激情。"文化大革命"中,金山同样受到江青一伙令人发指的迫害,被关押批斗多年,直到释放出狱时才知道维世大姐的死讯,使他悲恸欲绝。尽管如此,他一片丹心未改,又全身心地投入刚刚复苏的文艺事业。当时国家正在筹办电视剧艺委会,中央有关部门有意让他负责,为此他不止一次地约我商谈,希望我能同他一起干。在最后一次和我通电话时,他还谈了他的一些设想,征求我的意见,约我在一两天内见面详谈,显得十分热心和迫切。不料,就在通电话后的第二天晚上,他因操劳过度脑溢血病发作,紧急送到医院后,却因他的级别不够"高干"待遇,迟迟没有能够进病房,不得不躺在医院过道内过夜。由于抢救不及时,不幸过早病逝。金山曾为党的事业尤其是文艺事业作出过杰出贡献。1949 年李宗仁派代表团来北京谈判时,他曾受党的委派担任代表团的顾问。这样一位功勋卓著的老同志,在死后才被明确为"副部级"待遇,真让人扼腕叹息!

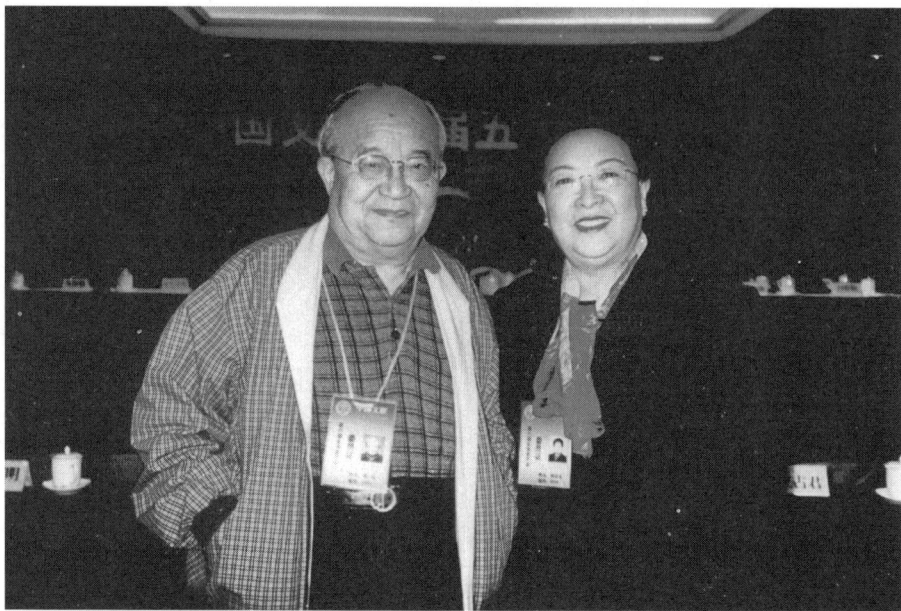

与乔羽（1977 年）

乔羽老哥也是一位我敬重的艺术大师，朋友们习惯用"乔老爷"的爱称来称呼他。与上面提到的老艺术家相比，"乔老爷"只能算是一位"壮丁"。他为人风趣幽默，与夫人佟琦（爱称"格格"）相爱甚笃，有口皆碑。我与他多次合作，得到过很多指点帮助。80 年代前期，我编导了一台节目《古今戏曲大汇唱》，把交响乐、电声乐引进我国的传统剧目如京剧、昆曲、豫剧、越剧、川剧和黄梅戏中，这在当时是一个大胆的改革。人们起初褒贬不一，乔羽老哥却坚决、热情地支持我这一尝试。他专为这台节目题词："如果经过探索，使我们在戏曲创作上找到一种可能性：既是继承的，又是发展的；既是历史的，又是今天的；既是古老的，又是崭新的，那将使我们在艺术世界里获得极大的自由，学会许多前人未曾具有的本领，真正做到雅俗共赏，老少咸宜。"这给了我极大的鼓励。《古今戏曲大汇唱》播出后，受到了广大观众尤其是年轻人的热烈欢迎，可惜这个新鲜事物，后来由于我忙于执导春节晚会，没有能巩固发展下去。我在编导其他文艺节目时，也不时向乔羽老哥请教，让他帮我出主意。"乔老爷"爱喝酒，也有酒量，夫人佟琦给他作了严格的限制:每餐不得超过四小杯。我有时请他外出小酌一番,边饮边谈,引出他的高见。他诙谐地说:"你请我喝二锅头,我给你出二锅头水平的主意;你请我喝茅台,我给你出茅台水平的主意。"其实他出的主意,全都具有茅台品位,常常一语中的,使我茅塞顿开。

中国艺坛的大师们,走过了一条荆棘丛生的道路,他们忠诚于祖国,淡泊名利,奉献给人民不朽的艺术宝藏。鲁迅先生说过:牛吃的是草,挤出的是奶。我常想,这既是对鲁迅先生自己,也是对中国艺术大师们的最好写照。

《毛泽东诗词》

在我的电视导演经历中,拍摄《毛泽东诗词》,是一次新的艺术挑战。

为了纪念毛泽东诞辰 100 周年,中央电视台决定将《毛泽东诗词》搬上屏幕,拍摄一部大型艺术系列片。这是台里的重头戏,主管文艺的洪民生副台长点名,让我担任总导演。

担任《毛泽东诗词》电视艺术片总导演(1992 年)

接到这个任务通知,是在 1991 年底,这时我正在加拿大探亲休假。由于癌症手术结束不久,还在化疗,就想趁探亲机会,顺便对身体作一下全面检查和治疗。接到台里从国内的来信,女儿和女婿态度鲜明,力劝我辞去这件事儿,集中时间彻底检查,把病治好。从我的身体情况看,接手这个任务稍嫌勉强；可是，在艺术把握能力上，当时自我感觉很好，因为我在不到两年内连续担任《春节晚会》、《国庆40周年晚会》、《亚运会开、闭幕式》、《黄山》等多台大型节目的总导演，领导和业内人士评价都不错。正因为如此，虽然身体较差，艺术底气却十足。我在加拿大待不住了。本来向台里请了3个月的假，为了早日进入拍摄准备，我不顾孩子们的劝阻，提前一个月赶回国内。

回到台里，我看到了初拟的拍摄报告。报告中计划庞大，准备将《毛泽东诗词》拍成30集，包括音乐、舞蹈、戏剧和电视剧等多种艺术形式。设想很有创意，可是，看到"电视剧"这个词儿，有些发愣了。一下子很难设想，怎样用电视剧表现毛泽东诗词？仔细琢磨后，我觉得不能盲目接受这个计划。我对台领导讲：《毛泽东诗词》到底搞多少集、利用哪些艺术表现形式，最好暂时不要定死，我想找一些专家论证后再作决定。台领导很开明："这件事你负责，你是总导演，究竟怎么办，由你去定。"

领导的放权，是一份信任，也是一份更大的压力。毛泽东诗词博大精深，思想性与艺术性高度融合，是一代伟人革命生涯的形象画卷，也是中华民族灿烂文化中的瑰宝。半个世纪以来，有关毛泽东诗词的辑录、评论、鉴赏性著述浩如烟海，对毛泽东诗词的理解，人人心中都有一杆秤。但以往还没有人用电视对毛泽东诗词作过系统的艺术表述，找不到可资借鉴的成功案例。在艺术探索的跋涉中，我面临又一次新的挑战。

既然已经没有退路，反而激起了我不服输的劲头。毛泽东说过，"无限风光在险峰"。我想，开始起步的时候，前面等着我的，没准还真有一番"无限风光"呢。

首先我要考虑的是全剧的立意——在这部电视艺术片中，应该怎样塑造毛泽东的形象？怎样表现《毛泽东诗词》的思想艺术价值？需要获得怎样的整体效果？

为了集思广益，我请来了词作家、诗人和音乐界的专家。大家论证后，都觉得难度不小，难就难在必须想办法出新。不能像以前那样，表现主席诗词就是安排朗诵、配些歌曲。但对怎样出新，一时还提不出什么好主意。

我查阅了大量有关的书籍和图片资料,认真研究了已经公之于世的 50 多首毛泽东诗词,充分熟悉和尽力把握诗词产生的时代背景和典型环境,深入体味每一首诗词的诗意词韵。功夫不负苦心人,渐渐地,有一个意念在我脑海里闪现,毛泽东形象的艺术定位变得清晰起来了,把它概括成一句话,这就是:"政治家和文学家的统一,政治成就和文学成就的统一。"我在第一集的解说词中,对这一点作了具体表述:

> 毛泽东所呈现出的个性是独特而复杂的。他是一位诗人,又远不止是一位诗人。作为政治家的毛泽东,他为我们的党,我们的人民,我们的军队,我们的国家,我们的社会主义事业,建立了不可磨灭的功勋。作为文学家的毛泽东,他堪称一代诗词大师,情怀炽热,豪放不羁,在文坛、诗坛获得了巨大的成就,可谓独领风骚,古今一人。政治家和诗人在毛泽东身上和谐地融为一体而不可分割。

当然我也担心,这只是自己的一孔之见。经过与剧组创作人员一起仔细推敲商量后,都觉得可行。正由于开初就形成了共识,就为后面工作的开展提供了良好的条件。

不过,接下来的剧本创作却并不顺利。

接受任务后我才知道,拍摄《毛泽东诗词》,是一个多边合作的项目,有中央电视台、国际电视总公司、总政话剧团、海政歌舞团和北京高级经济师协会几家参加,各自分工不同:有的是主要投资方,有的管歌舞表演,有的管戏剧和剧本,中央电视台是负责导演、录制和播出。单位多,人事关系就相对复杂。但我不管这么多,既然让我当总导演,艺术上就得我说了算。我是个直性子,尤其在艺术创作上,有一是一,有二是二,艺术之外的东西,很少考虑。原来各单位共同商讨的拍摄计划里,有拍电视剧一项。我考虑,电视剧的长处,是写实和表现具体人物和情节;而诗词却是空灵浪漫的东西,尤其是毛泽东的诗词大气磅礴,在浩瀚时空里任意纵横,很难用电视剧的形式表现。因此,我否决了拍电视剧的计划。

接着是撰写和审定台本。在看到最先写出的几集后,我很吃惊:作者的思路和我有很大差距。比如,毛泽东诗词中有一首写山的词:"山,快马加鞭未下鞍,惊回首,离天三尺三。"按照作者的设想,对"山"的艺术表现,是让女演员躺在舞台地板上,用乳房的起伏表现山峦起伏。这可把我给吓坏了。同志哥呀,这是表现毛泽东诗词啊,不是开玩笑吗? 我说不行不行。

经过几次反复,我感到,以往以歌舞为主的"晚会模式",很难实现"政治家和文学家的统一,政治成就和文学成就的统一"和创作意图。于是,我们大胆地提出了一个崭新的创作思路,就是把纪实、政论和艺术这"三位一体"紧密地结合起来,精心选择毛泽东有代表性的诗词为元素,"以史为序"、"以意为魂"、"以型为体",通过现地拍摄、影视资料、歌舞表演和富有张力的解说,熔史料、文学、风光、音乐、歌舞于一炉,充分展示毛泽东诗词中蕴含的历史背景、诗人意境和高深的文学造诣。这种创作方法,在我的电视艺术生涯中,是一个新的突破。

毛泽东雄才大略,是一个高瞻远瞩、善于驾驭全局的伟人,他的诗词同样大气磅礴,雄浑壮丽。为了在电视片中表现这一点,需要有与之相适应的艺术品格。在前期拍摄和后期创作中,我力求从大处运笔,折射出毛泽东带有王者之风的个人气质和审美修养。

比如,每集的片头音乐,也可以说是全片的主题歌,我选择了一首颂扬毛泽东的现成诗作《水调歌头》中的四句词:"掌上千秋史,胸中百万兵。眼底六洲风云,笔下有雷声。"按此编配了大气磅礴的乐曲与歌声,衬托出暮色苍茫中的画面:在战马旁伫立的正在眺望沉思的伟人背影。这一简洁而寓意深远的镜头处理,凸显了集政治家与诗人于一身的毛泽东的高大形象。

又比如,《七律·长征》一诗的合唱,最初打算是由专业合唱队来完成。专业合唱队的水平与音乐感觉当然不成问题,但是缺乏我所期望的力度和气魄。于是,我决定请人民解放军的现役将军们合唱。这是我第二次请将军们合唱了,也是我一直引为得意和光荣的事情。前一次是摄制国庆35周年晚会节目,也是由我执导,拍摄地点是当时的解放军军事学院。很有意思,就在学院的小礼堂前,一群将军集合起来听我讲话。我向他们讲了我的构想,要求将军们怎么走路,拍摄现场的纪律要求,几点钟必须到场,等等。讲的时候我一本正经,十分严肃,将军们则规规矩矩地坐着听讲,非常有纪律。不过,一宣布解散,他们全乐了,说我一个女同志,敢给这么多将军"训话"。我说,我这是"狐假虎威",借的是国家的威风,要不然,看到这么多陆海空军将军,我这当年的小女兵,腿肚子早打哆嗦了。

这一次,为了让《长征》的演唱显得更有气势,我又要借毛主席他老人家的威信,劳驾将军们一回了。很显然,任何部队单位,都不容易一下子找到百名将军,我的目光自然又盯住了名为"将军摇篮"的国防大学。即使国防大学,当时也没有那么多将军,不得不找几位大校"镶边"。国防大学课程很紧,挤出时间不容易,但这是有关领袖毛主席的事情,学校很支持。他们开始也有顾虑,担心占用时间太多影响学习。我说,不会超过一个半小时,最多两个小时。

纪律是约束人的,但是,在拍摄将军大合唱时,军队的纪律就变得格外可爱了。参加合唱的,有许多大军区司令、副司令、政委、副政委,其中还有一位后来成为中央军委副主席,全是大官。但是,一旦命令下达,他们全都成了"兵",没有一个摆架子的。我请他们列队从学校大门外面走进校内,然后在礼堂前站着合唱。反复拍了好几遍,将军们全都一个个笔直地站在那儿,非常认真。拍摄时间超过了我们原来的计划,实际上用了三个多小时。这也不能全怪我们。坦率讲,唱歌显然不是将军的特长,五音不全的大有人在,有的还记不准词,口型对不上。好在这点我有经验,现场用录音对口型,我要的是将军们那一张张威武的面容和毕生戎马生涯的军人气质。我提前向他们交代注意事项:放录音时,大家不能动,录几遍都不能动;口型要对上,眼睛要看前方,脸上要有表情。应该说,这个场面有它幽默的一面。你想想,这些人平时一个个全都大将军威风八面,经常对部队训话,现在却集中在一起,听一个女人给他们提要求,讲纪律,恐怕这对他们是难得的经历。在场的人大概也都意识到了这点,因此,当我讲完要求,大家不由得都哈哈笑起来了。笑归笑,拍摄开始,这些将军非常卖力,认真极了。

出于同样的创作思路,在《卜算子·咏梅》中,我安排了一支由 56 个民族演员组成的合唱队,聚集在咆哮飞泻自天而下的黄果树瀑布下面,以传统京剧的表演形式放声高歌,著名京剧演员李维康担任领唱。宏伟的自然景观被赋予丰富的内涵,使政治家诗人飞泻千里的激情得到了比较完美的展现。

黄果树瀑布下拍摄由李维康领唱的大合唱《咏梅》(1993 年)

以往许多作品,在表现领袖人物时,往往会不由自主地进行某种神化,看起来缺少七情六欲,似乎不食人间烟火。其结果,自然影响了作品的可信度和感染力。毛泽东是人民的领袖和一代伟人,但决不是神,他有普通人丰富情感的一面。这是我在创作中特别注意把握的。

在《贺新郎》和《蝶恋花·答李淑一》两集中,我尤其着力,浓墨重彩地展示了毛泽东作为普通人的亲情、友情和恋情。1923 年,毛泽东在离别娇妻、幼子离湘远行时,写下哀怨而激昂的《贺新郎》,深深表达了他对杨开慧浓烈的爱和不尽的思念之情:"挥手从兹去。更那堪凄然相向,苦情重诉。眼角眉梢都似恨,热泪欲零还住。""今朝霜重东门路,照横塘半天残

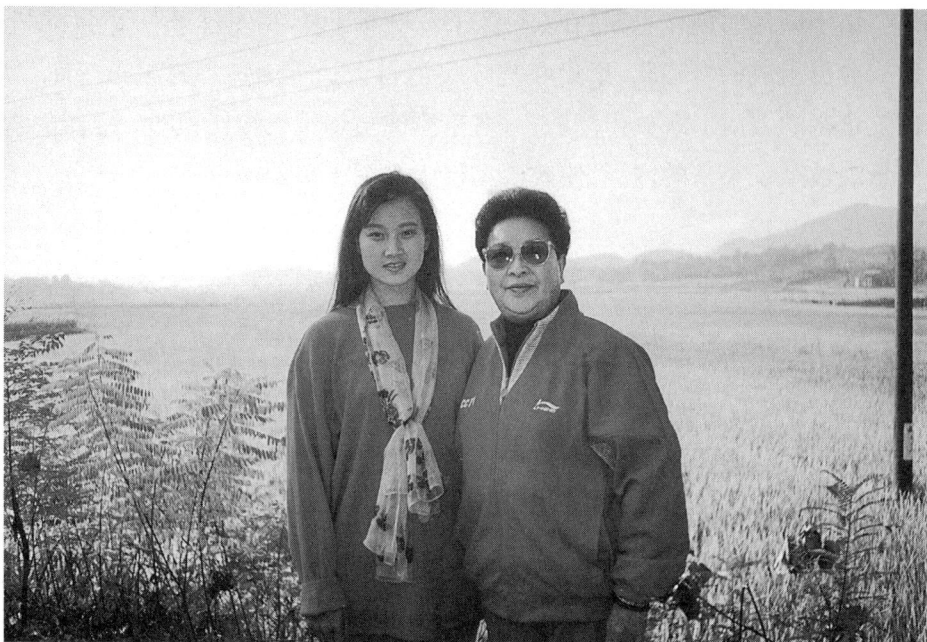

与宋祖英在韶山拍摄现场（1993 年）

月，凄清如许。汽笛一声肠已断，从此天涯孤旅。"

令我高兴的是，在这次拍摄过程中，我们挖掘到了一个非常宝贵的新资料。这是杨开慧书赠毛泽东的一首五言诗，作于 1928 年 10 月，名为《偶感》。这首诗，可说是对毛泽东《贺新郎》的绝好唱和：

天阴起朔风，浓寒入肌骨。念兹远行人，平波突起伏。足疾已否痊，寒衣是否备。孤眠谁爱护，是否变凄苦？书信不可通，欲问无人语。恨无双飞翮，飞去见兹人。兹人不得见，惘怅无已时。

杨开慧写这首诗时，毛泽东正在井冈山从事艰苦的革命斗争，他当时不可能知道，后来也一直没有机会看到这首诗。直到半个多世纪后的 1980 年，亲属们才从墙壁里发现了这首《偶感》，而这时，毛泽东已经去世数年，因而成为一件千古憾事。这个素材十分难得，不仅新鲜珍贵，而且对领袖情感的开掘有相当的深度。从艺术创作角度看，"含金量"很高。

在这部片子的其他几集中，我也很关注人性的开掘。比如《重阳》一集中，有毛泽东会见卡翁达总统的画面。选取这段资料，我没有过多采用常见的会谈场面,而是重点捕捉了另一个细节:卡翁达总统夫人给毛泽东行礼时,年近八旬的毛泽东对非洲的礼节表现出好奇心,也模仿对方笑着蹲了一下。这小小的一个动作,展现了毛泽东的幽默达观,折射出一代伟人充满情感的内心世界,给观众带来许多联想。片子播出后,不少观众反映,他们在看到这些内容时,深深地被打动了。

在《毛泽东诗词》的拍摄与创作过程中,除了艺术上的种种挑战和难题,也遇到了经费、工作条件和身体状况等许多难题。

为了接受这个任务,我停止了癌症手术后理应进行的化疗;拍外景时,我们在盛夏期间沿长江而下,昼夜工作在灼热的轮船甲板上;冬季,摄制工作转入摄影棚内,为了省经费,赶进度,整整一个月,我和大家每天工作12个小时以上,午饭和晚饭都是盒饭或者方便面。同事们戏称,我们这个摄制组有"方便面精神"。后期制作时,我谢绝了外界的一切邀请,在狭小的工作间里,连续用7天时间,一集集地看,一首首地过,一段段地品,一句句

在长江拍摄《水调歌头·游泳》(1993 年)

地改。台领导倒也放心，知道有我这个总导演顶着，又有几个合作单位，对这方面的情况和问题很少过问。

另一方面，摄制过程中，人民群众和我全家给予的大力支持，也让我一直难以忘怀。没有他们，就不会有今天这部片子。

首先要提到的是国家交通部门的支持。听说为毛泽东拍片，交通部长江港监局为摄制组提供了一条专用的港监船，一路沿江拍摄。为了摄制组工作方便，20多天里，20多名船员主动让出好的舱位，他们自己钻到摄氏40多度高温的底舱去住；有的船员不顾亲人病重，坚持到我们拍完后才下船探家。

在黄果树瀑布拍摄《卜算子·咏梅》时，山民们听说要在瀑布前的水滩上搭台，演毛主席的戏，他们自发地组织起来，帮助剧组垒包架木搭台。没想到滩上水大，白天搭好的台子，晚上就被冲垮了。淳朴的山民再次赶来，一次又一次重新搭台，直到完成任务为止。

片头和片尾，有一个战士牵马跟在毛泽东身后的镜头。经四处寻找，我们在京郊农场一位老人的家里，找到了一匹与毛泽东战骑相似的白马。老人听说自己的马和毛泽东的马一样，非常自豪，多次骑着马从郊外赶到八一电影厂，提供给摄制组拍摄。我们给他酬金，老人一口回绝："我不能赚毛主席的钱！"

尔均很会心疼人，为了照顾我病后之躯，他设法挤出时间参加片子的后期创作。这也正好发挥了他长期从事文字工作的长项。实际上，《毛泽东诗词》的后期撰稿，几乎有一半是他动笔写的。

当我把片子编完后，心里仍不踏实，不知道毛主席的亲属会作什么评价。让我欣慰的是，毛主席的儿媳邵华看完片子后，没有提出任何修改意见，她激动地对我说："片子拍得这么好，真出乎我的意料。我原来担心这个题材难拍，怕拍不好，看了片子我放心了。片子很有感染力，我是含着眼泪看完的。"

1993年，在毛泽东100周年诞辰前夕，这部拍摄制作一年半之久的21集大型电视艺术片《毛泽东诗词》，终于在中央电视台播映、和观众见面了。我想，自己和剧组同事付出了这样多的努力，得到这么多的支持帮助，应该有一个好的结果吧？我期待着观众的反应。

应了那句老话：功夫不负苦心人。《毛泽东诗词》播出后，在社会上引起了强烈反响，好评如潮。诗词界的专家也给予了很高评价。中国诗词协会主席、著名诗人阮章竞说："通过电视艺术手段反映毛泽东同志雄伟瑰丽的诗词，融纪实性、思想性和艺术性于一体，这还是首次看到。片子富有诗情画意，有感染力，有特色，内容与中国现代革命史和中国人民的命运紧密相联，拍得很好，是一部开创性的作品。"

山东青岛市一位观众在给我的信中写道："每当我从电视里看到这部片子时，都激动得泪流不止，彻夜难眠。我在这部片子中看到了您崇高的思想境界、高超的艺术手法和高度的职业道德，希望今后能看到您更多这样的好作品。"

《毛泽东诗词》获中国电视文艺星光奖一等奖。这是我第 11 次获此荣誉（1994 年）

全国电视文艺座谈会上，广播电影电视部副部长刘习良在总结 1993 年度电视文艺工作时说："我本人特别对电视文艺专题的'塌腰'现象感到遗憾。任何一个国家的电视台，除了新闻节目以外，专题节目历来都是'拿手好戏'。文艺专题节目的数量多少，尤其是质量高低，是衡量电视水平的重要尺度。幸好去年有中央电视台精心录制的《毛泽东诗词》支撑着，这种现象才显得不那么扎眼。"

《毛泽东诗词》一片，后来获得了第八届全国电视文艺"星光奖"一等奖。这是我第 11 次获得这一国家级电视文艺的最高奖项。看到人民群众和专家、领导对我们工作的认可，我感到无比欣慰。这是观众对我的鞭策，也是生活给我的厚爱。

"北胆南肝"

1993年春节前夕,三女儿苓苓接到医院电话,核磁共振检查结果出来了:我的癌症转移到了肝区,肝区看到了两个肿瘤。

"癌症转移",这是个很吓人的词儿。原来我患的是肠癌,手术很成功,没想到会突然转移到肝部,成了肝癌。这种病灶转移多半成为不治之症。孩子们和我一向感情很深,这个消息对他们就像是晴天霹雳,小女儿苓苓哭了。哭完之后,她悄悄作了一个决定。

我是几天前到医院去检查的。当时,《毛泽东诗词》正在进行后期制作,由于合作方的人事变动,负责经费保障的国际电视总公司新来的总经理不管前任的事,资金突然中断了,弄得我们很苦。尤其不解的是,这位总经理本来我很熟悉,不知怎的突然换了一副面孔,我费尽口舌也不管用,就是不给钱。没有钱就办不了事,干不了活。看我焦急万分,尔均心痛了,他让国防大学电教中心帮忙,有些拍摄和录制的技术工作由他们负责协助。尽管这样,资金缺口仍然很大。室内场景我是在八一厂录制的,为了抢时间省钱,我们租了两个摄影棚,每个棚里搭两场景,等于有了四场景。布景全是喷绘,需要有个晾干的过程。为了充分利用时间,我在一号棚里拍完一场景后,便让美工赶快喷绘新景,掉转机头拍第二场景。然后又转到二号棚,拍第三场、第四场景;这时,一号棚新喷绘的布景也差不多干了,又可以回过头来接着拍摄。摄制工作量很大,身边又只有一个副导演,许多事情都要我亲自干,非常疲劳。而且因为钱少,吃饭也有问题。我们是在食堂包的盒饭,顿顿都是盒饭,大家很有意见。最后,我采取了一个折中办法:演员因为是临时性的,继续吃盒饭;技术部门要一直顶下来,可以适当吃正餐。我虽然也是一直顶下来,可我是总导演,得给大家作榜样,就跟演员们一起,吃了整整一个月的盒饭。坚持到录制结束时,我觉得两肋胀疼,

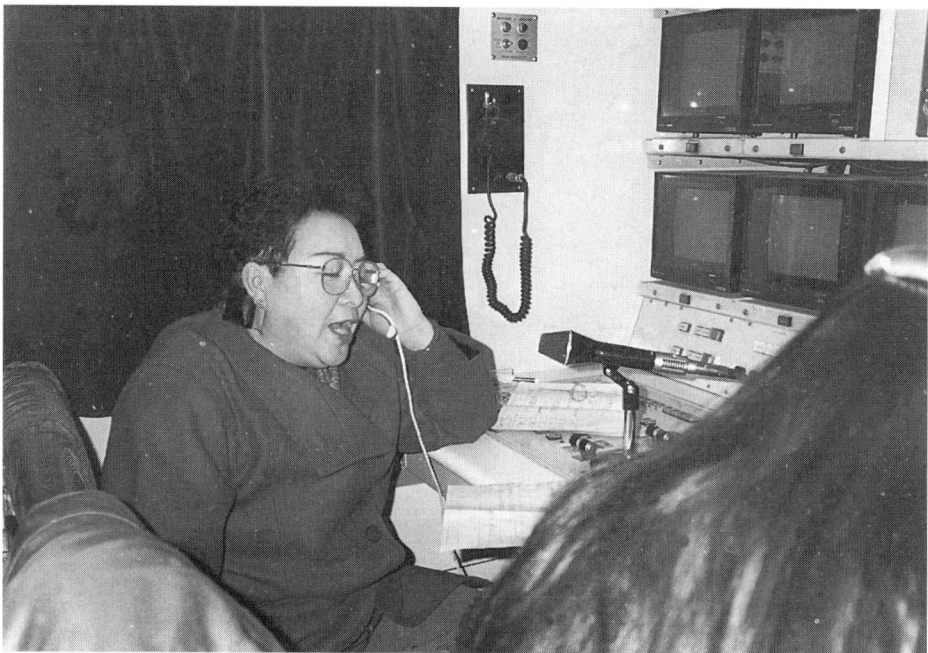

后期带病制作节目（1993 年）

人也发肿。后期编辑我已无法坚持工作了，只得住进医院检查。现在回想起来，我们这一代人真是太老实了：中央电视台负责经费保障，我作为总导演，不但要管艺术，管人，管行政，保证艺术质量，还得到处磕头要钱。《黄山》是这样，国庆 40 年晚会是这样，《毛泽东诗词》更是这样。我作为央视的一个"大导演"，面临的竟是这样一个工作状态，电视机前的观众肯定想不到。

马上要过春节了，我不想待在医院，一定要回家，没等检查结果出来我就出院了。于是，女儿苓苓接到了医院通知的检查结果。

孩子真是长大了。苓苓得到医院通知后，为了让我高高兴兴过个春节，没有把我的病情告诉我，也没有告诉她爸爸，不仅默默承受着痛苦，还私下里做好了一系列安排。

我虽然有时马大哈，但孩子的情况我还是很注意的。那段时间，我觉得苓苓的状态有点不对头，就对尔均讲：苓苓最近怎么了，为什么老是眼睛肿肿的,脸色也不好？尔均也觉得奇怪。我们猜想,可能是她个人有什么事情不顺,又不想让我们知道,不好强行追问,两人议论议论也就过去了。

我在心里琢磨,今年的春节将会有些冷清,因为大女儿前不久回加拿大了,二女儿还在西班牙工作,人比往年要少。没想到,老二周蕾突然回来了,而且把我吓了一跳,她是拄着拐杖、坐着轮椅回来的！一问,她是在滑雪时把腿摔断了,一直没告诉我们,现在是赶回来过节的。瞅着她打满绷带的双腿,我好心疼。让我纳闷的是,老大周萌也突然露面了。我问她为什么又回来了？她装出满面春风,"想妈了,回来陪你过年哪!"我这人容易被哄骗,马上高兴起来:"绝了,都回来了。好!"

爱心也能培养出好"演员"。大年三十和初一、初二,孩子们都表现出高超演技,没让我发现破绽。可是到了初三,她们露出了马脚。

那天孩子们在屋里和我聊天,哄我开心,尔均在另一间屋里。聊着聊着,就见孩子们一会儿冲出一个,一会儿又冲出一个,都跑到尔均房里去了。我急得大声抗议:"怎么搞的,都不和我玩啦!"这么一嚷,他们又一个个装出勉强的笑容露面了。

实际上,萌萌和蕾蕾从国外突然赶回来,都是苓苓悄悄安排的。尔均也是这天才知道我的病情结果。之前,他曾几次催问过我的检查报告,但都被孩子们成功地瞒住了。刚才,孩子们是在向尔均汇报我的病情,悄悄商量办法。周苓告诉爸爸:医院要求尽快手术,三〇一医院已经安排了病房,并确定由肝胆外科的黄主任主刀,过完节就可以住院手术。

事情不好再瞒我。这个春节提前结束了,家里布满阴云。尔均和孩子们商量事情。我的情绪非常低落,猜想结果凶多吉少;再来一次手术,我的身体也受不了。我估计自己这回活不了多久了。

大女儿萌萌做过一段医疗器械销售,对医生比较熟,办事也稳,对检查结果她心里还是不踏实:"不行,让妈再查一下。"为了诊断准确,孩子们想办法从医院调出片子,送到北京肿瘤医院和各大医院复查。

肿瘤医院的检查结果出来了:完全同意三〇一医院的诊断意见。

命运不是直线,有许多交叉路口。你可能拐弯拐对,也可能拐错。现在,我被逼上绝路,必须再挨一刀!我又一次来到命运的十字路口。

这一关键时刻,亲人们成了我的命运守护神。既然手术不可避免,萌萌又有新的主意。中国医务界有"北胆南肝"一说:所谓"北胆",就是准备给我做手术的三〇一医院肝胆外科黄志强主任;所谓"南肝",是指上海第二军医大学副校长吴孟超院士。因为我的病出在"肝"上,萌萌坚决主张:去上海,请吴教授手术。

大家都同意。二医大校长卢乃禾是尔均的战友,过去同在总后卫生部工作,我和他也熟悉。联系后,对方非常帮忙,告诉我们,吴教授虽然出国了,但很快会回来,我可以先来住院检查。于是,全家人护送我到了上海。尔均因为工作原因,送我过去后回了北京,三个女儿陪我在那里。

在等待吴教授的日子里,二医大检查结果出来了,却有两种意见:一说是癌肿,一说可能不是。既然还有排除癌肿的可能,我升起一丝新的希望。暂时还没露面的吴教授成了我的生死判官。我暗暗祈祷他有一双火眼金睛。

吴孟超教授快要从马来西亚回来了。听到这一消息,尔均立即从北京赶来。回国后的第二天,吴教授上午参加了市人大会议,下午就来到我的病房。我的检查资料很齐全,但吴教授诊治的特点是要亲自做"B超"检查,这是他的一个绝招。吴教授当时70多岁了,个头不高,头发花白了,皱纹不多,很慈祥。他说话和气,却显得非常精干,给人以强烈的信任感。他是中国肝外科的真正权威,江泽民主席还给他授过勋。瞅着镜片后面的那双充满睿智的眼睛,我心里直打鼓,等待他作出生或死的判决。

认真检查后,吴教授的结论让我们很受鼓舞。他对尔均说:"现在有80%的把握,不是癌。"

大夫说话通常都很有余地。现在,在三〇一医院和肿瘤医院都结论为"癌"的情况下,吴教授敢于说"80%"不是"癌",可以猜想,他是有很大把握才会这么说。吴教授非常认真负责,怕我们还不放心,又说:"这样吧,晚上我把片子带回家,再仔细看看,明天给你们最后答复意见。"

第二天吴教授来了,非常肯定地告诉尔均:"我有90%的把握,她不是癌肿瘤。像是血管瘤。我建议你们,回去后一个月查一次 B 超,如果在半年内肿瘤不长大,那就说明我的诊断是对的。一定要定大夫,定方位,定仪器。如果肿瘤变大了,由我负责随时做手术。"

当吴教授的这番话转达到我耳朵里,好比是上帝的金口玉言,极大地减轻了我的精神负担。

后来的情况证明,吴孟超教授真的有一双火眼金睛:我身体里发生的事情,的确不是癌转移!

在以后的几个月里,吴教授来北京开会两次,又亲自给我检查过两次,都没发现新的病变。一年之后,吴教授又来了,发现肝部的两个东西变小了。吴教授问我作了什么治疗。我说什么也没作,除了散步就是游泳。他说这办法好。从那时开始,我一直坚持游泳。再到后来检查,肝里面的东西竟然不见了,找不到了,被身体吸收了。

我再一次强烈感受到命运对我的厚爱。

设想如果不去上海找吴孟超教授,我不仅要白挨一刀,身体和精神状态都会受到很大打击,而且在肝全切除的情况下,后果难料。我深深感激吴教授! 2005 年,吴孟超院士被授予国家科技奖,这是国家对有重大贡献科学家的最高奖励。我是受他恩惠最深的人,对他的高超医术和高尚医德有最直接的亲身体会,他领取这个国家最高奖项当之无愧。他得奖当天,我和尔均就致电向他表示了最衷心的祝贺和感谢。

关于吴孟超教授,我还要多说几句。自从获得国家最高科技奖之后,这位今天已年届九十的名医大德立即引起了国人的普遍关注。但很多人可能并不知道,他把所获的五百万奖金全部捐出,用于发展我国的医学事业。他全心全意为病人服务的脚步也从没有一天停歇,尽管已是耄耋之年,至今仍基本上坚持每天做手术,保持着每年两百台以上手术的记录。尤其难得可贵的是,在他眼中,病人无论贫富贵贱,全都一视同仁,平等对待和尊重。他收治过一个肝癌晚期的老人,亲自给老人喂食,一些人还以为这病人大有来头,结果一打听,却是一个身无分文的流浪汉。他那双被誉为"国宝"的手,至今已为一万多个病人作了手术,凡经他主刀手术的患

与吴孟超近期合影（2012年）

者，多年后再见，他往往仍能叫出名字、回忆起当初手术的情况。他作为中国科学院院士，带领和培养出数以百计的硕士、博士、博士后以至院士。他严令自己的学生，绝对不准收病人红包，收者将不再是他的学生。吴老是医术高超的神手，更是一个拥有善良、高尚灵魂的大写的人，在他身上我看到了高贵的人性，看到了中国医疗界的良心和光明。要我说，他真的就是一位活在人间的天使！

当初多亏吴孟超教授的确诊，排除癌肿扩散，让我避免了可能致命的一刀之后，二十年过去了。我很想念这位救命恩人。前不久出差去上海，特地约会拜访了他。见面时，吴老远远地一眼就认出了我，健步如飞地过来同我握手、拥抱。他还是那样的神采奕奕，那样的谦逊平和，那样的充满爱心。每次同他交谈，都能体会到一种最为质朴美好的人性，一种高尚的人文情怀和修养。虽然多年未见，彼此都感到我们的交谈是一种心灵的默契、灵魂的沟通。

在这次交谈中，吴老特地教给我中老年人应该遵循的五点养生之道：

一是心态好;二是多用脑;三是勤手脚;四是管住嘴;五是常查体。吴老幽默地说,其中第四点最难做到。他说,这五点,他也曾给胡锦涛同志说过。

我这个人恰恰有个毛病,就是管不住自己的嘴。孩子们总是不断地提醒我这一点,还常常在饭桌上给我"把关"。台湾佛教界的惠礼法师也曾告诫我:"你要像管住自己说话那样,管住自己的嘴。"惠礼法师是著名的星云大师的大弟子,他俩都是佛学精深,才贯古今,弟子遍天下的佛界掌门人,也是我的多年好友。惠礼法师熟知我秉性坦率,心里想什么就说什么,嘴上从没有"把门"的,所以他对我的告诫很有针对性。现在,吴老谆谆嘱咐了的这五条,又有一条是要"管住嘴"。看来我必须牢牢记住了,从今往后,特别是在饭桌上,要时刻作为自己的座右铭。

说到这里,我还要深深感激第二军医大学的卢乃禾校长。我们在上海期间,他也因查出癌症住院手术,却在重病中亲自过问我的治疗,给予我们很多关照。想不到仅仅一年以后,他竟不治去世……又少了一个好朋友!

我在病中时,亲人们无微不至的细心呵护,让我极为感动和欣慰。在我的病情还没着落时,二女儿蕾蕾急得到处打听有什么挽救的办法。有人给她讲:你把最爱吃的东西戒了,你妈的病就好了。这本来是安慰的话,也有些许开玩笑的成分,可蕾蕾当了真。蕾蕾最喜欢吃的是牛肉,她就暗暗许了愿,从此不再吃牛肉。直到今天我的癌症早已痊愈了,她也不吃。我的一次次重病最终有惊无险,是否真和蕾蕾不吃牛肉有关,这我说不好,但我很清楚,没有亲人们的无比关爱,我不会有这种美好的结局。

作为一个女人,能有这样的丈夫和孩子,我真有福气。

世界杰出妇女大会

1997 年 5 月,在美国洛杉矶召开了世界杰出妇女大会,我有幸被邀请参加这次会议。

这是一份难得的殊荣。这个大会每 4 年才举行一次。代表产生的程序,大致是对方要求有关国家包括我们中国方面推荐若干人选,然后进行筛选,确定名单后,再发来正式邀请函。这一年,对方最终确定的中国妇女代表人选,有中国机械工业电脑总公司总裁席与平,还有我。席与平大姐开朗泼辣,热情诚恳,有魄力,是著名的女企业家,也是我的好朋友。

我能得到邀请,大概和亚运会有很大关系。亚运会的转播,给我提供了在国际舞台上露面的机会。由于转播成功,我是总导演,还是个女的,这很惹眼,引起了外部世界的注意。人们开始关注我的电视艺术创作活动,也由此给我带来了一系列荣誉:1992 年初,中央电视台为我举办了"邓在军电视艺术研讨会";同年,美国人物传记研究所提名我为本年度的国际名人和"20 世纪最有成就的人物";接着,世界名人传记中心也提名我为"1991—1992 年度国际知名妇女";美国名人传记协会将我的名字收录进了《世界 5000 名人录》,还授给我 1992 年银质英雄盾牌奖;此后,我的名字又出现在英国剑桥国际传记中心出版的《世界名人录》里。

1993 年 6 月 21 日,国际传记中心的总干事欧内斯特·凯博士提名,董事会一致通过,并向新闻界宣布,由于我"在电视艺术领域作出的特殊贡献",授予我一枚国际勋章。欧内斯特·凯博士在给我的亲笔信中说:"获得国际勋章是一项殊荣,我个人将亲自向您所在的城市市长去信,把您被授予勋章的情况全面地向他介绍。"果然,北京市领导随后给我来信,表示热烈的祝贺。

这样一来,影响就大了,新华社、人民日报和中国一些大报都刊发了这条新闻;中央电视台、中央人民广播电台也在《新闻联播》中发了消息。中央电视台的《东方之子》还作了专题报道。

池田大作会见我和尔均(1997年)

此后,日本创价女子大学也因同样原因,授予我荣誉博士。创价大学由日本著名政治家池田大作创办,是一所国际性的大学,位于东京郊区,有来自世界各地的一万多名学生在这里求学。我和我的好友、全国人大常委、全国妇联副主席林丽韫被特地邀请来到东京这所风景如画的大学,戴上了博士帽。创价大学校长在隆重的仪式上为我颁发了证书和勋章。池田大作亲自出席了颁奖并向我俩祝贺。

得到这么一大堆荣誉,老实讲,我很高兴。不过我也告诫自己,不能飘

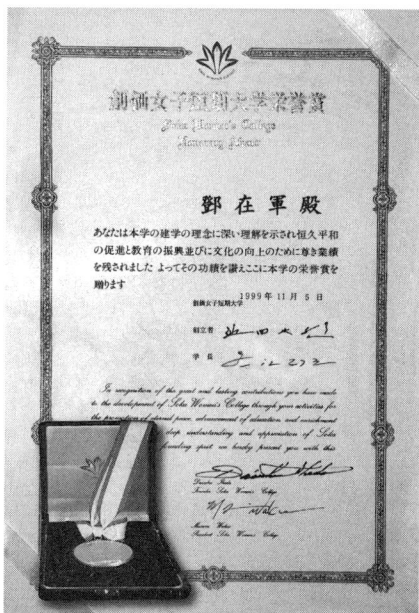

荣誉证书与勋章、奖章

飘然。我很清楚,我能入选"世妇会"代表,除了自己取得过一些成绩,也不排除还有一份运气在起作用,因为中国成功的妇女有很多。

运气确实对人的命运干预很大。这次赴美之行,因为护照和签证的问题,差点功亏一篑。当时,国内相关部门办事程序复杂,等到广电部和外交部批下来,离开会只有几天时间了,而这时,我的护照和签证还没有拿到。按照常规,时间已经来不及了,可是,运气给我帮了忙。

首先是外交部直接过问了,只用了两三天,护照就办成了。但是,签证却不是我们能做主的。这时,多亏了席与平这位热心的老大姐。特殊情况得用特殊办法,于是,她不得不"找关系走后门",帮我解决了这个大难题:她请动了美国的一位女参议员,让她直接给驻中国的美国大使馆打电话,说明情况,施加压力。于是,绿灯亮了,一天之内,大使馆办好了我去美国的签证,而且是给我送来的。我这才坐上了跨越太平洋的国际航班,飞往美国。

回想起来,我和美国人打交道的次数不少,也去过几次美国,每一次都受到不同的待遇。

第一次是在几年前,让我很受刺激,生过闷气。当时我是去加拿大探望大女儿,女儿很孝顺,要陪我去美国玩几天。可是没想到,在入境美国城市底特律时,海关官员把我留住了。机上乘客基本上都是加拿大人,他们一亮护照,全都顺利通过,我的女儿和外孙也过关了,我却成了唯一被留住的人。原因很简单:我是中国护照。

我被带进一个房间里接受"审问"。海关官员翻来覆去看我的护照,提了好多问题,态度也恶劣。问的问题,基本是"你是干什么的?""准备在美国待多长时间?"等等。几乎是毫不掩饰地表明:他在怀疑你居心不良,有偷渡嫌疑,有移民倾向,似乎想赖在美国过他们的"幸福生活"。在国内,我曾多次和美国人打交道,总的印象是他们都很友好,而这时,我却有了强烈的受歧视和被刁难的感觉,按照中国人的说法,就是那种"虎落平阳被犬欺"的味道。我很恼火,可是女儿和外孙也来了,我忍住火气,把委屈咽进肚里,不卑不亢地回答他的盘问。

最后，我总算通过了海关官员的审查，被放行了。女儿带我看了美国的一些地方，看了一些保护得很好的自然景观，也参观了迪斯尼和好莱坞这些人造的文化景点。漫游美国，我的心情变得有点复杂，不得不暗自承认：美国人虽然很"牛"，但是，他们在保护和建设自己的生存环境中，也确实付出了令人钦佩的努力。

这次参加世妇会，是我第二次去美国。

又一次飞越太平洋，我很愉快。身后，祖国的海岸线消失了，美洲大陆遥遥在望。在万米高空，舷窗外的天空蓝得有些发黑，翼下，太平洋无边无际，在阳光下波光闪闪，显得安详而平和。瞅着浩瀚的海洋，人的心境也容易变得开阔爽朗。这次去美国，身份不同了，用不着担心受到刁难歧视；当然，如果真的又碰上了，我想我会很乐意地吵上一架，把上次的委屈找补回来。

实际上，二十多年前我还真的和美国人大吵过一架。当时，日本的小泽征尔来中国，在首都剧场演出，我是转播导演。小泽征尔是世界著名指挥家，他带了一个随行的电视摄制班子，设备很齐全，像个小型电视转播台。他聘用的摄像，就是美国人。那天下午，我和技术人员架好机器后到里面休息，等待晚上的演出。正在聊天，我的助手进来了，急慌慌地说：邓导，不行了，不让我们往那儿架机器！我问：谁不让架？他说：美国人，说这是他们的机位，我们不能占，让我们滚开。

我气坏了。那时刚改革开放不久，外国人来得少，见了外国人，我们的人都很礼貌，有的还心存敬畏。可是，我这人民族自尊心很强，你对我好，我会对你更好，你要不讲理，越硬我越不怕。我让人马上找到翻译，请他把美国人找来。

我问这位美国人，是不是说过要我们"滚开"？

他态度傲慢，坚持说这是他的位置。

我说：第一，我们中国讲究一个先来后到。我们先架的机器，如果你客气一点儿，我可以挪挪机器，让一半地方给你，因为这个角度好，两架机器挤挤也放得下。第二，你竟敢让我"滚开"，我不想让你了——你别忘了，这是中国的领土,你态度太蛮横,你给我滚开!

翻译愣了,不敢翻译。我说:你不要害怕,任何政治责任我来承担,把我的原话翻译给他。美国人听了翻译,显得很意外,不吭气了。过了一会儿他专门过来道歉,我这才嘱咐摄像师让一块地方给他。不过,美国摄像师的工作态度倒是让我暗暗叹服。小泽征尔指挥演奏时,其中一位摄像师要蹲跪在指挥台前的角落里。上半场40多分钟,那人就在那儿跪了40多分钟,专门拍小泽征尔的各种动作和表情。还有一次,拍摄小泽征尔和我们的指挥家韩中杰走路交谈的画面,他们的摄像师扛着机器,是一路退着走边走边拍的,交谈多久他就扛了多久。我们的人当时都有一种"当国家主人"的心态,反而缺少这种敬业精神。记得恩来伯伯还为此批评过我们的摄像,说:"社会主义把你们害了。"那时社会主义国家是大锅饭,不像国外,弄不好就把你开了,让你丢饭碗。话说回来,不打不相识,那位美国人后来不再趾高气扬,我们的合作也变得友好了。

人要自尊,才会赢得尊敬。今天,我作为中国妇女的代表,又一次来到了美国。飞机落地的一刹那,我很激动。想到就要跟世界各国的妇女代表见面、在一起开会了,就特别想知道她们是些什么样的人、会议会怎么开。住进饭店,我见到了形形色色的各国妇女。这些姐妹们,肤色不同,语言各异,但都事业有成,通过自己的努力,为争取妇女的平等地位作出过突出贡献。这些人中,有国际知名的作家、导演、演员、企业家、社会活动家、参议员、众议员等等。和我在一个组的,有位代表是美国洛杉矶市的市长夫人,她自己又是一位知名的社会活动家,人很聪明能干。我当时就有些感慨,人家是个市长夫人,并没有在那儿享清福。从这些妇女代表身上,我得出一个结论:妇女要争取自己的地位,就要奋斗,要有自己的岗位,不能在家里待着做太太,依靠丈夫是没有出息、也是没有发言权的。女人必须要自立自强。

会议开幕式上,大会主席重点介绍了几个国家的与会代表,其中就有中国。在介绍到席总和我时,会场的掌声很热烈。我感到了作为中国人的自豪,也感受到中国妇女在世人眼中地位的提高。国外的电视同行,对我也很友善,听说我来自中国,又是中央电视台的导演,一些电视台的记者非要给我摄像、照相,有的还送给我各种小礼品。

参加世界杰出妇女代表大会,与各国代表合影(1998 年)

这是一次妇女的盛会,有那么多值得认识的朋友。可是很遗憾,我的外语不行,影响了交流。大会规定,每个国家只派给一名翻译。我们有两个人,而席总在会上还有发言,翻译自然应该跟着她。我这辈子虽然也会两种语言,但都只能在中国管用:普通话和四川话。英语也会一点,可是词汇量太少,一共只有"谢谢、你好、吃饭、请坐"之类的七八个单词。我对自己很恼火。好在身边有席总这个福星,她有个孩子在美国,叫过来给我当翻译,一直陪着我。尽管如此,还是远不如自己会一门外语来得方便。回国后我就对尔均讲,我要学英语,堂堂中国的一个导演,不会一门外语,挺没脸面的。可是,后来还是雷声大雨点小,一忙起来,英语又学不下去了,现在仍然只会那么七八个单词。

　　世界杰出妇女大会的主题是《全世界成功女士的会晤与交流》。我曾问过自己：我算成功了吗？1950年，我从四川的大巴山悄悄跑出来，快半个世纪了，我一直不敢偷懒，在生活中不停地奔跑，终于跨洋过海，坐进了世界妇女大会的会场。从这点上看，我是幸运的，也许算得上是"成功"了。但是，"成功"的最高标准又是没有止境的，就像田径比赛的纪录一样，永远没有"最好"和"最后"。记得我和尔均初恋时，他在送我的第一张照片背面写有这样一句话："人生是多方面的，在人生的任何场合里，都应该站在第一线战士的队伍里。"这好像是奥斯托洛夫斯基说的，能努力做到这一点，我就心满意足了。

　　第三次去美国，很有点戏剧性。

　　这是2001年美国刚刚发生"9·11"事件之后。这一次，也是去加拿大看女儿，尔均同我一起去。本来是买的9月12日的去温哥华的机票，恰好前一天晚上看到了凤凰台的电视直播，好吓人啊！竟然有两架飞机一前一后撞进了我和尔均都曾到过的纽约"双子座"大厦，现场浓烟滚滚，火光冲

"9·11"事件后与尔均在美国

天,惨不忍睹。这是过去在好莱坞大片中才能看到的镜头,想不到竟发生在美国的心脏、世界上最繁华的城市。因为买好了机票,第二天我们按时去首都机场,飞机没有准时起飞,等了几个小时后才得到通知,由于所有去美国的飞机都改停在加拿大机场,我们的航班不得不延后。直到 9 月 15日,我们才乘机到达温哥华。

在温哥华期间,女儿要出差外地,我和尔均商量,趁她不在,我想去夏威夷看看,尔均也赞同。没想到,同女儿商量,她坚决不同意,说现在美国太危险。她又动员了北京的妹妹、弟弟个个打来电话,也都一致反对,说你们在这个时候怎么能想起去美国呢?那里风声鹤唳,还不知要发生什么意外呢。萌萌又拿出一张王牌,说现在美国领事馆对签证把得特紧,温哥华持有绿卡的人士也拿不到签证,就是你们想去也去不了。我俩还是坚持说:那就不妨试试,签不下来就算了。女儿拗不过我们,只好陪我们去领事馆,她心想,无非是白跑一趟。果然,那里警卫森严,申请签证的人排了长队,能拿到签证的却很少。万想不到,当领事馆的签证官从电脑里查看了我俩的资料后,满面笑容地说:请你们等一等,很快会给你们签。结果是,当天下午就顺利地拿到了签证,而且签注的是"多次往返"。女儿说,这是从来没有过的事情。

更有趣的是,这次从温哥华往返美国,中间还转机旧金山、来去夏威夷,所到之处一路绿灯,遇到的签证官都是满面笑容,没有一个人向我们提出过任何疑难问题。尤其是我俩从旧金山返回温哥华时,正巧是美国出兵阿富汗的当天,到处警卫森严,站满了全副武装、荷枪实弹的美国国民警卫队士兵。所有乘机旅客都破例被挡在机场外几百米处,逐个打开箱子、仔细搜身检查后才能登机。但到了我俩过关时,不但没有让我们开箱检查,还有专人帮我们提箱子提前送上飞机。这可是难得的特殊礼遇啊!我想,这是因为海关人员从电脑资料中得知了我们的良好记录:我俩不但不会是"恐怖分子",而且能够在他们国家的"危难"之际,前去参观访问(由于安全环境严峻和控制严格,当时很少有外国人进美国),对于他们也是一分安慰和荣幸吧!

当今的国际社会,既求实又势利——个人的地位和国家的综合国力紧密地相连。我几次去美国遇到的不同待遇,说明了一个道理:必须自己努力,才能赢得他人的尊重;同样,只有国家的真正强大,才是本国公民最好的"签证"。

第三篇 · 心灵深处

《百年恩来》

　　12 集电视专题艺术片《百年恩来》,是为了纪念周恩来总理诞辰一百周年,由总理的后代亲属发起摄制的。具体说,就是由我丈夫、周总理侄儿、国防大学原政治部主任周尔均担任这部片子的制片人和总策划,我任总导演,在周总理其他亲属和身边工作人员的支持下完成的。

　　《百年恩来》的播映,在社会上引起强烈反响,我们收到大量群众来信,接受了许多记者采访。后来,《百年恩来》获得多项国家电视和音像制品大奖,并被国家新闻出版总署作为送给外宾的礼物。

　　像我的其他作品一样,在《百年恩来》的拍摄中,也有许多幕后的故事。它的诞生可说是艰辛的、曲折的。

　　细心的观众可能注意到,在我们亲属拍摄《百年恩来》的同一时间里,中央电视台也组织了强有力的创作班子,拍摄了一部大型电视文献纪录片《周恩来》。这两部片子都是反映周恩来的,但视角不同:《百年恩来》是专题艺术片;《周恩来》是文献纪录片。它们各有侧重,并不重复和矛盾。

　　可是,两部片子不是由同一家电视台摄制的。《周恩来》是中央电视台摄制和播映的,而《百年恩来》是北京电视台摄制并与全国各地方台联合播映的。行内人一看就明白,这里有潜台词了——两部片子将面临同一批观众的评判;如果都拍得不错而参与评奖,还得面临同一批评委的检验。因此,从行业内部的眼光看,这就有了某种"打擂台"的味道。

　　毛泽东和邓小平的百年诞辰纪念,电视专题片都是由中央电视台独家运作,从传记的角度看,各只拍了一部(不算我执导的《毛泽东诗词》);而周恩来的百年诞辰却同时拍了两部。可以说,在中国电视荧屏上,这是一道很特别的景观。

　　坦率讲,作为亲属,在恩来伯伯的百年诞辰之际,能看到有两部片子同时开拍,当然是很高兴的。可是,由于我们直接策划了《百年恩来》的拍摄,是当事者,成了"打擂"的另一方,这事就让我们既高兴又烦恼了。

亲自拍一部宣传恩来伯伯的片子,以前我是不敢奢望的。众所周知,周总理和邓颖超同志对亲属要求极严,从来都要求侄儿女辈做普通人,不能有任何特殊化,更不允许炫耀与总理的亲属关系。正因为如此,在他们两位老人家生前,我作为一名导演,宣传伯伯的念头虽然强烈,却一直没有可能去做。

应了那句"无心插柳柳成荫"的话,好事却找上门来了。

1995年春天,突然接到中央文献研究室顾问李琦同志的信,说周总理百年诞辰之际,他们想组织拍摄一部大型电视片,并希望由我来执导这部片子。李琦叔叔曾担任总理办公室副主任、国务院文化部副部长、中央文献研究室主任。他对七伯、七妈的感情很深,办事极其认真负责。为此事,他不但专门写信先打招呼,接着又亲自来我家里当面商量。李琦同志说,中央文献研究室的有关同志,集体观看了不久前播映的《毛泽东诗词》,对作为该片总导演的我有了一定的了解。拍一部纪念周总理百年诞辰的电视片是件大事,大家认为请我担任该片的总导演比较恰当。我当然很高兴能有这样一个机会。

拍摄恩来伯伯的片子,既然是我长期以来的心愿,现在又有了中央文献研究室这面大旗,事情就比较好办了。但在这之前,我刚拍的《毛泽东诗词》一片,由于经费扯皮,制片方面产生许多问题,给后期制作带来很大困难。因此,当策划《百年恩来》的具体运作方式时,我提出要接受教训,干脆把制片这块直接管起来,掌握工作的主动权。中央文献研究室也同意这个意见。这就剩下落实经费、保证播出和写出初稿的问题了。我们作了分工:前两项我们来跑,初稿由中央文献研究室负责。

筹集经费比较顺利。当时我想到了老朋友汪海,他是青岛双星集团总裁,有名的企业家"鞋王",山东人,很爽快,对周总理也很有感情。我对他谈起拍摄周恩来一片的想法后,他表示愿意独家给予经费支持,使我非常高兴和感激。另外,如果自己负责制片,涉及对外联系,经费运筹等,我主动提出,请一家有权威的国家机构负责此事。中国国际文化交流中心副秘书长杨卫是我的朋友,他在请示中心的领导后,答应参与这项工作。

保证播出的事情也没遇到困难。当以上这些外围工作理顺后,我给中央电视台领导写了报告。台长杨伟光很赞成,批示"同意"。一切都很顺利,事情似乎会水到渠成了。

可是,就在这一刻,我们请来的作家乔良却惹了"祸",使事情突然急转直下,这一合作也被迫流产了。

问题出在讨论初稿的时候。按照分工,中央文献研究室全力以赴,很快写出了厚厚两大本初稿。我们在国防大学对初稿组织讨论,作家乔良也参加了。

在这之前我不认识乔良。当时的考虑是,中央文献研究室主要从史料的角度理出一个详细的框架,再找一位有水平的作家,从电视文学艺术的角度加工润色,最后产生脚本。我知道军队有一些很有实力的作家,而且周总理这个题材,请部队作家参与创作也比较合适。于是,我找到当时的总政治部文化部部长、后任海军政委的刘晓江,他也是我的好友,请他帮助推荐人选。晓江推荐了三个人,排在第一位的就是乔良。我设法打听了一下乔良的情况,巧得很,中央电视台经常给我当制片的段文彬说,乔良就在他们正在运作的一个晚会剧组撰稿。这样,就请他把乔良带到家里见了面。我发现他很有才气,似乎是个合适人选。为了进一步考察,就请他参加台本初稿提纲的讨论会,并给了一份稿子,让他带回去看,有什么想法,可以在会上说说。

有才气的人,往往容易锋芒外露。讨论之前,我并不知道乔良会说些什么。没想到乔良发言时像个初生牛犊,敢想敢说,对人家辛辛苦苦搞出来的初稿,来了个基本不认同。文献研究室方面有人忍不住了,问了乔良一句:"你看过周恩来的书没有?"乔良说:"看过,看得不多。"会场的气氛有些尴尬。

艺术是见仁见智的事情,有一定的模糊性。这次讨论会,也就是全面征求意见,各抒己见,看怎样运作得更好。过去我组织剧组讨论时,经常吵得一塌糊涂,因此这次会场气氛虽然有些微妙的变化,我并没太当回事。可是,讨论会结束后,文献研究室方面却一直没了回音。我这才觉得有些不妙,乔良的发言可能捅了马蜂窝,但没有估计到事情的严重性。直到有一天,杨伟光台长把我找去,他谈出的情况才让我大吃一惊。

杨伟光告诉我,中央文献研究室领导来谈过,要求同中央电视台合作拍摄纪念周恩来诞辰一百周年的电视片。也就是说,已经改变了原来的合作方案。台长同意合作,考虑到时间还早,片子一年以后再拍,到时候还是请我当总导演。

我没有马上答应台长的安排。首先,情况的突然变化,使我思想上毫无准备;其次,原来的合作方青岛双星集团和中国国际文化交流中心还不知道这个变化,需要同他们商量;另外,中央电视台原来拍摄纪念领袖的重大题材如《毛泽东》、《邓小平》都是由台里的军事部主拍,如果还是按照这个分工,我作为文艺部的导演,指挥军事部的人员也不方便。我对台长说:关于我当总导演的事情,我想回去考虑一下再答复。杨伟光同意了。

我把杨伟光台长的意见告诉尔均,一起商量后,我们想到了一个新的思路:自己来拍!

我们想,恩来伯伯生前,我们除了有限的探望,从来没有为老人家做过什么。当时我已在中央电视台担任导演近40年,拍摄了很多片子,包括一些反映革命领袖题材的电视片,却从来没有宣传过自己的伯伯。现在,在伯伯百年诞辰之际,有这个难得的契机,我自己也具备这个能力,为什么不能给伯伯拍一部电视作品,来表达我们的真挚感情和追思,并用它来纪念伯伯无比光辉的一生呢? 显然,这不仅是对伯伯、伯母关怀之恩的一种朴素的回报,也是表达全中国人民的情感,是我们亲属,也是我做为一个电视工作者义不容辞的责任。

做这件事,也具备了基本的条件:这部片子,已经酝酿构思了一段时间,在艺术上我是有成功把握的;在资金来源和具体操作上,青岛双星集团和中国国际文化交流中心仍然给我以全力支持;尔均在军队和国防大学工作时间久,认识人多,拍摄工作可以依靠军队许多单位的帮助;更重要的是,恩来伯伯在全国以至世界人民心中有崇高威望,由亲属出面拍摄,想必会得到各方面的关心和帮助。正如我们在南昌拍摄时,江西省委宣传部部长所讲的:"这件事,由你们来做,再合适不过也再有利不过了。"

但落实这件事,还有一个十分重要的条件是:取得中央文献研究室的首肯。因为拍摄领袖题材的电视片,最终要经文献研究室审查同意。尔均去拜访了中央文献研究室常务副主任金冲及,冲及同志了解这件事的原委,他非常通情达理,表示完全理解和支持。他与文献研究室的逄先知主任商量后,取得了一致意见。他们两位作了明确批示:"纪念周恩来百年诞辰,既有一部纪录片,又有一部艺术片,是件大好事,中央文献研究室愿意继续给予支持。"

两天以后,我找到杨伟光台长,向他汇报了我的想法,同时婉拒了让我当总导演的意见。

事出意外,台长虽然不得不勉强地表示同意,但同时给我提了两条要求:第一,一定要经文献研究室审定了才能播出;第二,两部片子一定要有所分工、有所区别。

这两点要求当然是对的。可是,当我们的工作开展起来后,我开始有些担心了:如果我们不能得到台里的足够理解与支持,不仅会影响双方的关系,还会给拍摄工作带来困扰。客观上讲,我这是给台里出了个难题。让我当总导演我没当,反而要自己搞一部片子,这有点不听话;同时,我的能力台里也清楚,知道我不大可能把片子搞砸,这样,就给台里做的片子带来了压力。我不想故意和谁为难,但这时已是箭在弦上,不得不发了。

我的猜想和担心,后来不幸在某种程度上成为了事实。

两部片子先后开机了。中央电视台的片子取名《周恩来》,由时政部摄制,撰稿是电视片《邓小平》的作者,是个一流的创作班子。同时,他们有中央电视台作强大的后盾,在经费、影片资料和技术设备上都能得到强有力的支持。

我们的片子取名《百年恩来》。这个片名是乔良提议的,我认为很好,既切题又有双重内涵,富有特色,便采纳了。用"百年"冠名,我们是最早的一家,后来不少影视和文学作品甚至某些商品也用了这两个字。

在其他方面,与中央电视台的《周恩来》相比,我们的处境则显得困难重重。

首先是搜集资料遇到困扰。过去电视摄像不发达,有关周总理的资料,基本上都得在新闻纪录片里找。为此,我们给广电部打了报告,希望得到新闻电影制片厂的支持。广电部部长孙家正担任过江苏省委副书记,对周恩来总理有很深的感情。位于淮安的周恩来纪念馆,就是他亲自打着雨伞去选的馆址。按照周总理一贯的求实精神,选址时没有占用农田,而是挑了一块沼泽地。有这个前因,我们向家正部长汇报了自己的设想,他当即批示有关部门,对收集影片资料的事宜"要大力支持",并谈了很多指导性的意见。我们请他担任这部片子的总顾问,他谦虚地说:"顾问应该是老同志来当,我没有资格。"又说,"我愿意担任总监制,尽管我从来没有答应担任其他片子的监制",以示对这部片子的支持。

遗憾的是,这个报告往下走的时候,支持的力度也就递减了。到新影厂找资料的时候,给他们看了家正部长的批示。我朋友多,对方正好是熟人,很帮忙,给我们列出了详细资料清单,供我们选择。可是,出乎意料的事情发生了。那天突然接到新影厂的电话,先给我打"预防针",说有个不好的消息要告诉我。然后才说:上面发话了,没有播出的资料一律不准给,播出过的资料可以给,但要照章收费。

这样,好不容易选出来的影视资料,有些很精彩的,到最后被卡住了,非常遗憾。我意识到,有些简单的事情变得复杂了,本来容易沟通的事情也产生了误会。

船小好调头,我们比中央电视台早几个月开始运作,事先拟了一个采访名单,后来按图索骥,陆续采访了近400人,其中有位日本的著名政治家池田大作。他是周总理去世前不久接见的少数外宾之一,对恩来伯伯有很深的感情。池田大作很高兴地接受了我们的采访。问题是,过了一段时间,中央台的剧组也去采访他,池田的秘书没搞清楚两个剧组的关系,便以接受过类似题材的采访为由,婉言拒绝了。

　　我不知道这个情况，但想来"撞车"的事情不会只这一起，因为我们运作在先，台里剧组遭到类似的"冷遇"肯定还有。但这次把他们惹恼了，误以为我们是打着中央电视台的名义联系采访，挡了他们的路，为此还给池田大作发了封信，申明只有他们是"唯一"经过中央批准拍摄周恩来的剧组。其实，在国外办理类似的事情，往往更重视"亲属"的身份。例如，俄罗斯中央文献档案馆，就给我们提供了仅给亲属的共产国际保存的周恩来的珍贵资料。

　　尔均处事比较周到，知道这件事后，特意给池田大作写了信，解释有两个剧组在拍摄周恩来，中央电视台的剧组是官方的，希望他给予支持，接受采访。

　　为了澄清误会，我也给《周恩来》剧组有关领导打电话解释。我说，我拍这个片子是作为亲属来拍的。你们拍，我们很感激，只要能把总理宣传好，我这儿拍摄的资料，你们需要什么我都可以提供。后来见面，我再次表达了同样的意思。我说，你们宣传周总理，拍我伯伯，我怎么可能希望你拍不好啊，于情于理都讲不通，我们也没有那么蠢。

　　《百年恩来》到了后期制作，也遇到了很大困难。因为经费紧张，没想到竟鬼使神差，换来了北京电视台的加盟。

　　我们没有后期制作设备，租用谁的都得花大笔的钱，而且后期有录音、录像、剪辑、解说词什么的全要上来，全得用钱运转。可是，这时钱包日见羞涩，掏不起了。没办法，我们只好忍痛割爱，把准备自己出的 VCD 版权，给了国际文化交流音像出版社，换来些钱支持后期制作。但机房的租费还是太吓人，实在难以为继。而且给后期制作留下的时间很有限了，各单位机房排得都很满，即使能租到，也得服从人家安排，这就难以保证片子按时完成和送审。怎么办？

　　想来想去，想到了我的另一位好朋友于知峰。当时他是北京电视台副台长兼总编，后任北京有线电视台台长。我给他写了封信，希望能支持我的后期制作，给我一个机房，或者安排一套机器，少收点钱。我这是硬着头皮给朋友出难题。

于知峰很快给我回了信,他一口答应,让我喜出望外。可是,细细一品来信和所附批件的内容,便看出了我这位好友的聪明才智。他的批示很明确:此事很重要,北京台是"合作单位",有关部门应给予支持。这样批,既"师出有名",又考虑到北京台的自身利益。于台长与我认识多年,对我的作品的艺术质量是心中有数的。

我和尔均商量:这样办也好,不仅有利于《百年恩来》的后期制作,而且有北京电视台参与,对此片的播映发行也会更顺利一些。征求了另外两个合作方的意见,他们也赞成。后来,事情果然按照我们的设想进展,北京台在后期给了我们不少实际有效的帮助,北京电视台也因《百年恩来》的播映受到赞誉。我在当年元宵节晚会上遇到当时的北京市市长、后来的全国政协主席贾庆林,他夸奖《百年恩来》拍得好,说:"北京台办了一件大好的事情。"《百年恩来》获得北京市"十个一工程奖",主题歌被评为北京市近年来创作的最佳歌曲。在于知峰的大力支持下,北京电视台还专门举办了《百年恩来》文艺晚会。

不仅北京电视台,而且上海的东方电视台和上海电视台,江苏电视台和福建省委,都希望《百年恩来》制作完成后在他们那里首播并举行仪式,我们都一一同意了。上海市、江苏省委、福建省委都由主要领导同志出席了首映式,相当隆重。老首长李德生应我的请求,扶病专程去上海出席首映式和座谈会,并讲了话,令我十分感动。

北京的首映式更为隆重,张震、李德生、肖克、彭冲、程思远、雷洁琼、吴阶平等多位领导出席,并一起观看了电视片第一集,共同缅怀敬爱的周总理,气氛十分热烈。年近九旬的肖克老将军,再次以自己的亲身经历,激动地回忆恩来伯伯当年领导南昌起义的壮烈场面,所有在场的人无不为之动容。

还要说一下,我们与中央文献研究室的合作虽然有一些曲折,但后来一直是很顺利的。不论是中央文献研究室主管这件事的领导金冲及副主任也好,周恩来组的组长、以后曾担任室委委员、部主任的廖心文同志等也好,凡是我们提出的请求,他们都尽力给予帮助。尽管他们是文献片《周

与尔均在《百年恩来》海报前（1998 年）

恩来》的参与者，但在审查《百年恩来》时，完全是秉以公心，给予了很高的评价。中央文献研究室在给我们正式行文中指出："这是一部高质量的电视片，主题鲜明，脉络清晰，立意新颖，多角度、多层面地艺术地再现了周恩来对党、国家、军队和人民立下的丰功伟绩和精神境界，是一部弘扬周恩来革命精神的优秀作品。"同样，李琦叔叔对《百年恩来》的运作仍然很关注，他应邀参加了片子的首映式，并且多次对我说："在军，《百年恩来》拍得好。"可惜此后不久，李琦叔叔不幸在工作时因病发作突然倒下，与世长辞了。李琦叔叔为宣传、弘扬恩来伯伯的精神，不遗余力，耗费了大量心血。我沉痛地怀念他，也衷心地感谢他。我的切身体会：在伯伯、伯母身边工作多年的老同志，都具有优秀的品德，严于律己，心胸坦荡，事事出以公心。

我也深深地感谢接受我们采访的许多老领导和各界人士，感谢给予《百年恩来》摄制工作以大力支持的各单位领导和朋友，感谢七伯、七妈生前身边工作人员和亲友们。没有他们，同样也不会有《百年恩来》的诞生。

　　《百年恩来》播出后,反响非常强烈。当年的电视金鹰奖评选,全国各电视台选报上来的专题纪录片有几百部,角逐很激烈。评选结果,《百年恩来》和《邓小平》、《香港沧桑》一起,同获了一等奖。事后有些当事人告诉我,在评选过程中,曾有人做工作,不让评《百年恩来》。因为纪念周总理的片子共有两部,只能评选一部。可是,评委们都觉得《百年恩来》非常感人,而且群众选票遥遥领先,已经计算出来,无法更改了。

　　拍摄这部片子的一个副产品是,乔良成了我的女婿。实际上,《百年恩来》还没拍完,他就把我的二女儿周蕾娶到了手,又过了不久,他俩便给我们添了个可爱的外孙。事情还真有点戏剧性,这是后话。

"当代的圣人"

拍摄《百年恩来》，我和摄制组全体人员，经历了700多个难忘的日日夜夜，也经受了一次灵魂深处的洗礼。这是我做导演以来花费时间和心血最多、收获最丰的一部电视片。

周恩来总理是我至亲至爱的伯伯，也是我最崇敬的一位伟人。在我和世人眼中，周总理具有崇高的思想品德、高尚的道德情操、非凡的人格魅力和对祖国对人民深沉的爱心。中华民族千百年来的传统美德，几乎都集中体现在他的身上。拍摄12集的《百年恩来》，素材极为丰富，这对我们是很有利的，但同时也加大了创作的难度，因为一部电视片毕竟容量有限，不可能面面俱到，也不应该面面俱到。

《百年恩来》是一部专题艺术片。作为艺术片，它的特点是什么？从周总理特有的人格魅力出发，我认为，最重要的是动人以情。周总理是一位最务实的领导人，又是一位充满情感的领导人。同志情、战友情、夫妻情、亲属情、儿童情，都最为充分与集中地体现在他身上。《百年恩来》就是要鲜明地突出这个"情"字，以情展示周恩来的人格风范，以情展示周恩来的人格魅力，以情展示周恩来的人格精神，同时深入探求这种情的本质，上升为传之于世、泽被千秋的"周恩来精神"。总之，要把这个"情"字贯穿于全片的12集。

《百年恩来》同时又是一部专题片，它必须立足于内容的真实。曾有人认为，艺术片讲求的是美，可以虚构，可以夸大。我不同意，至少在《百年恩来》中我不会这么做。而且我认为，纪实的真和艺术的美，二者并不矛盾。所以，《百年恩来》的摄制，首先必须立足于内容的真实。《参考消息》当年发表过一篇外国朋友写的文章，文中说："几乎每个中国人都能讲出几个周恩来的故事。"确实，在周总理身上有着叙述不尽的周恩来故事，

《百年恩来》在江苏淮安开机拍摄（1996 年）

在周总理身上有着取之不尽的周恩来精神。我作为编导者，重要的任务就是去寻求，去挖掘，用一个个真实的故事、具体的情节来打动人。用"情"这根主线，串起一粒粒闪光的珍珠，使全片成为一串璀璨的珍珠项链。

按照这个创作思路，我们拟定了拍摄提纲，开始了大量的人物采访。作为亲属，我有过多次近距离观察恩来伯伯的机会，亲身感受过他的亲情和魅力，这是拍摄《百年恩来》十分有利的条件。可是，采访不久我就发现，以往我对伯伯的认识，其实更多的还是属于亲属的眼光，有很大局限，也很肤浅。伯伯的光辉形象，远远不止在我们自身有限的接触和以往的纪录片以及文字记载里，而是深藏在中国人民和世界人民的心中。

在长达两年多的时间里，我们采访了多位熟悉周总理的方方面面的人士。他们中间有老一辈革命家，有国王、总统、总理等世界名人，有各行各业的佼佼者，也有普通的工人农民。拍摄《百年恩来》，同时也是一次百年追寻。我们沿着一条时空的隧道，共同去追寻伟人的灵魂，一件件刻骨铭心的往事，深深拨动了采访者和被采访者的心弦。

　　《百年恩来》开拍后,剧组采访的第一人,是"觉悟社"最后一位成员管易文。这是天津周恩来、邓颖超纪念馆的李爱华副馆长为我们提供的线索,我很感谢她。也就是在这次采访中,我目睹了一个奇迹的出现。

　　"觉悟社"是五四运动时期产生在天津的先进的学生组织,周恩来、邓颖超和管易文都是"觉悟社"的成员。当时,为了反抗封建思想,也为了保密需要,有人提出不用原来的姓名,按照一、二、三、四……的号码写在密封的字条里,每人抽一个号,抽上什么号,就用那个号的谐音作为自己新的姓名。邓颖超伯母抽的是"一号",她便用"逸豪"作为别名。恩来伯伯抽的是"五号",后来他用"伍豪"作为党内的代号。管易文是 18 号,别名为"石

失去记忆的百岁老人管易文,奇迹般地连呼三声:"音容宛在,永别难忘!"(上图为管老在周总理去世后当天写下的条幅。1996 年)

霸"。另外,他原来的名字是关锡斌,后来把"关"改为"管","锡斌"各去掉半个偏旁,改为"易文"。

作为周恩来和邓颖超的老战友,管易文老人已是百岁高龄,几年前就完全丧失了记忆力,连新四军时期与他同生死共患难的夫人也认不出了。那天,面对坐在轮椅上一言不发的管老,我拿出青年时代周恩来的照片放在他面前。看到照片,管老的眼睛突然一亮,眼神里流淌着记忆的激情。他用微微颤动的手指抚摸着照片,嘴唇翕动。我紧跟着指了指墙上总理照片上方的一个条幅(那是管老在总理逝世当天写下的一句话),问他:"这是您写的吗?"老人慢慢抬起头,停了几秒钟,突然眼圈发红,大声地喊出了横幅上的字,而且一连喊了三遍:"音容宛在,永别难忘!音容宛在,永别难忘!音容宛在,永别难忘啊!"在喊最后一遍时,好像是用尽了他全身的力气。这心灵深处发出的一生中最后的三声呼唤,是作为周恩来老战友的他,打开了自己尘封多年的心灵之锁而产生的旷世奇迹。我和他夫人、还有所有在场的人一下都愣住了!幸好摄影机一直在开着,摄影师抢下了这个珍贵的镜头。就在这次采访后仅仅50多天,这位世纪老人,带着他唯独保留的对周恩来的珍贵记忆,离开了人世。

采访完管老,引发我思考这样一个问题:为什么在管老身上会发生这样的奇迹?在随后的工作进程中,一个又一个生动的事例给了我最好的诠释和回答:周总理给人民的爱最多,因此他得到的爱也最多;周总理对人民的爱是永恒的,人民对他的爱也是永恒的。电影艺术家秦怡大姐流着热泪向我倾诉:1941年在重庆,17岁的她刚出生的女儿斐斐瘦弱呕吐,恩来伯伯在

热泪滚滚追忆周总理的秦怡(1997年)

一个偶然的机会里看到了，当即嘱咐我们党在国统区文艺界的领导同志，要关心和解决演员的实际困难。这时，秦怡与恩来伯伯只见过一次面，并不很熟悉。13年后的亚洲电影节上，伯伯遇到秦怡，关心地问她："你的小斐斐身体怎么样？胃好不好，还吐吗？"秦怡说："当时我一句话也说不出来，眼泪不住地流。时间过了那么久，女儿小时候的事我自己都忘了，可总理还清楚地记着，连斐斐的名字也记得。"秦怡的回忆给予我深刻的启示：人们常常惊异恩来伯伯超人的记忆力，其实这不仅仅是一种天赋，也同样源于他对人民深深的爱。秦怡说得好："一个人如果不知道酸甜苦辣，没有经过苦难的历程，就难以产生这样博大的爱心。周总理就是把中国人民几千年来的苦难历程，放在他的心中，所以，他才会对所有的朋友、对所有的同志都怀有这样博大的爱心。"她问我，同时也是问她自己："在这个世界上，还能遇到这样的人吗？还能得到这样的爱吗？还能得到这么多的帮助吗？"

国家计委原副主任袁宝华告诉我们：50年代"大跃进"时期，由于缺碱，小学课本的纸发黄。周总理发现后，立即把他和轻工业部的负责人找来，责成他们限期加以解决。他说："这样的纸要把孩子们的眼睛看坏的。我这样的老年人看还不要紧。我们的眼睛早晚要坏，无论如何不能把孩子的眼睛弄坏。"在伯伯的关心和督促下，这个问题很快得到了解决。

何谦叔叔告诉我：抗战胜利后他随恩来伯伯乘飞机从延安到重庆，经过秦岭遇到冰雹险情，准备跳伞，但乘机的十三个人只有十二个伞包。伯伯毫不犹豫地把自己的伞包给了叶挺的女儿扬眉，鼓励小扬眉要像她爸爸那样坚强。恩来伯伯终其一生，总是把生的希望给予他人，把危险和牺牲留给自己。

谷牧同志告诉我：在"文革"最混乱的时期，部长们在京西宾馆的一次会议上包围了周总理，纷纷陈诉艰难处境，说生产垮了还革什么命啊？伯伯给他们做工作说：当前，这个形势是大势所趋，欲罢不能，只有挺身而出，站在前面来领导运动。这时卫士在一旁劝说：总理已经一天多没有闭眼了，能不能让他休息一下？伯伯说，"怕什么！我不入地狱谁入地狱，我不下火海谁下火海，我不入虎穴谁入虎穴？"一向沉稳过人的恩来伯伯，在身心惫摧的情况下说出的这几句石破天惊的话,足以感天动地,化雨化泪!在中国历史上这场空前浩劫中,恩来伯伯就是这样地忍辱负重,身心交瘁,力挽狂澜,以自己少活多少年为代价,写下他生命中极其苦涩,也极其辉煌的最后篇章!谷牧同志动情地说:"周总理的功绩,与日月同辉,怎么估价也不为过。我们过来人永远不会忘记这些,后来人也应当了解这些。"

与谷牧(**1997 年**)

　　周总理的人格力量,他待人的真情,甚至感化了 30 年代初期炮制"伍豪启事",要用八万大洋买周恩来人头的国民党中统负责人张冲。张冲并没有同周恩来见过面,直到第二次国共合作期间,他作为国民党谈判代表,与中共代表周恩来亲身接触后,为伯伯的人格魅力所折服,进而对共产党人有所了解。因此,尽管他坚持自己的政治立场,还是给了我们党不少力所能及的帮助。面对国民党内部的责难,张冲心情郁闷,38 岁就英年早逝了。他是国民党最年轻的中央委员。在张冲追悼会上,毛泽东、蒋介石都送了评价很高的挽联。毛泽东在挽联中赞扬张冲:"大计赖支持,内联共,外联苏,奔走不辞劳,七载辛勤如一日。"蒋介石的挽联是:"赴义至勇,秉节有方;斯人不永,干将沉光"。就是这样一位被蒋介石所高度器重的心腹,他也为周恩来的人格力量所折服并引为知己。恩来伯伯亲自参加张冲的追悼会,在讲话时流下了痛惜的泪水。他还为张冲写下"安危谁与共,风雨忆同舟"的深情悼词。"患难与共,风雨同舟"这八个字,至今仍是我们党统战工作的指针。这些感人的往事,是张冲的女儿张雪梅(她年轻时就是地下共产党员和游击队领导人)在他父亲的墓前,流着热泪为我们追述的。

周恩来、邓颖超与张冲。照片右侧为周恩来致张冲的挽联(1940年)

诺罗敦·西哈努克国王是柬埔寨人民的卓越领袖、中国人民的老朋友,也是周总理的知交。在我们策划拍摄《百年恩来》期间,他每年要来北京治病和休息一次,我们打算乘国王在京期间采访他。他很高兴地接待了我们,但却表示一定要在金边王宫里接受我们的采访。他说:"只有在周恩来总理生前两次到过的柬埔寨土地上和在王宫金銮殿接受周恩来亲属的采访,才能表达我对周总理和邓颖超夫人的知遇之恩。"盛情难却,我们

应西哈努克国王邀请,在金边王宫采访国王(1997 年)

去了柬埔寨。这时才知道,金銮殿是圣洁之地,通常只有国家盛典才能在这里举行。金銮殿不能备水,不能上茶点,更不能使用空调。我们到达后,柬方像当年接待周总理那样,铺上了长长的红地毯。西哈努克国王虽然身患重病,却不顾高温炎热,坚持在这里接受我们采访。为了保护国王的病情不出意外,皇家有关部门特意安排了三位医生、护士在他身后陪护。采访中,西哈努克国王深情地回顾了他和伯伯的交往,谈了整整三个小时,没喝一口水。他说:"周恩来总理是我的师长,我的兄长,他从没有教过我要怎样做,但他的行为本身就是我最好的榜样。我和我的夫人忘不了总理和邓颖超夫人的恩情,他们是世界上最好的人。"他还特地安排宫廷乐队,为我们演奏演唱《怀念中国》,这是一首由国王亲自作词、作曲的歌曲:

　　啊,亲爱的中国啊!

　　我的心没有变,

　　它永远把你怀念。

啊，亲爱的朋友啊！
我们高棉人啊，
有了你的支持，
就把忧愁驱散。

你是一个大国，
从不自私傲慢，
待人谦逊有礼，
不论大小平等相待。
你捍卫各国人民，
自由，独立，平等，
维护人类和平。

啊，柬埔寨人民
是你永恒的朋友！

西哈努克国王安排皇家乐团为摄制组演奏《怀念中国》（1997 年）

我们深知,西哈努克国王安排这次演出,是为了表达他对恩来伯伯的深切怀念。当年他创作了这首深情的歌曲,歌词中的中国,何尝不是周恩来的人格与精神的感召;歌曲中的每一句歌词,又何尝不是周恩来的人格形象与人格精神的完美写照?

摄制组在柬埔寨期间,西哈努克国王还亲自指令和安排,派出专机,由数十人的国王卫队护送我们,专程去暹粒省的著名古迹吴哥窟参观,这里也是他特意邀请伯伯和七妈先后去过的地方。西哈努克是一位重感情、重恩情的国王。我们很感激他,也清楚地知道,他对我们这种超规格的接待,既是对往事的重温,也是他对周总理一种无言的报答。

我国驻柬埔寨女大使谢月娥告诉我们,据她观察,西哈努克国王确实一言一行仿效周总理,所以他在柬埔寨人民心中有很高的威望。

写到这里,我获悉西哈努克太皇不幸逝世的消息,使我和尔均顿时陷入深深的悲痛和怀念之中。他是中国人民的一位伟大的朋友,也是载入史册的恩来伯伯的忘年交和真正的知音。我们永远怀念他!

西哈努克国王的事例说明,一个人的伟大人格力量,可以超越时空,超越国界,超越政见,化作一种精神与世界文明共存。通过对他和许多国际友人的采访,我们深深认识到,恩来伯伯伟大的人格力量,不仅成为民族的共识,历史的共识,也成为世界的共识。

应日本外务省的邀请,我们曾到恩来伯伯早年留下过足迹的日本采访。已故日本航空公司总裁冈崎嘉平太的儿子冈崎彬说:父亲一生中最敬仰周恩来,一直把周恩来的照片藏在自己怀中。冈崎嘉平太认为世界有四大圣人:耶稣、释迦牟尼、穆罕默德、孔子,但都是古代的。他一生寻求当代的圣人,终于找到了:这就是周恩来。他还幽默地对冈崎彬说:"中国两个圣人多了些,我看孔子应让位给周恩来。"冈崎嘉平太去世的时侯,作为儿子的冈崎彬对母亲当时的表现感到有些奇怪,问他妈妈:父亲去世,你好像不怎么悲伤? 夫人回答:你父亲一生敬仰周恩来,他最终的愿望是到天国会见周恩来,这个愿望实现了,这是值得高兴的事。她还把丈夫一直放在身上的恩来伯伯的照片,随同冈崎先生的遗体一起火化了。

与此相关联,还有两件事也让我们深思:冈崎彬谈到,他父亲到中国时,特地发电报把他从美国叫来中国,就是为了让他能有机会结识周恩来这位世界伟人。无独有偶,日本前首相田中角荣的女儿、后来曾担任日本外交大臣的田中真纪子也对我们说:"父亲从中国回到日本,见到我第一句话就是,'应该带真纪子去!'父亲说,'周恩来和我很投缘,和他一见面,直觉就告诉我,和这个人一定能谈成事。周总理无论作为政治家,还是作为人,都是出类拔萃的。想让真纪子见见这样的人,下次一定带你去。'但这个愿望最终没能实现,周总理就与世长辞了!"说到这里,真纪子流下了真诚的泪水。

两位世界级的政治家和企业家,都渴望着能让自己的子女见到周恩来一面,这从一个侧面说明,他们把恩来伯伯的伟大人格力量,看作是比自己的权势和金钱远为重要的宝贵财富。

"谢绝采访"的采访

拍摄《百年恩来》时,当年和恩来伯伯有过交往的大多是年事已高的世纪老人。有些已经不在人世。有的长期住院,医院谢绝一切探视,更不用说采访拍片了。但在得知拍摄《百年恩来》、总理亲属希望采访他们时,让我们感动的事情发生了:这些老人和他们的亲属以及医院,无不破例为我们开了"绿灯"。

戏剧大师曹禺就是其中的一位。病房里,他不顾严重的气喘,一句一顿地回忆他视周总理为知己的深厚感情。他说:"总理比我大十二岁,我们都是属狗的。我们没有同过班,但都是南开中学的学生。总理在南开演过戏,那时没有女角,他扮过女的,我也扮过女的。总理为了促进民族

采访重病中的曹禺(1996 年)

团结,要我写王昭君,我写完后他已经故去了,没能听到他的意见,我很难过,我也很感谢总理。总理很爱文艺界,文艺界也很爱我们的总理,我们大家都爱他。"曹禺老人谈得那样深情,又那样吃力,我们心中都不忍,劝他就谈到这里。曹禺夫人李玉茹告诉我们,曹禺住院后一直没有接待采访,今天是头一回。看到你们,我们的心情就像是又见到了总理。在这次采访后不久,曹禺同志永远地离开了我们。

与吴祖光（1997 年）

采访重病中的巴金（1997 年）

在曹老的病房里，我们巧遇著名剧作家吴祖光。他的回忆同样满怀深情："我写的话剧《风雪夜归人》，据孙维世告诉我，总理在重庆时看了七遍。新中国成立后总理请我吃饭，专门谈了他对《风雪夜归人》的修改意见。他是个特殊的人物，除了是总理，他还是个艺术家。"

文学大师巴金，是在爱婿刚刚病逝、病情和心情都极为沉重的情况下，在病房破例接待我们的。尽管身体状况不允许长谈，但他手持总理的照片，激动的心情溢于言表。他情深意长的短短几句话，却是他内心里千言万语的形象概括："很有精神，很有精神！我经常想，总理的形象还在我的眼前！"

著名诗人臧克家，也是九十多岁高龄了，一直在医院治病。臧老的夫人告诉我们，为了接待我们采访，他一夜没有好好睡觉。臧老谈话时声音有些谙哑，可是一说起周总理，顿时精神矍铄，好似换了一个人。臧老说："我对周总理很崇敬，很崇拜。他在 1949 年第一次文代会上讲话，现在我能一字不落地背出来。"他激动地抒展出诗人情怀，放开宏亮而悲怆的嗓音,逐字逐句为我们朗诵了他专为悼念周总理写的诗《泪》:"十一亿赤心,哀伤袭击!千言百语,声声啜泣。英姿笑貌,已成遗容;伟词宏声,犹在耳中。半旗悠悠,悲风漫吹,人的汪洋,泪如潮水。泪

病中的臧克家激情朗诵怀念周总理的诗篇(1997年)

是丰碑,泪是誓言,泪是动力,泪是火焰!昂起头来,揩干眼泪,红旗指向,无坚不摧!"听着他发自肺腑的心声,在场的人也一个个随着臧老流下热泪。

全国政协副主席,著名诗人、书法家赵朴初老人,在病房抱病与我们长谈。他把周总理视为知己和亲人。赵老深情地说:"总理对我有知遇之恩。他比我大九岁,邓大姐比我大三岁,但我把他俩当成自己的长辈","一个人去世以后,即使自己的父母嘛,三年过去后也就淡了些哀痛,但总理不是。他去世二十多年了,人民还是想他,还是哀痛,这少有哇!几乎很少很少有这种人哪!"赵老说,总理逝世后,每年的一月八日,他都要写一首诗怀念他。赵老把特地准备的其中三首诗《东山》、《感遇》和《周总理逝世周年感赋(金缕曲)》亲手赠给我们,并逐句作了详尽的解释。

其中《感遇》一首是在得知总理逝世的当天写的,这首诗的内容,充分表达了赵老的深切悲痛之情:

> 大星落中天,四海波鸿动。
>
> 终断一线望,永成千载痛。
>
> 艰难尽瘁身,忧勤剩龄梦。
>
> 相业史谁畴,丹心日许共。

　　无私功自高，不矜威益重。

　　云鹏负风展，蓬雀从目送。

　　我惭驽驾姿，期效铅刀用。

　　长思教诲恩，直为天下恸。

　　赵老说："总理患重病的情况我知道一些，但总是希望能多留一天也好嘛。但是这最后的一线希望也断了。巨星坠落，四海涌动，永成千载之痛！"诗中的"龄梦"一词取自《诗经》。赵老认为，恩来伯伯至少可以活到九十多岁，可是，"艰难尽瘁"，"忧勤"过劳，却早早地逝去了，把应该有的年龄"剩下来了"。在他眼中，总理是天上云间的大鹏鸟，而"四人帮"（那时还掌权）是蓬草里的小雀子，它们只能在草中远远地眼望着总理乘云飞去。

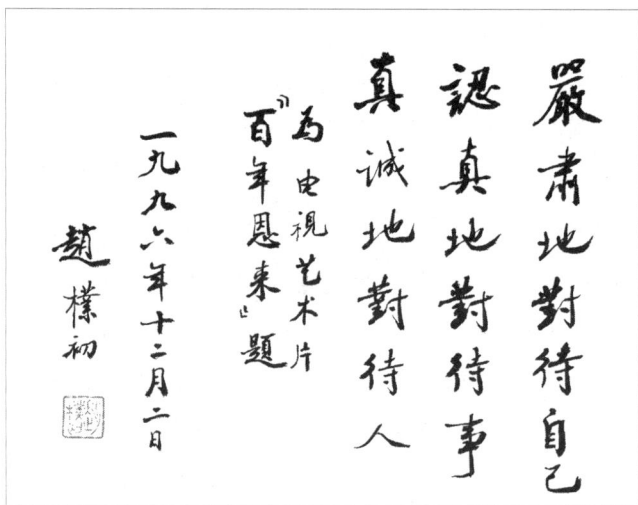

赵朴初为《百年恩来》题词

　　诗中的"无私功自高，不矜威益重"，深刻表述了周总理谦虚谨慎、从不居功的崇高人格。后来，我们把这两句词和肖克同志赞扬周总理领导南昌起义的题词："首义战旗红，功在第一枪"合在一起，谱成一首歌曲："首义战旗红，功在第一枪。无私功自高，不矜威益重。"果然是浑然天成，字字珠玑，寓意深远。我们临别时，赵老又挥毫为《百年恩来》题词："严肃地对待自己，认真地对待事，真诚地对待人"。他说，这是他从自己切身体会中概括出的对总理的三点体会；总理是德范，是道德的模范。

　　年事已高、德高望重的薄一波、宋任穷同志，也分别接见我们，接受我们的采访，并亲笔题写片名和题词。万里同志满怀热情地向我们叙述了周

薄一波为《百年恩来》题名(1997年)

总理指导人民大会堂建设,亲自提出大会堂穹顶的设计构思;与他一起乘吉普车为密云水库选址;亲自决定修建北京饭店东楼,并且不顾危险,在重病中搭乘简陋的施工电梯,登上正在修建中的高楼毛坯房检查指示,等等。万里同志从不题名题词,但这次也破例为我们题了名。

被周总理赞为"民族英雄、千古功臣"的张学良先生,很少接受采访,更不愿谈有关"西安事变"的史实。但他谈起周恩来却充满了知遇之情,称他与周恩来"一见如故","周恩来是我认识的共产党最伟大的人物","毛泽东的成功,可以说是周恩来的成功。我在中国人里只佩服几个人,周恩来是第一个。我非常地佩服他。"

美国前国务卿基辛格、日本创价学会名誉会长池田大作,他们公务活动繁忙,但都挤出时间热情地接受了我们的采访,还谈了一些他们从未说过的事情。池田大作说:"我在日本创价大学栽的八棵樱花树旁立了'周樱'、'邓樱'两块碑,今天我首次向你透露,这石碑的方向是朝向中国,朝向周总理的,在樱花盛开时请他和邓颖超夫人观赏。"基辛格博士说,"周恩来是一个极富智慧的人,非常有魅力,极其了解人类。我见过许多国家

在池田大作建立的"周樱"前（左起：许红海、铁瑛、邓在军、林丽韫、于恩光、周尔均、周苓。1997 年）

领导人，没有人像周恩来那样给我留下如此深刻的印象。作为一个政治家和一个人，他都给我留下了深刻的印象。"他还说："我给你们亲属最优先的权力，把这些事情记录下来作为对周恩来的纪念。这是我的荣幸。"

英籍作家韩素音向我们透露了一个"秘密"：她的那本名著《周恩来和他的世纪》，原来是肯尼迪总统的遗孀杰奎琳建议她写

韩素音说：她所著《周恩来和他的世纪》，是肯尼迪·杰奎琳建议她写的（1997 年）

的。杰奎琳对她说:"全世界我只崇拜一个人,就是周恩来!"韩素音奇怪地问她:"你崇拜周恩来?"杰奎琳回答:"是的,我只崇拜周恩来。"韩素音说,她没有提自己的丈夫肯尼迪。杰奎琳在去世前不久还给韩素音打电话说:"你出了这本书,打了一个大胜仗。"很遗憾,这位世界闻名的杰奎琳女士当时已因患癌症病逝,我们无法当面采访她了。同样遗憾的是,把这个故事告诉我们的、热爱中国和周恩来的韩素音女士,也在不久之前离开了人世。

《沉思中的周恩来》

　　《百年恩来》与《毛泽东诗词》的摄制，同样采取了纪实与艺术形式相结合的手法。但《百年恩来》又前进了一步，这个作品的创作，把人物采访、现地拍摄、影视图文资料与音乐、歌曲等多种艺术手段融为一体，因而具有更强的观赏性和群众性。这也是我在艺术表现手法上实现的又一次突破。

　　拍摄过程中，我们遇到了一个不易解决的问题：恩来伯伯的影视资料太少了。热爱周总理的人们，希望能从荧屏上看到一代伟人神采奕奕的风采，看到大家熟悉的周恩来富有魅力的微笑和炯炯感人的眼神。可是，由于恩来伯伯终其一生的谦虚，留给我们的影视资料和照片极其有限。负责为中央主要领导同志摄影的杜修贤告诉我："总理从来都是要我们把镜头对向群众，不让拍他。一些珍贵的照片，都是趁他不注意时悄悄拍下的。"这给摄制组收集资料带来了很大的局限。

　　为了解决这个难题，我作了多方面的努力：亲自带领摄制组，沿着恩来伯伯当年战斗过的足迹，走遍全国各地，还到了法国、日本、俄罗斯、柬埔寨、缅甸等国家，拍下了大量珍贵的历史场景。我还深入国内外影视资料馆，一寸一寸地看胶片，挖掘那些被深藏尘封中的镜头。通过各种关系，寻觅与周恩来相关的历史资料。对于我来说，所有与总理相关的镜头和资料，都极其珍贵，我甚至偏爱某些模糊和损毁的镜头，因为它的某种残缺恰恰体现了历史的真实感。

　　通过编导组的努力，在各方面的大力支持下，我们的收获颇丰。例如，人们在《百年恩来》中看到了这样一些罕见的动人镜头：尼克松为了表示对周恩来的尊敬，亲自为他脱大衣；周恩来流泪暗别胡志明；周恩来与儿童手拉手欢呼跳跃；周恩来在"文化大革命"中紧蹙双眉，心情沉重地在天安门城楼面对"红海洋"，以及共产国际珍藏的周恩来亲自填写的档案与照

在俄罗斯档案馆发现的周恩来为共产国际填写的履历表

首次面世的周恩来在共产国际六大军事委员会上的发言记录

片,蔡畅同志为共产国际写的周恩来的旁证材料,周恩来亲笔记录的与斯大林、布哈林等人的谈话等等。

在采访资料的过程中,我们想到了《沉思中的周恩来》这幅著名的照片。这是一张恩来伯伯的晚年照:深色背景的衬托下,周总理身着灰色中山装,胸前别着一枚"为人民服务"徽章,侧身坐在沙发里,两臂自然地搭在沙发扶手上,深邃的目光里有一丝深沉的忧思。这张照片很好地展现了恩来伯伯独特的风采,因此,它被悬挂在中国无数家庭的书桌上和墙上,也被深深地镌刻在亿万人民的心中。

这张照片是谁拍的,是在什么情况下拍的? 理所当然地成为我挖掘资料的一个重要目标。

经过辗转打听,终于了解到,照片的作者是意大利著名摄影家焦尔乔·洛迪。意大利人的热情是世界闻名的,当我们设法同洛迪先生取得联系后,他不仅一口答应接受我们的采访,而且为了我们的方便,特意从意大

《沉思中的周恩来》——意大利著名摄影家焦尔乔·洛迪拍摄。右上方为洛迪先生题词："百年恩来——一位世纪伟人"（1973 年）

焦尔乔·洛迪为此照片提供的附有本人签名和印花的证明件

利米兰赶到剧组当时所在的法国巴黎。他随身携带了那张原版照片，并向我们详细地讲述了这张照片的来历。

那是在 1973 年元月，焦尔乔·洛迪作为意大利《时代》周刊的记者，随同意大利外长朱塞佩·梅迪奇率领的代表团访华。1 月9 日，在人民大会堂受到了周总理的接见。按照规定，那次接见记者是不许带相机的。可是，对周恩来的敬仰给了洛迪以勇气，他悄悄地把相机带进了现场。他问身旁的意大利驻华大使：除了中文，周总理还会讲哪国语言？大使告诉他，周恩来的英语、法语都很好。洛迪便煞费苦心地从被接见队伍的中间挪到最后,以便争取机会同总理说上几句话。当周总理和他握手时,他讲出了实情:"尊敬的总理阁下,我今天撒了谎,私自带进了相机。因为我实在是太想拍一张您的照片了,请您原谅!"瞅着满头白发的洛迪,总理笑了:"是吗?白头发的人也会撒谎吗?不过,对白头发人的请求,我是不会拒绝的。"

当总理转身侧坐在沙发上后,焦尔乔·洛迪毫不犹豫,瞅准机会按下了快门。洛迪回忆:"总理风度高雅,目光深邃,充满了智慧与自信。从这张照片上可以看得出来,他的手、他的胳膊,是这样完美地放在这里,根本不需要作任何提示。不过他的视线稍稍有些偏下。于是我走近周恩来,再次请求说:'总理先生,我不是一个出色的摄影师,您能给我个机会再拍一张吗?'总理愉快地点了点头。这次,周恩来略微抬了抬头,他的目光移向远方,朝向我们的未来。我抓住这千载难逢的时机,按下了这具有历史意义的瞬间。"

照片中那永恒的微笑,展现了共和国总理自然、高贵的气质;眼含的忧思,刻下了一个国家历史的痕迹。伯伯当时已查出患膀胱癌,而且正在尿血,重病中的他,正在为处在多事之秋的祖国的未卜命运殚精竭虑,用他羸弱的病躯支撑着共和国的大厦。我们从后来的资料中了解到,那段时间,他也正在为邓小平同志的复出努力创造条件。

洛迪先生拍摄的这张照片,最初刊登在意大利《时代》周刊上,占了中心页整整两页篇幅。它强烈的艺术感染力和思想政治效果,很快引起世人的广泛关注,成为一幅风靡一时的旷世名作。1974 年,这幅照片荣获美国最有名的新闻照片奖——密苏里大学新闻学院颁发的"认识世界奖"。仅仅 20 世纪 80 年代,这幅照片就在全世界发行了几千万张。

洛迪先生还给我讲了一件趣事:有位国家元首,请他拍摄一幅给周恩来拍的那样的照片。洛迪先生婉言谢绝了:"周恩来就是周恩来,我无法再给您拍出这样的照片。"

七妈生前非常喜爱这张照片。有一次在西花厅,七妈同我俩合影前,她老人家亲自选定了站立的位置。七妈说:"在军,你看,我们上方七伯的这张照片我很喜欢,旁边的这幅画(注:何香凝送给七伯、七妈的"梅花")我也喜欢。我休息时常常坐在这下面的沙发上。"七妈说的这张照片,就是焦尔乔·洛迪拍摄的。洛迪先生也曾告诉我,在伯伯逝世后,他再次访

焦尔乔·洛迪将这幅珍贵的原版照片面赠周尔均、邓在军(1997年)

热情奔放的焦尔乔·洛迪(1997年)

华,受到七妈的亲切接见。洛迪深情地回忆起当时的情景:"邓颖超紧紧握住我的双手说:'感谢你拍了一张很好的照片,这是恩来生前拍的姿势和神情最好的照片之一。'我激动得说不出话来,过了一会才喃喃说道:'不,这要感谢周总理!'"

　　焦尔乔·洛迪在离开巴黎时,把他从意大利亲自携来的这幅原版照片赠给我和尔均,并把他发自内心的对伯伯的崇敬亲笔题写在照片上:"**百年恩来——一位世纪伟人**。"据洛迪说,当年,他曾把洗印出来的四张照片,请意大利驻华使馆转送给周总理。但是,我向各有关方面和伯伯身边的工作人员查核,洛迪寄来的照片,他们都没有见到过。因此,据我所知,洛迪这次赠我的这幅照片,也是国内仅有的一幅原版照片了,我和尔均将会永远珍藏着它。

《你是这样的人》

拍摄《百年恩来》是我一生中难得的机遇,确属来之不易。因此,当我进入创作状态后,暗自下决心:一定要把它拍成一部艺术精品。

开拍之前,我拟定了"导演动机阐述"。下面引述的是当初写下的原文:

"《百年恩来》首先是一首诗。因为总理的人格魅力集中在一个'情'字上:祖国情,人民情,战友情,夫妻情,血肉情,生死情,天地情,岁月情……'情',是贯穿《百年恩来》全片的主线。"

"它还是一部历史。在周恩来身上,几乎浓缩了整整一部新旧中国的历史,同时还有中国几千年文明古国史的遥远的回声。"

"它又是一部交响乐。周恩来的一生丰富得如同一部多种乐器合奏的交响乐,动人得如同一首故事与抒情融合的史诗。于是,交响乐和诗,便成了我们这部作品中自始至终似有若无的衬托,召之即来,挥之即去……"

"音乐是构成一切影视作品不可或缺的要素。作为一部艺术片,《百年恩来》不同于其他影视作品的是,它需要一部真正意义上的名副其实的交响乐。而这部交响乐是一部完整的、完全可以独立于本片之外、可以拿到北京音乐厅去演奏的作品。这部作品与本片的共同点是它的标题也可以叫做《百年恩来》。本片自始至终或强或弱,或大段或小节地流贯着它的旋律。但在本片中,它仍然只能算是附件,因为这毕竟不是一部音乐专题片。"

"关于诗,它并不像音乐那样是一切影视作品的要素,但在我们这部作品中,它却不可或缺。我们需要一部专为本片创作的同名长诗(再加上1976年清明时节以来的大量追思周恩来的诗篇),与那部交响乐一道贯穿全片。但是,与对音乐的要求一样,它只在需要时出现。"

正由于有了上述明确的创作思路,通过后来的精心打造,便有了作曲家三宝为《百年恩来》谱写的专题交响乐,有了由诗人雷抒雁特地创作的《百年恩来》长诗,有了著名书法家和画家赵朴初、沈鹏、李铎、关山月、李琦等人的题字、作画,还有了一大批著名词曲家谱写和歌唱家演唱的20首歌曲。

《百年恩来》的12集,分别题名为:《百年不了情》、《大鸾翔宇内》、《功在第一枪》、《肝胆耀古今》、《大海纳百川》、《挚爱感苍穹》、《清风满人间》、《枫丹海棠红》、《苦涩显辉煌》、《生死千秋业》、《风雨两相送》、《华表照汗青》。这12集的题名,艺术地概括了恩来伯伯的一生,连接起来就是一首诗、一首歌。著名书法家、好友沈鹏和李铎分别为它题写了名字。成片时,用它作片头曲,冠名《百年不了情》,由程志、殷秀梅演唱,反响很好。

《百年恩来》,正是借助艺术的双翼,托起人民的深情,着力于主题的挖掘,加深人民群众与人民的总理心灵情感的沟通。可以不夸张地说,它是一

在劳动人民文化宫大殿前拍摄《你是这样的人》大合唱(1997 年)

刘欢在领唱（**1997 年**）

与著名播音员方明、林茹在录音棚（**1997 年**）

部名副其实的艺术珍品。

值得一提的，还有《百年恩来》的主题歌。

《百年恩来》有 12 集，虽然每集都有了一首以上不同的歌曲，但我仍然觉得不够。在制作后期，我坚持要创作一首能涵盖整部作品的主题歌。这个任务交给了词作家宋小明和曲作家三宝。我要求小明，在这首歌里，不要出现周恩来的名字，但是，让人一听，谁都能知道这就是周恩来，而不是其他任何一个人。小明憋了整整两个多月，经过反复酝酿、思考，这首歌的歌词终于创作出来了：

把所有的心装进你心里，
在你的胸前写下，你是这样的人。

把所有的爱握在你手中，
用你的眼睛诉说，你是这样的人。

把所有的伤痛藏在你身上，
用你的微笑回答，你是这样的人。

把所有的生命归还世界，

人们在心里呼唤，你是这样的人。

不用多想，不用多问，

你就是这样的人。

不能不想，不能不问，

真情有多重，爱有多深！

《你是这样的人》由三宝谱曲，刘欢演唱。这珠联璧合的艺术组合，创作出一首真正反映人民心声的优秀作品。我记得，当它第一次在北京电视台主办的《百年恩来》大型晚会上演出时，所有观众都激动地站了起来，全场响起了一次又一次雷鸣般的掌声，许多人掏出手帕拭泪。晚会结束后很久，吴阶平、罗青长等许多老同志仍然坐在座椅上频频拭泪，久久不愿离去。

与《你是这样的人》曲作者三宝（1997年）

《你是这样的人》，少有的长时间地被北京音乐台列为全国歌曲排行榜第一名，在国家级的大型晚会上多次演唱，并被中央宣传部评为"五个一工程奖"。

自己足以欣慰的是，当初组织创作这首歌的初衷实现了：每当《你是这样的人》的乐曲

与《你是这样的人》词作者宋小明（1997年）

声和歌声响起,人们无疑就想到了周总理。"真情有多重,爱有多深?"——对副歌中的这句提问,每个中国人也都会作出深情的回答。

正如我在《导演动机阐述》中所预言的:以《你是这样的人》为主旋律的专题交响乐,果然后来作为《三宝作品音乐会》最重要的组成部分,在音乐会的整个后半场,完整地在保利剧院的舞台上演奏。在人民大会堂举办的刘欢、廖昌永、莫华伦三大男高音的音乐会上,刘欢同样把《你是这样的人》作为他主唱的最重要的歌曲。无论是三宝的交响音乐会,还是刘欢的演唱,每次当《你是这样的人》的旋律出现,都会出现全场观众起立、长时间热烈鼓掌的情景。

创作是一种灵魂的颤动。拍摄《百年恩来》,对我更是一次灵魂的洗礼。在那些难忘的日子里,我曾多次仰望天空的明月,每次仿佛都看到恩来伯伯亲切的笑容在注视着我;这个伟大的光辉的形象,会辐射出一种强大的精神力量,迅速向我涌来,并以海潮般的伟力,荡涤和净化着我的心灵。

《百年恩来》获中国电视"金鹰奖",中宣部"五个一工程奖",国家首届音像出版奖、北京市"十个一工程奖"(1988 年)

人民大会堂晚会

2008 年 3 月 28 日，北京大雨滂沱。当晚，人民大会堂举行纪念周恩来诞辰 110 周年情景音乐会。由于雨下得太大，大会堂门前的偌大场院里人车拥杂，在倾盆大雨中排起了长长的队伍。绝大多数观众打着雨伞步行，或者乘坐公共交通工具前来观看演出，但这丝毫没有影响人们的热情。一位大会堂的工作人员说："今晚大会堂上下三层都坐满了人，演出中间没有人离开，晚会结束了不少人还不想走。这种情形过去大会堂还没有出现过。"

情景音乐会《你是这样的人》舞台全景（2008 年）

广东省一位专程来京观看晚会的副市长，这样描述演出现场的情况："这台演出，真是历史性的成功！ 在场的人几乎都哭了，人们的心灵在一次次流泪中得到洗涤与净化。周围的观众纷纷议论:已经多少年没有这样被感动了! 周总理又来到我们中间了!"

演出结束后,许多观众仍沉浸在激动与思念之中,迟迟不愿退场。有一位来自天津的二十多岁的青年,恭恭敬敬地站起身,在观众席上,向大屏幕上的周总理画面深深地鞠了三个躬。还有三位女青年在瓢泼大雨中守候在大会堂外面半个多小时,等我和倪萍出来,当面倾诉他们的感受。

晚会的主持人之一李扬说:"我相信,这是周总理逝世 32 年来歌颂这位伟人最成功的一台晚会,也是我主持过的最成功的晚会。"指挥家谭利华对我说,这是他担任指挥以来感触最深、最受感动的一场晚会。

中央领导同志贾庆林、曾庆红、王兆国、刘云山、刘延东等观看了晚会,同样热泪盈眶,深受感动,赞扬晚会是一部很好的思想政治教材。贾庆林同志还告诉当时的中宣部部长刘云山同志:这台晚会电视媒体应该反复播映。

后来这台晚会,中央电视台播映了 8 次,中央教育电视台播映了 2 次。这也是很少有的。

晚会的演出和播映,在人民群众中引起强烈反响,网上评论多达四万余条。

当然,成功的背后,总会有许多艰辛和感人的故事。

早在 2003 年我应邀担任纪念毛泽东 110 周年诞辰大型音乐会总导演时,就有一个心愿:在周总理 110 周年诞辰之际,自己也要为敬爱的恩来伯伯在人民大会堂同样执导这样一台晚会。晚会的质量与水平,最好能够超过、至少不要低于我以往导演的节目。我已经年届七旬,在这之前不久又做了一次大手术,身体状况很差。作为一名导演,为宣传伯伯、伯母做些事,时间和机会都不多了。这既是我个人的心愿,我想也能代表全国人民的心愿。

但是,愿望和现实之间往往有着距离。要做一台与纪念主席诞辰相当的晚会,没有几百万元经费是办不到的。尔均对我的愿望十分支持,但我俩的面皮都薄,四处求情拉赞助的事情我们做不到也不愿做。尔均说,要不,就把咱们的住房卖了,晚会一定要办。

皇天不负苦心人。正在我们作难的时候,想不到我俩的一位好友、南京市委书记罗志军(现任江苏省委书记)伸出援助之手,在困难中帮我们解决了这个大难题。

这是 2007 年春天,我俩路过南京时,被志军书记知道了,约我俩见面聚一聚。我们是老熟人了,同他说话没有什么顾忌。交谈中我顺口说起自己的打算,又特地申明:"政府恐怕没有这笔开支,您如有可能采取什么方式支持一下,我们很感谢。有难处也不打紧,不必放在心上。"想不到志军立即表态,话说得干脆明了:"宣传总理的事情,不是支持不支持的问题,而是一定要支持!"把我俩说得心里热乎乎的。

本来我想,这件事他能放在心上就行了,并没有抱过多的期望。因为以往在拍摄《百年恩来》的过程中,也曾听到过类似的许诺,结果却常常是

晚会部分主创人员合影(左起:郑浩、后淑年、金兆钧、邓在军、周尔均、刘铁民、曹勇、宋小明、周苓。2007 年)

失望。原本我计划第三天上午离开南京,想不到次日下午,突然接到南京市委宣传部叶皓部长的电话,约我俩和南京广电集团总裁陈梦娟、南京日报社社长周天江一起商量件事情。他们三位原来我们都不认识,见面后才知道,商谈的是合作举办纪念总理晚会的具体方案。我们五人很快就此事达成了一致。志军书记果然言必信、行必果,而且作风雷厉风行,给我们帮了大忙。我心中一块石头落了地。

有了南京市在经费方面的支持,事情就好办了。我执导过多台文艺晚会,又执导了《毛泽东诗词》、《百年恩来》电视艺术片和毛泽东同志诞辰110周年晚会(中央政治局常委都出席观看了那台晚会)的重头戏,在艺术表达上是有充分把握的。女儿苓苓和女婿郑浩表示,他们的金蔷薇广告公司将全力配合我的工作,要人有人,要设备有设备。我心中就更有底了。

在筹办晚会之初,我最先遇到的问题,还是如何确定这台晚会的主题。周总理的一生丰富多彩,波澜壮阔。遗憾的是,一台晚会只有短短两个小时,需要表现的丰富内涵和有限的舞台时空形成了巨大反差。因此,必须有所侧重,有所舍弃,定准主题,选好切入点。

根据拍摄《百年恩来》的成功经验,我确定,这台晚会还是要紧紧抓住和突出一个"情"字。恩来伯伯对人民的深情厚爱,凝结在每个中国人的心里。虽然他离开我们32年了,人们对他的思念之情不但没有淡化,而且更加强烈,与日俱增,历久弥坚。晚会所要做的,应该是对周总理的一次感情的重温、感情的延续。"情",应是晚会的灵魂,是重中之重。

阐发总理对人民的深爱,也从另一方面表达了人民群众的愿望与诉求。当前,人民群众渴望我们各级领导、党员干部,能够像周总理一样,鞠躬尽瘁,无私奉献,全心全意为人民服务;渴望我们的文艺作品能够弘扬革命精神与优良传统,提高全社会的思想道德水平。立足于这一点,就能抒发人民的心声,使热爱周总理的情感得到宣泄,引发情感的共鸣,起到思想政治教育催化剂的作用。

正在晚会台本创作过程中,2008年2月29日,我参加了党中央召开的周恩来同志诞辰110周年座谈会。胡锦涛总书记在会上作重要讲话时强调指出：在周恩来同志身上，集中体现了中国共产党人的高风亮节，在中国人民心中矗立起一座不朽的丰碑。锦涛同志还明确提出，要永远铭记和认真学习"周恩来同志的精神"。这就使我们对晚会主题的确立有了充分的把握。我们根据胡锦涛同志讲话精神，对晚会台本进行了第12次修改，在结尾处添加了这样一句分量沉重的台词："敬爱的周总理，您什么都没有给自己留下，但您又给我们留下了很多很多，那就是金光闪闪的五个大字：'周恩来精神'！"

主题确立以后，晚会的整体设计就要突出主线，围绕重点，妥善布局。我认为，《百年恩来》的主题歌《你是这样的人》，经过十年时间的传唱与检验，已经成为诠释周恩来精神的群众共识，用它来表达晚会主题十分恰当。因此，将《你是这样的人》定为晚会的名称，用它作为主线，将晚会结构成四个篇章：即"民族情怀"、"挚爱情怀"、"公仆情怀"和"世纪情怀"，从四个不同侧面概括和表达恩来伯伯的情感世界与伟大人格。

在音乐设计方面，着重体现周总理充满传奇色彩的人生经历和丰富情感，安排了独唱、合唱，大小提琴独奏和大型交响乐，以及朗诵、京剧清唱、苏州评弹等多种艺术形式。配备了150人的管弦乐队以及由总政合唱团、海军军乐团、解放军仪仗大队、银河少年合唱团等参与的300人的合唱团。晚会演职人员多达近千人。他们以各自的艺术特色和精湛的演出，表达了对周总理的敬爱之情，呈现出气势磅礴的宏伟场面。

《你是这样的人》主题音乐是整台晚会的主旋律，在序章、尾声和四个篇章之间反复出现。用小提琴独奏，大提琴、竖琴与乐队合奏，管弦乐演奏等多种演奏形式表现，使晚会的众多节目有一个共同的引领，成为同一个主题下的不同"声部"，最后组合成一个整体的"艺术交响"。在丰富而又统一的音乐氛围中，观众的审美情趣和怀念周总理的情感不断得到积累和强化，直到晚会结束时顺理成章地呈现高潮。

对节目的选择，也都围绕着晚会主题进行严格的筛选，精心地组织创作，力求思想和艺术的高品位。晚会节目大致分为三类：一是，在"百年恩来"电视片中曾经采用过的音乐作品。这些作品都是精心之作，经受了时

廖昌永演唱《大雪压青松》(2008 年)

间的检验。例如：《世纪不了情》、《功在第一枪》、《大雪压青松》、《阳光的爱》、《无价》、《你是这样的人》，等等。二是，这次新创作的或是在原有基础上作重大修改、属于再创作的音乐作品。如《黄河纤夫》、《难舍难分》、《梅园梅》、《风雨忆同舟》、《为人民服务》等。

还有一部分是传统的优秀曲目，如《绣金匾》、《歌唱敬爱的周总理》，以及诗词朗诵《雨中岚山》、《海棠花祭》等。对曾经演奏过的节目，都进行了重新配器，重新录音，用今天的艺术形式演绎 10 年、20 年、30 年前之前的作品，做到历史传承与时代特点相结合。

选择哪些演员，也是我们慎重对待的一个问题。

郭兰英老师演唱《绣金匾》，是第一次策划会上就定下来的。在这次晚会的 32 年前，她用这首歌在人民大会堂如泣如诉地唱出了她对周总理的怀念，感动了全国人民。虽然她已年近八旬，很

郭兰英演唱《绣金匾》(2008 年)

少登台,编导组却一致认为,一定要请她在大会堂的舞台上再唱这首歌,而且一定是真唱,不能用录音;即使到时候她唱不下去,也同样能打动观众。兰英老师答应了我的请求,为了唱好这首歌,苦练了好几个月,还特地提前从广东来北京,到天津周恩来邓颖超纪念馆瞻仰总理、酝酿感情。果然,当晚她出自肺腑的深情演唱,特别是她在泣不成声中强忍泪水,高声唱出最后一句"我们热爱您"时,深深地拨动了所有观众的心弦,成为晚会的最大亮点。事后她对我说:"一进大会堂啊,就想到周总理,全身发抖。我怕在台上真的唱不下去,又不能在台上哭,就憋啊,就在心里默念:总理保佑我,让我唱完!"她说:"唱完后腿发软,我差点就一下子瘫坐在地上了!"

演唱《歌唱敬爱的周总理》的韩芝萍,唱这首歌 32 年了,每唱一次都动情落泪。她说:"我从观众的泪眼和表情中读出了周总理高尚的品德和伟大的人格。作为一名军人我很幸福,因为我有机会代表全军官兵诉说对人民的好总理的热爱与敬仰"。晚会上,廖昌永演唱《大雪压青松》、谭晶演唱《难舍难分》、宋祖英演唱《阳光的爱》、韦唯演唱《无价》、吕中朗诵《海棠花祭》,等等,他们高水准的动情的表演,也都证明了编导组作出的正确选择。当然,我也有遗憾:有些好友希望能参加这台晚会演出,表达他们对周总理怀念之情。他们都有良好的艺术素养,有的还是名家大师,但由于内容和时间的限制,最终没有都能够请他们参加演出。在此,我深深地表示感激和歉意,相信能得到他们的理解和谅解。

动情的作品,要靠深入发掘,精心打造,突出亮点。《黄河纤夫》的创作,是一个很好的例子。上世纪 50 年代,郑州铁路大桥被黄河洪水冲垮,由于当时技术条件的限制,不得不组织上万人力用纤绳把桥墩拉正。就在拉纤的当天,周总理来到现场,他脱下外衣便加入了纤夫的行列。人们激动地高呼:总理,不能这样,不能啊! 总理却说:"这里没有总理,只有纤夫!"这件事,极其生动地表现了周总理的伟大公仆情怀。乔羽老哥曾就此写过一首诗词,但以往没有报道过。我认为这是一个非常动人的素材,特地找当年在场的周总理卫士长成元功予以核实,然后请曲作家肖白谱曲。肖白在很短的时间内就谱好了这首《黄河纤夫》:"背负青天,面朝黄土,为了伟大的中华民族,承担起一身重负。几代人的坚定脚步,几代人的铮铮铁骨,几代人的壮志雄图。看那云霞灿烂处,走来了我们黄河纤夫!"晚会上,王宏伟的演唱,深情地表达了这首歌的深刻思想内涵和总理的高尚情操,引来全场的热烈掌声。

我还要感谢主持人的努力和智慧。优秀的主持人是一台晚会成功的重要因素。这台晚会,我们选择了两组不同年龄段的主持人:李扬与倪萍、朱军与周涛,目的是根据不同内容的节目,对情感的表达和晚会的氛围进行必要的调剂。他们都尽心尽力,出色地完成了任务。尤其是李扬和倪萍,表现出资深主持人优秀的艺术水准和职业精神。拿到剧本后,他们马上全身心地投入,三次排练对词的时候都激动地流下了泪水。他俩怀着对周总理的深厚感情,对拟定的串场词提出了一些很好的修改意见。倪萍建议,有些串场词由报幕式的口气改用讲述式的,显得更亲切,和观众的心贴得更近。我同意了她的意见。果然,经她修改的晚会上第一句台词就深深打动了所有的观众:"敬爱的周总理,我们想你了,我们大家都想你了!一

晚会的四位主持人(自左至右:周涛、倪萍、李扬、朱军。2008年)

晃儿,你都走了 32 年了,真快啊！总理,你熟悉这儿吧,对,北京人民大会堂,你生前在这儿办过公。今晚,总理好像就在这儿。总理,你好吗？我们都想你了,我们看见你了！"倪萍说这一段话时,全场观众全都深深沉浸在对总理的思念之中,一万多人的大会堂,静得仿佛连一根针掉下的声音都能听见。许多人拿出手帕频频拭泪。同样,李扬建议串场词中,周总理在大会堂接见了多次外宾的内容,如果能加上一个具体数字,会更有感染力。负责资料的朱天纬女士很下功夫,她找来《周恩来年谱》,从 1959 年 9 月人民大会堂启用开始,直到总理最后住院时止,她统计出总理共在人民大会堂接见外宾 977 次。从这个细节可以看出,我们对晚会的每句台词都下了功夫;也可以看到,一个优秀的主持人是如何给他(她)主持的节目锦上添花的。

这台晚会取名为"情景音乐会",目的之一,是让观众有强烈的参与感和情感互动。因此,在"情景"的设计上动了很多脑筋。为了表现周总理视察邢台地震,最初甚至构想过把直升机模型搬上舞台。从进入剧场前厅开始,大厅正中有巨幅的周总理的画面,有每个观众都可以签名的长长的横幅,还给每个观众发了一枚闪烁红光的"为人民服务"像章。舞台是"情景"营造的重点,演出中,不仅出现了风声,雨声,雷声,闪电和枪声,甚至还有从天而降的"雪花"和冉冉飘落的海棠花瓣。

舞台大屏幕的突出运用,也是"情景"营造的一个非常重要的组成部分。以往某些晚会舞台上的大屏幕,通常只作为背景处理,成为舞美的简单延伸。在这台晚会上,大屏幕不再是简单的舞美背景,而是精心制作的重要的节目元素。我对大屏幕提出了新的要求:必须和舞台上的表演节奏完全合拍,要感情对位,形成有机整体,并且争取成为观众的兴奋点。这也是从晚会的主题思想和主人公的特色出发的。周总理的音容笑貌、人格风范,深深地印记在全国人民的心中。他的一举手一投足,每一次注视,每一次握手,每一次微笑,都充满情感,令人难忘。因此,视频在这次音乐会中非常重要,我们把电影手法运用于音乐会的舞台,大量采用影视资料和照片,通过精确的选取和剪辑,用真实的历史镜头,将周总理从少年到生命最

《功在第一枪》(2008 年)

后一刻的闪光的人生形象直观地展现在观众眼前。

为了增强节目效果，专门制作了四部专题片：《功在第一枪》、《风雨忆同舟》、《阳光的爱》和《绣金匾》，配合各个篇章的内容，分别在大屏幕上放映，成为构成节目内容的重要组成部分。在最后一部专题片《绣金匾》中展现了延安农民、大庆教师、邓朴方、张学良、谷牧、赵朴初等人充满感情的动人评说。当完全丧失记忆的管易文老人奇迹般地发出三声高呼："音容宛在、永别难忘"时，震撼了全场观众。此时此刻，郭兰英唱出《绣金匾》中的最后一句："我们热爱您"！引发全场观众的情感共鸣达到了最高潮。视频声像与郭兰英演唱天衣无缝的配合，起到了任何演员难以起到的作用。

大屏幕在这次晚会上的运用，是一次电视艺术的创新，是一个新的突破。

舞台美术也力求做到"身临其境"。恩来伯伯爱海棠花，他选择盛开海棠花的西花厅一住就是 28 年。我们把舞台设计成开满海棠的西花厅，用唯美的、诗意的氛围，寄托人们对周总理的爱与思念。舞美设计也突出了历史情景的再现：南昌起义的叱咤雄浑，开国大典的豪迈恢宏，西花厅落英的浪漫，人民英雄纪念碑的威严壮丽，光影交错、时光倒转，使观众有亲临历史的真实感触。也使人们从温馨的记忆中，体会到周总理阳光般的爱。

《你是这样的人》晚会的成功，是编导组一年多辛勤工作、共同奋斗的结果，是集体智慧的结晶。高占祥、乔羽、谷建芬、阎肃等许多老艺术家为晚会出谋献策、具体指导，艺术总监曾庆淮协同把关，给了我许多具体帮助；任卫新、曹勇、金兆钧、宋小明等好友与我一起策划、创意；特别是多年合作的好友刘铁民，主动承担起执行总导演的重任；副总导演郑浩承担了大屏幕的全部制作；以及好友后淑年、朱天纬、靳大力等都做了大量繁重的工作。

我特别要感谢执行导演刘铁民，他性格直爽，能力也强，担任过央视春晚总导演，我们在多年的合作中一直配合得很好。接受记者采访时，他说了一段动情的话："自 1989 年之后我就有个愿望，有朝一日邓导能够再次出任总导演，把我们曾经合作的班底再次集中起来。这次怀念周总理的晚会就真的实现了我的想法。我们这一代人对周总理怀有深深的感情，而且我知道这是 70 岁高龄的邓导的收官之作，我希望能够用参加这台晚会部分报答邓导的培养之恩，所以我全身心地投入到这个晚会的筹备中来。"工作中他确实尽心尽力，晚会的成功他功不可没。

当然，这台晚会的成功还有一个重要因素，或者说是最重要的因素，就是周总理巨大的感召力，是由于全国人民对他老人家的深切怀念。正如一位女教师在《百年恩来》座谈会上所说的："木雕可以腐朽，石碑可以倒塌，铭刻在人们心中的丰碑却与世永存。"周总理就是镌刻在所有中国人民心中的丰碑。同样，"周恩来精神"在无声地激励着我们这个临时组成的艺术团队。大家心往一处想，劲往一处使，勤奋努力地贡献自己的聪明才智，克服一个又一个困难，直到赢得最后晚会谢幕，赢得观众如潮的掌声。

第四篇·家里家外

母 子 亲 情

　　我这一生获得了数以百计的奖状、奖章和各种荣誉称号，但我特别引以为荣的，是全国妇联和天津市人民政府授予的"让你感动的中国母亲"

"中国母亲文化周"发行的邮票与报道（2005 年）

的称号。

2005 年 8 月，天津市政府和全国妇联联合组织举办了"让你感动的中国母亲"的全国性评选活动，共有十位母亲当选，我有幸成为其中的一位。紧接着，天津市又举办了中国母亲文化周和"让你感动的中国母亲"颁奖仪式。那天，当我从全国妇联顾秀莲主席和天津市领导的手中接过奖状时，不禁心情激动、热泪盈眶。这是一份我在电视事业之外得到的极为宝贵的殊荣。

据我了解，其他当选的这些"母亲"，事迹都十分感人，无愧"感动中国"的称谓。比如江苏无锡市的马宝凤，一次生下了三胞胎，由于医护人员经验不足，在温室里放置时间过长，三个孩子全都双目失明，丈夫也因此同她离婚。这位伟大的母亲一人含辛茹苦，工作之余又蹬三轮车挣钱，拉扯大三个孩子，让他们全都考进了中国残疾人艺术团，成为专业文艺人才。还有一位私营企业经理杨金花，凭着自己并不雄厚的资金，开办了一所孤儿院，抚养了一批又一批的流浪儿童，把他们培养成国家有用的人才。从

在晚会主席台上（2005 年）

她们身上，我看到了崇高的母爱，看到了无私奉献的精神和坚韧不拔的品质，我们彼此间也结为好友。后来，每当马宝凤带着她的三个宝贝孩子来北京，我们都要聚一聚。看到他们一家通过不懈的奋斗走出困境，赢来幸福，我深深为他们祝福！

至于我和香港知名人士范徐丽泰也被当选，理由相同：在事业和子女培育两个方面，都有比较突出的成绩和表现。

谈到孩子和他们的成长，我作为母亲确实感到很自豪，也有说不完的话题。

我有 4 个孩子：三女一男。孩子们一个个都长得非常可爱，有人说，我们家是"鲜花盛开的村庄"。这是我很得意的一件事情。许多人知道我这个弱点，找我办事，先夸我的儿女，再开口提要求，我通常都会"行，没问题"。老话讲过：千穿万穿，马屁不穿。何况人家一下子就拍准了我的"穴位"。尤其让我欣慰的是，孩子们都很聪明懂事。在他们的成长过程中，我投进了无尽的母爱；现在他们长大了，我收获的是无比温暖的亲情。

与四个孩子合影（2013 年）

　　我生孩子早,21 岁就当了母亲。做母亲是门大学问,当时我初为人母,只能凭借本能的母性,边"学"边"问","摸着石头过河"。以我的体会,女人的母性本能非常强大,一旦被激发,心里头就会像爆炸了一颗精神原子弹。我是单位的业务骨干,可是一旦当了母亲,就突然觉得世界上的事情都不重要了,只有儿女重要,只有家庭重要,下了班就急急忙忙往家跑。在这种几乎淹没一切的情感状态下,我干过一些很特别的事儿。

20 世纪 60 年代与三个女儿,那时儿子还没有出生

　　三个女儿都让我剪过眼睫毛。那个年代,中国许多东西都跟苏联学习,我没有带孩子的经验,于是也学苏联的,找来相关书籍,看他们怎么奶孩子,怎么讲卫生等等,把孩子当洋娃娃来养。书上说,头发越剃越能刺激生长。为了让孩子们有一头浓密秀发,生下来不久,我就自己动手给她们剃头,以后也经常剃,一直剃到她们有点懂事,害怕影响美观为止。又一天,我忽然觉得孩子的睫毛不合适了,应该再漂亮点儿,就找来小剪刀,把

孩子的睫毛剪得齐齐整整。大女儿的睫毛因此长得挺好看。由于这一成功经验的鼓舞,给二女儿三女儿剪睫毛,便成了我以后经常的功课。

我们家有个特殊的体温表:我的眼睛。有人告诉我说,眼睛的体温最准,因此,以后我从不用体温表,需要了就用眼睛代替。孩子们也有调皮的时候,比如说不想上体育课了,或者想逃避其他什么事情,就会耍孩子的小心眼:"妈妈,我头疼。""妈妈,我肚子不舒服。"我就拿眼睛去量她的脑门儿。如果不发烧,说明她没炎症,没大问题,我就不会通融:"没事儿,上学去,不准请假。"

也干过荒唐的事儿。大女儿萌萌出生20多天,喂奶时觉得她咂奶咂得不太紧,就掰开她的小嘴看。一瞅,觉得她舌下的那根筋不对头,弄得舌尖靠前,搞不好以后会成个大舌头。这完全是想当然,可当时却越琢磨越觉得有问题。虽然没满月,我还是把她抱到医务所去了。大夫检查后,说没有问题。我问,能不能把舌尖下面剪一点? 大夫有些吃惊,说绝对不能那么干。我只好抱着孩子回来了。我有一个特点:发现问题了,就想把它琢磨透——至少是按我的理解琢磨透;而且善于行动,一旦认为想通了,说干就干。回到家里,我还在继续琢磨孩子的舌头,老觉得不合适,有问题。于是,我变成了二愣子,决定自己来干这件事情。平时我爱看点医务方面的书,在文工团里,也经常主动做点卫生员的事情,给大家包扎一下什么的。现在,由于担心孩子将来会变成大舌头,便激发了我当大夫的热情。于是,我让妈妈找来碘酒,把小剪刀在碘酒里泡了一个多钟头。做好准备工作,我就成了主刀大夫,掰开孩子的嘴,对准舌尖,叭地一剪刀。当时我认为那里没血管,起码不会流血。可是我显然错了,剪刀下去后,孩子哇哇大哭,满嘴的血。我吓傻了,手足无措,最后想出来的办法,就是赶紧给她喂奶。现在回想起来,我心里还直打哆嗦:孩子一定是格外疼痛,可是她不会说话,只能用哭声表达。当时孩子哭哭停停,哭累了,就昏昏睡了过去。万幸的是,后来她没有因此留下疾患。医务室大夫听说这事后,吃惊得嘴张得老大。我这个莽撞的做法,朋友们可千万不能效仿!

孩子们的牙齿,也是我的一个主要进攻目标。总后门诊部年轻漂亮的常志行大夫告诉我,孩子的牙活动了以后,要马上给她拔,因为这是要出新牙了,原来老牙就给顶活了,如果不及时拔掉,新牙就会长歪。她这一说,让我马上想到尔均的牙齿。尔均作为丈夫优点不少,可是,由于他幼时家境不好,缺少大人呵护,他那口牙长得曲里拐弯,没法恭维。我不想让孩子步他后尘。于是我告诉孩子们,牙如果有一点点儿活动,马上告诉妈妈。同时,我要求孩子早晚必须漱口,定期检查牙齿。在我的严密监视下,每个孩子都让我拔过三两颗牙。为了给孩子拔牙,我还学会了一种越拉越紧的绳套儿。哪个孩子嘴里发现了"敌情",我就找来白线,泡在酒精里消毒,然后给她们晾一杯白开水。水快凉了,我就叫来孩子,开始操作。先把线套上牙齿,拉紧线套,上面的牙往下面使劲,下面的往上使劲……通常都会顺利结束。当然,也碰到过挫折。有一次线不结实,拔一次断一次,一时又找不到合适的线。灵机一动,我想到了家里的那把小钳子。钳子消完毒,我又开始动手操作。可是这次光经验不管用了。我没想到,钳子是铁家伙,夹住牙齿后老打滑,抓不住。这次的受害者又是大女儿萌萌,虽然牙齿最终还是拔下来了,可是,嘴里却被夹出一个大血泡,把我吓坏了。

我爱漂亮,也喜欢给孩子打扮。心想,我的孩子决不能让她们脏乎乎烂兮兮地穿出去。可是钱太少,就得想点办法了。好在头三个都是女儿,穿衣服可以传"接力棒"。新衣服自然是老大先穿;穿得短了,我改改给老二穿;老二不能穿了,就给老三。开始没有缝纫机,全靠手工,许多夜晚,我都在灯下给孩子们改衣服。后来冒着严寒,同大女儿去珠市口排队,买回一台燕牌缝纫机,自己学着给孩子做衣服。这样就不必买成衣,扯点儿布头就能做,能省钱。孩子长身体,腿长得最快,所以我老给她们接裤腿儿。由于多次缝接,有的裤子甚至能比原来长出四五寸。缝纫水平提高后,我又开始学做衣服。记得第一次是给老大做上衣,剪裁时我搞反了,下面的开口开到了上面。我傻了眼,本来要做的长袖衣服,只好改成了短袖。翻翻过去照片,孩子们穿的好些衣服都是我做的。孩子们出去,我要求他们一定要穿得齐齐整整。当时家里没有熨斗,晾衣服的时候,我就一点一点用手抻匀。生老三后,我请了一个很好的阿姨。我工作忙,就把家里的钱全交给她,让她帮我管家。几个月后,她节余下一笔钱,就买回了个熨斗。此后,孩子们可以穿戴得更整齐了。

有段时间,家里的经济状况很窘迫,请不起阿姨了。由于钱紧,东西都是买成堆儿的。白菜出来了买一堆白菜,萝卜出来买一堆萝卜。想到孩子们爱吃水果,有时我和尔均就从万寿路骑自行车去一趟西单,买处理的水果。虽然质量差点,但三毛五毛可以买回来一提兜,削削洗洗能让孩子过一回嘴巴瘾。瞅着孩子们的小嘴啃得挺香,我们很快活。孩子有时候也会想到让我们吃,但更多时候,是凭生命本能行事,一个个争先恐后,狼吞虎咽。我和尔均相视一笑。甜在孩子嘴里,就是甜在我们心里,做父母的生养孩子,不就是要的这个滋味吗!

没阿姨帮忙,繁重的家务又回到我身上来了。不说别的,孩子多,洗衣服的量就大。三个孩子就至少六件衣服,加上我和尔均两人的,所以,每个星期天,我要整整洗两大盆的衣服。《红灯记》里有句话,穷人的孩子早当家,我也体会到了。真是这样的,家庭的困难培养了孩子的自理能力。我们没条件娇惯孩子,做饭洗衣,孩子就帮我打下手。我先教孩子洗小东西,洗手绢、袜子,锻炼锻炼;能力被我认可后,就管大用了:两盆衣服,我一边搓洗,她们一边清投,那时家里没水管,洗衣要到集体的水房,孩子个儿矮,水房台子高,够不着,就架个小凳子。后来我妈送我们一个很大的白瓷盆,既可以让孩子洗澡,又可以用来洗衣服,改善了孩子们的洗衣条件。

工作中我经常要值班,不能按时回来,菜放不住,都坏了,不仅浪费,而且影响孩子们的饮食。这已经到了70年代,就听说可以用冰箱冻起来,能够吃很长时间。可是,工资太少,很长一段时间,冰箱都躲在我的梦里。到了80年代初,突然一天看到报纸,说可以分期付款买冰箱。那天路过宣武门,看到了雪花牌冰箱。我倒是敢想敢干,就跑进商店,找负责人。对方问什么事儿?我说我孩子小,工作任务重,需要买一个冰箱,但钱不够,能不能分期付款。没想到对方答应得很爽快,而且说,我是第一个找上门要求分期付款的。冰箱多少钱我忘了,只记得第一次就交了80元钱。当时,80元对我不是个小数目。我显然是个很守信誉的客户,为了不欠钱,以后每个月发了工资，我就跑到宣武门，先交每月 49 元的分期付款，这是我们两人月工资加起来的四分之一。就这样，整整还了一年。我俩可算是北京市首批借贷、首批按时还贷的模范信用户！

在计划经济时代，解决孩子们的食物问题，是每个母亲最重要的事情之一。如果还有能力给孩子的嘴巴来点儿调剂，则是母亲的一种奢侈的精神享受。在电视台我常有夜班，有时发夜餐费，有时给夜餐，发点蛋糕之类的点心。这是让我很愉快的事情。我像个老母鸡，发的点心从来不吃，全要拿回来给躲在我翅膀底下的孩子们。每次领到点心，我的想象就提前飞回家里，看到了那几张红嘟嘟的既贪吃又可爱的小嘴。

一个星期天，临时接到通知，让我赶到人民剧场看戏。来不及吃饭了，家里还有十块钱，尔均怕我挨饿，让我带上。十块钱就是大票儿啊，我怕弄丢，不想带。在尔均坚持下，我带上了，准备到时候买两块蛋糕充饥，再看看可以给孩子们带回点什么。到了人民剧场路口，对面有家商店，进去看到有孩子们爱吃的江米条。我买了半斤蛋糕和一斤江米条，找回钱后，放在了兜里。戏看完了，蛋糕和江米条我一点没动，想着拿回来给孩子们吃。没想到在西单换车时出了事情。上车前我摸摸兜，想提前准备票钱，可是忽然发现，身上的钱没了，被人偷了！这下惨了。我没钱买票，但又不能不上车，因为已经到了半夜，可能是末班车，只好硬着头皮上了车，心里好难过。我挺要面子的，可这怎么说啊，万一不相信我怎么办呢？身上一分钱都没有，唯一可以作抵押的，就是手里的蛋糕和江米条，对方还未必信得过。还不错，当我说明情况后，售票员仔细打量我，可能觉得我不像是骗子，放了我一马。回来后我宽慰自己：虽然损失巨大，丢了十块钱，我俩一个月工资的二十分之一，就算是破财免灾吧！而且庆幸的是，蛋糕和江米条完整地给孩子们带回来了。

那回丢十块钱，我还向尔均哭了一场。十块钱对我们可不是小事，每过个把月我们总要带孩子们去一趟颐和园或者北海公园，公共汽车的票钱，六个人来回得六元，午餐吃面包、喝汽水四元，加起来正好十元。得要积攒好些时才能下决心去玩一趟。每个月的生活费，到月底那一天，总要差个十块八块，不得不向邻居借，这时候尔均和我就互相谦让起来了："你是领导干部，你出面借，面子大。""你的人缘好，还是你去借。"现在回想那时的生活，虽然艰难也蛮有情趣的。

可以说，孩子们是在父母浓浓的关爱中长大的。不过爱归爱，我们却从不娇惯，从小就要求他们树立自立自强的意识。也正因为如此，孩子们的身心成长都很健康，没让我们操多少心。我的三个女儿都出国奋斗过，在外人看来，她们的出国，也许是家里帮了忙。其实并非如此。

大女儿萌萌在大学是外语专业的本科，毕业后想去美国深造，又怕我们反对，就自己给美国有关大学写了几封自荐信，被对方接受了。她在芝加哥大学用英语教德语，自己读研究生，有一份助学金。直到她悄悄办完一切手续，才把事情告诉我们。木已成舟，我没再反对。尔均比我要保守一些，他的表态是："既不赞成，也不反对。"后来我自己要出国了，这才知道一套签证手续办下来是很困难的事情，还真亏萌萌能干，自己把一切都办妥了。刚到美国，萌萌日子过得很艰苦：在上学的同时，她还要打工，用业余时间给别人带孩子，后来找到一份代课的工作；直到第二年，情况才有所好转。因为第一个班带得非常好，第二年就让她带两个班，后来又当校长秘书，挣钱也多了些，不过业余时间还打工。正因为她的努力和能干，第二年，她就有能力把丈夫接出去攻读

大女儿萌萌（2012 年）

博士了。

萌萌出国,我们没有给过资助,当时也没能力资助。而且正好相反,家里后来新添的一台冰箱,还是萌萌出国后的劳动换来的。她在国外能够站稳脚跟,事业有成,完全靠自己的努力奋斗。

这笔钱有个小故事。那是 1987 年,尔均作为中国军事代表团成员去美国访问。到了华盛顿美国国防大学,刚进校门,马上就有一个人过来,问他是不是周尔均将军?得到肯定后,对方说,有件事给你说一说。尔均是军事访问团事实上的秘书长,管具体事务,以为对方有公务要商量,就跟着走了。没想到竟被对方带进了洗手间,而且交给他一封信和几百美元。尔均很纳闷,心里还暗想:难道第一次出国,就有人要搞策反?看了信,尔均才恍然大悟。信是美国国防大学校长劳伦斯中将写的,里面的钱是大女儿萌萌汇来托他转交的。萌萌很孝顺,也很聪明,听说爸爸要去美国,就想给我们点钱,在国外的出国人员服务部买个冰箱。可是尔均是履行公务,访问地点又离她的住地芝加哥很远,见面不方便。怎么把钱交到父亲手里呢?灵机一动,她想到了劳伦斯将军。过去,中美两国的国防大学建立联系的时候,劳伦斯将军访问过中国,还派他的联络官去我家做客,萌萌见过。劳伦斯将军这时已经退役,但还是很热心地帮助办成了这件事。尔均访问回国后,萌萌挣的美元变成了我们家的这台冰箱。

老二蕾蕾也很有奋斗精神。三姐妹中,蕾蕾小时候运气最差。她是1961 年出生,困难时期,我吃不到什么东西,而且刚生孩子我就得了乳腺炎,这下坏了,婴儿不能不吃奶,医生又要求尽快手术。硬坚持喂了 56 天,实在不行了,最后只好去医院做了手术,同时强行给蕾蕾断奶。大女儿是七个月才断奶,在这一点上,对蕾蕾不太公平。后来,蕾蕾又跌跤摔断胳膊,动了手术。可是祸不单行,手术做得不好,又要重新接胳膊。没想到灾难还没结束,第二次手术后,骨头仍没接好,医生检查片子后,苦着脸对我们说:还得打断了再接一回。就这样蕾蕾前后动了三次手术,每次都是全麻,身体就不如她的姐姐妹妹强壮。可是她非常坚强,思维很活跃,也很聪明,跳舞唱歌都很棒。煤矿文工团想要她去当舞蹈演员,我坚决不同意。

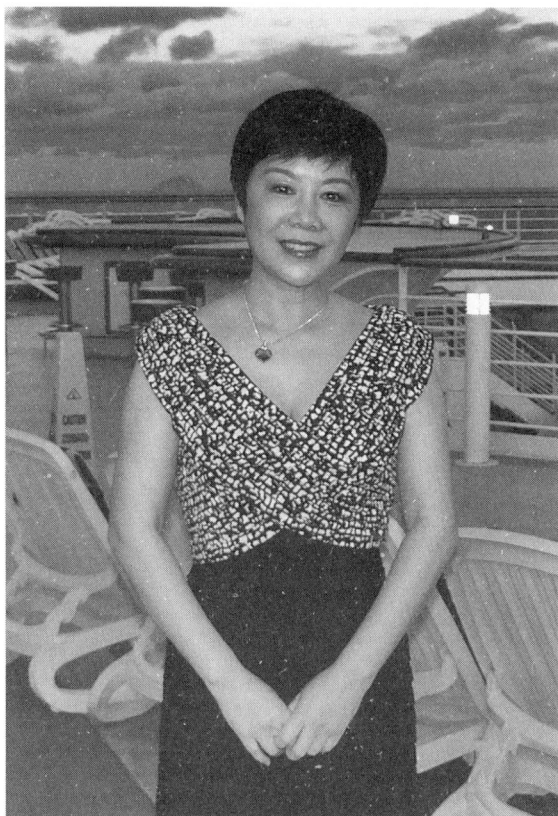

二女儿蕾蕾(2012年)

自从她胳膊摔了以后,我就认定,她更擅长的不是肢体动作,而应该是多动脑子的事情。蕾蕾大学毕业后,在国际信托投资公司工作了6年,然后去西班牙学金融,又学习工作了四年回国到银行工作,当了行长,非常能吃苦。

让我格外高兴的是,她们三姐妹感情非常融洽,互相关心体贴,无话不谈。蕾蕾在西班牙期间,为了让妹妹开阔眼界,多学点外语,自己一边学习,一边打工,还想到把妹妹周苓也接了过去。

苓苓很争气,个人条件也不错。到了国外,姐妹俩都很引人注目,当地的报纸还专门报道了这对姐妹的奋斗经历。苓苓身材很好,长得也挺漂亮,有个西班牙的摄影师就找来了,给她拍了好多照片,非要动员她当时装模特儿。国外的时装模特能挣大钱,苓苓却不干。她不想让别人拿着镜头摆布自己,她想当"拿镜头"的人。于是,她又到美国去了一段时间,回国后自己办了一家金蔷薇文化传播公司,后来她爱人郑浩也参与了公司的领导,她俩一直奋斗到现在,公司发展得很不错,在国内外有了一定影响,苓苓还被韩国聘任为旅游形象大使。在工作上,苓苓也也帮了我的大忙。我们拍摄《毛泽东诗词》和《百年恩来》等片子,还有《你是这样的人》大型晚会,经费不够,我就没客气了,要求她和郑浩承担了制片、编导和绝大部分的后期制作。《百年恩来》的主题歌《你是这样的人》，在全国反响强烈，得了中宣部"五个一工程"奖，就是苓苓剪编的。生活上苓苓最能干、最热心，我们家里的事情，我们老俩口和她姐姐、弟弟穿什么衣服、添置什么生活用具，等等，都得请她拿主意。

我们家民主空气很浓，尤其尔均表率作用不错，脾气好。当然，有时孩子调皮了，也会惹他生气，但生完气他又经常向孩子认输："怎么样，不生爸爸气了吧？"比较起来，我脾气急，表现差些。我爱干

三女儿苓苓（2013 年）

净，换下来的衣服从不过夜，不管多晚，当天一定洗掉。吃饭的碗当然更是如此。一次我让萌萌洗碗，后来发现她没及时洗，我生气了，揍了她一下屁股。当时是冬天，她穿着棉袄，尽管我使了劲，却效率不高。最后萌萌哭了，说："妈妈，你别打我了。你看你手都打红了，也没打疼我。"弄得我哭笑不得。打了孩子，我心里特别不好受，当天晚上还悄悄哭了一场。

二女儿蕾蕾也挨过一下。不过，那一回我的威风耍得不是地方，弄得自己下不了台。

那是 1961 年秋天，我带蕾蕾去西花厅恩来伯伯那里玩。蕾蕾当时才8 个多月，像个洋娃娃，漂亮极了，七伯和七妈都非常喜欢她。七伯很喜欢孩子，虽然在办公，见我们来了，就说："不干了，休息休息，咱们到海边玩

玩。"伯伯亲自抱着蕾蕾,同七妈一道,我陪着他俩散步到中南海边。在海边,伯伯在地上捡了个小乌龟给蕾蕾玩。正好碰到陈毅叔叔和张茜阿姨带着小鲁过来,他们很热心地相互聊了好一阵孩子们的情况,随后伯伯和陈老总谈事去了。问题出在吃午饭的时候。伯伯很细心,往桌上一瞅,突然说:"哦,今天怎么没有孩子的饭,没给孩子做菜?赶快让师傅炒个嫩嫩的鸡蛋。"不一会儿,鸡蛋上来了。蕾蕾大概饿了,闻到鸡蛋香味,就用小手去抓。我不高兴了,觉得这显得孩子没家教,在伯伯眼里有些丢脸。我着了急,蕾蕾的小手就挨了我一筷子。

这下惹祸了。

恩来伯伯马上皱起眉头,连问我两句:"你干嘛打她呀?你干嘛打她呀?"我脸红了,好半天说不出话来。伯伯说:"对事情要实事求是。她现在这么小,既不会用筷子,也不会拿勺,手就是她的工具。你怎么能打她呢!"

我好尴尬,恨不得有个地洞钻下去。"对事情要实事求是",我永远记住了伯伯的这次教诲。

回顾以往,我感到非常幸福:四个孩子都事业有成,又非常孝顺。说实话,那年授我"让你感动的中国母亲"这一崇高称号,我有些愧不敢当,不过,如果改成"我是一个感到幸福的中国母亲",就会坦然受之了。总结我这一辈子的经验,对下一代的培养教育,既要爱,又要严,二者缺一不可。现在,有些父母望子成龙心切,却又一味溺爱娇纵,结果下一代变得好逸恶劳,甚至忤逆不孝,这是很沉痛的教训,也往往成为现实生活中的一条规律。俗话说,"可怜天下父母心",但愿天下的父爱和母爱,都能换来浓浓的亲情和孝心。

"大名字"

儿子周强的出生，很是侥幸。

生了三个女儿后，七妈邓颖超问我："你们是不是有封建思想，一定还要生个儿子？"我说没这种思想。七妈说："那好，以后不许再生了！"

老实讲，我不"封建"，却有另一种"思想"：周家人丁不多，邓家我也是独女，从小就体会过没有兄弟姐妹的孤独感，我也天生喜欢孩子，并不反对多生几个，让品种齐全。当时没有计划生育一说，报纸也报道，人家苏联，孩子生得多的还是"英雄"母亲呢！当然，这种想法我不敢对七妈讲。在我心目中，七伯和七妈都是绝对权威，他们的话也是金口玉言。三女儿出生以后十年，我们家没再添丁。

人算不如天算。

这十年中我做过几次人流，流产后坚持工作，休息不好，结果受了风寒，落下毛病，得了风湿性结节红斑。医生说这是风湿症后期，很严重。我注意到这病的节奏感强，很对称：每个月都发烧；有时高烧，有时低烧，轮流在我身体里值班。

不妙的是，这时我又怀孕了。

我们知道七妈的态度，根本就没敢打算要孩子，准备做掉。可是，去了好几家医院，都不肯给我做。原因还是我的风湿病，再加上连续做过几次人流，大夫怕我会大出血，太危险，都建议不要做掉。中医西医都看了，意见很一致。最后又到西苑医院，请一位老中医看。老中医很认真，他说，你的这个红斑从腿上开始，会慢慢往上走；再往上，走到心脏人就没法治了。他的意见很肯定："你的病是月子里得的，必须在月子里治。"他态度鲜明地主张我生下这个孩子："生完孩子你就吃我的药，我能给你调理好。"

我和尔均左右为难，最后决定给党支部打报告，请示能不能再生一个？

这是 1972 年,计划生育还没成为国策。领导看看我的情况,见医生的意见都很一致,便同意我再生一个。我暗暗松了口气。不过,怀孕到六个多月的时候,电视台开始传达上级文件,要求节制生育。我的肚子已经有点显眼,好难为情,就觉得这文件像是专门针对我说的。

当然,最担心的是七妈那里,我们还没想出词儿来,不知该怎么向她交代。作为不是办法的办法,我们采取了回避的态度,一直躲着没敢跟她说。

事情也巧,就在这期间七妈见到了我。当时,有个美国钢琴家来中国,在我们广播局的一个厅里演出,请了周恩来、朱德等领导人观看,七妈和康克清也来了。我们单位的保卫部门,有人知道我和七伯、七妈的这层关系,就决定让我参加接待。我好为难。有了六个月的身孕,身上圆滚滚的,有的同事还误会说,你看,邓导又白又胖,哪有病啊。中央领导要来,让我接待是组织上对我的信任,我不能说不去,只好硬着头皮,"丑媳妇见公婆"。

七妈见到我,第一句就问:"在军,你怎么胖了?"

当时人多,我只能装糊涂:"是啊。"

"得减肥啊。"

"是啊。"

事已至此,我知道应该主动坦白交代了。七妈身边人杂,不方便,我瞅机会赶快找到七妈的秘书赵炜,讲了怀孕的事,也解释了前因后果,希望她帮我给七妈解释一下。

可是,赵炜还没来得及给七妈说,我又该端茶倒水了。七妈喜欢喝半浓温热的茶水,我端水上去的时候,发现七妈的目光老在我肚子上打转转。看演出时,我走不掉,挨着七妈和康克清坐着。这时,我的肚子也不时能感受到七妈的目光。看完节目,我送七妈出来。七妈说话了:

"在军,不对,你是不是怀孕了?"

这下我惨了,一点没有"英雄母亲"的昂扬。我垂着脑袋:"是,七妈,我怀孕了。"接着我讲了自己的种种苦衷,很老实,很坦白。

看得出,七妈当时很为难。这时已经有了计划生育的文件,作为国家总理夫人,她不能不考虑更多的方面。最后她说:"你们回去再商量商量,我的意见,最好不要生了。"回到家里,我把事情告诉尔均,他也感到难办。正好弟弟秉钧从广州出差来家,了解情况后,他自告奋勇去找七妈求情。他是局外人,讲话方便些。他详细地讲了我的病情,讲了医生的意见。最后,七妈终于心软了:"告诉在军,生完这个就做绝育,到此为止。"

当时,还没有能查出婴儿性别的B超,我肚里怀的是男是女,还是个很大悬念。老天爷不肯讲出的秘密,人们就喜欢猜了。在尔均单位,总后门诊部的人就说,你看看,他们想再要个儿子,弄不好又是个女儿。我们单位更不用说,背后也议论纷纷:邓导还不生啊,糟了,又过月了,肯定又是个女儿。

一切都要在产房才能见分晓。

那天上午,肚里的小东西好像急着要出来了,我被尔均送到积水潭医院妇产科。尔均没在医院陪我,被单位催走了。以往几个孩子出生,他都没能陪在身边,我也习惯了。阵痛不时发作,痛得我浑身大汗淋漓。痛苦中,我的好奇心没有休息,还在不时琢磨:到底是男是女? 女孩我也喜欢。但是,老天爷真能赐我个儿子,我会更高兴。我是搞艺术的,艺术讲究创造能力,我希望自己的肚子能像我的脑袋,同样表现出丰富的创造力。

男人不能生孩子,省去了生育中那种要死要活的痛苦,是一种幸运;但同时也是一种遗憾。只有女人才能体会,一粒生命的种子播种在体内,开始生长,慢慢成熟,逐渐会躁动不安,不时在里面踢踢母亲的肚子……那种孕育和创造生命的喜悦,是无价的。在这一点上,我同情男人。

儿子是傍晚出生的。躺进产床,我不再有好奇心和任何浪漫的思考,全副身心应付越来越强烈的阵痛。好在前面曾有三个姐姐开路,生命通道相对畅通,在我还没痛得昏过去的时候,婴儿出来了。

我听到了婴儿的哇哇大哭。在我耳朵里,这是人间最美的音乐,比贝多芬的交响乐还美一万倍!

浑身疲软中,我感觉到了产房的热闹。"啊,生个什么呀?""儿子,带把儿的!"医生的脚步声响过来:"你们家怎么这么热闹? 我在电话里都听见了。"原来是家里打电话来了解情况,那时还住在筒子楼,电话安在过道里,所以全楼道的人都知道我生了儿子,大大热闹了一番。

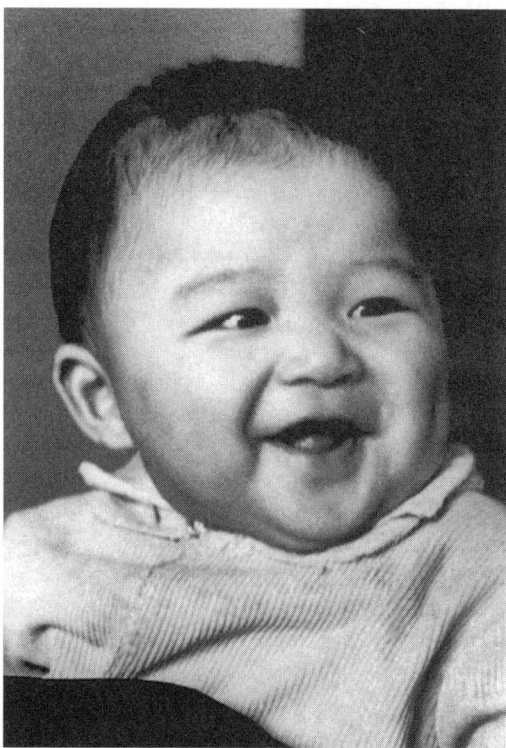

襁褓中的周强(1973 年)

有了小弟弟,几个姐姐也非常高兴。她们像一群小母亲,对这个姗姗来迟的弟弟充满关爱。弟弟是家里新一代男人,她们这种关爱里,就带有了许多新的期望,期望又让她们变得严厉,使这个小弟弟很快成了家里的"过街老鼠":在她们看来,弟弟是家里的又一个男人,应该有比她们更优秀的表现才行,因此,只要弟弟稍有不对的地方,就会刺激她们恨铁不成钢的责任感,及时提醒、批评他。总之,谁逮着他的短了,姐姐们都会觉得责无旁贷,要认真训他一顿。

儿子的脾气继承了父亲的秉性,很温和,长得又很可爱,小时候被全楼的人惯着宠着。他很好带,不爱哭。记得刚过一岁的时候,他在屋里玩,一暖瓶刚烧开的水被他踢倒了,柔嫩的小脚烫起了好多大泡。烫伤是不能急着扒袜子的,可我当时不懂,结果把整个一层皮都给扒下来了。哎哟,我急死了,抱着他就往总后门诊部跑啊,极力地跑,像百米赛跑一样。那么长一段路,如果是现在我非跑晕了不可。奇怪的是,就是这样,孩子也没怎么哭,就是那个小胖腿抖得厉害。门诊部的医生护士也都喜欢这个孩子,当时为他治疗的外科桂医生说:"你们放心,我保证他伤好后不留下疤痕。"果然,将近两个月后,儿子的烫伤好了,以后腿上仍然光滑滑的,似乎不曾发生过这件大事。说明桂医生不但医术高超,确实也做到了精心诊治,实现了他对我们的许诺。

我们这样的家庭背景,如果不注意,会让孩子养成某种优越感。我和尔均都很清楚:"温室"里长大的孩子不会有出息。高中毕业,孩子想学开车。学车的地方不少,为了让他多吃点苦,让他去了山西部队的一个汽车教导队,一边学车,一边拉煤。五个月下来,晒得跟煤球一样,人也瘦得一塌糊涂。

要考大学了。我希望他去学医,可是他却想考中央戏剧学院。我有点遗憾,可是,孩子今后的生活道路应该让他自己选择,我没反对;但是,我也不想过分给以支持。戏剧圈子里我熟人朋友多,我不想利用这些关系帮孩子。我对孩子说,你要凭本事自己去考。那次报考中央戏剧学院的有1000多人,几次筛选后,只剩下30人;他倒是顺利过了前面的关口,成为30人中的一个。戏剧学院最后只录取15人,在最后一关,我的孩子被刷掉了,没考上。事后戏剧学院的朋友见到我还问,听说你儿子考我们学校,怎么不给我们打招呼啊?孩子后来考上西安通信学院,是所军校,在西安王曲镇,离市区远。那里条件比较差,还流行过地方传染病,死过人。

儿子周强(2008 年)

开始我们有点担心,后来也就坦然了:艰苦环境才能锻炼人。几年后孩子学习毕业,面临分配去向。尔均在国防大学工作,熟人遍及全军,要让孩子分回北京很容易。虽然也想孩子守在身边,但我们没这么做,顺其自然,让孩子分配到济南部队继续锻炼。

　　1995年尔均离休时,总政几位领导关心地问他有什么困难需要帮助。尔均再三考虑后说,自己一天天老了,能否把儿子调回北京,在身边照顾。组织上同意了,考虑到周强担任过导演和摄像,总政周子玉副主任还关心地提议,将周强调进总政刚刚成立的电视宣传中心。但是,儿子自己却决心转业到地方。经组织安排,从军队调到北京市公安局工作,期间曾参与主持北京警察博物馆的建设,多次执导公安系统的大型文艺活动,立过二等功、三等功各一次。现在,他被调到中共中央台湾工作办公室承担宣传方面的工作。

与尔均、儿子周强在西花厅(**2009年**)

在我看来,孩子的培养教育中,父母不能给他路铺得太多,应该让他自己去奋斗。对四个孩子的工作,我们都尊重他们自己的意愿,支持他们自己的选择。让孩子得到幸福,是每个父母的最大心愿。我很赞同,但也清楚,生活是否幸福,和人的职业、社会地位等等没有多大关系。幸福花钱买不来,父母也给不了,全世界的保险公司,也从没保过"幸福"这个险种。幸福是一种感觉,一种体验。一个人如果能够从事自己喜欢干、又能干好的事情,就有了一块创造幸福的基石,剩下的,就靠个人的努力和运气了。三女儿周苓在一次接受台湾媒体采访时谈她的生活体验,我很欣赏。她说:"我从小就学会了平视自己和这个世界,我的目光眼界和一般人处在同样的水平位置。家世背景提供给我的是开始、是出发,接下来的是挑战,而结果是无限。"我衷心祝福我的孩子和普天下的孩子,都能坚强地应对生活中的各种挑战,找到自己真正的幸福。

我的几个孩子,名字是他们爷爷起的,女孩子全有草字头。第一个女儿,爷爷取名"周萌",初生的萌芽;第二个叫"蕾",是花蕾,长花骨朵了;第三个叫"苓",茯苓嘛,已经开花结果。生了儿子,草字头太女性化,不合适,就叫"强",周强。

这个孩子生下不久,我们报告了七妈。

七妈乐呵呵地开玩笑说:"好啊!你们有了个儿子,传宗接代了。"又问:"取的什么名字?"

我说:"周强。"

七妈笑了:"好,取那么大个名字!"

亲密无间的四姐弟

"奔驰级"手术

新千年开始,病魔又向我发起袭击。在 2001 年的一年中,我三进医院,做了两次大手术。

第一次手术是,摘除胆结石。

这年 3 月 10 日,是二女儿蕾蕾的 40 岁生日。"十年一大庆",这一天是她的大生日。我们家历来有个"传统":谁过生日谁请客。孩子们都有各自的小家了,为了照顾我俩,他们住得都不远,但毕竟不在一个屋檐下。难得有机会全家人借此团聚团聚,热闹一番,对了解彼此近况,促进家庭和睦,增强凝聚力很有好处。我们都很珍惜和保持这个好"传统"。可是谁都没有想到,由于我身体的原因,蕾蕾的这个生日却意外地遇上了一次惊险。

那天蕾蕾说,"今天换个口味吧,吃西餐。"地点定在长安街上的建国饭店。我们全都早早到了,蕾蕾这个"买单"的主角,却因为临时有事,直到下午两点多才匆匆赶来。等的时间长了,我肚子饿,多吃了几片我爱吃的黄油面包,这下惨了,刚回到家,肚子就造反了,疼得我直不起腰来。吃药、按摩都不顶用,到后来竟然疼得晕了过去。尔均亲手把我的脉搏都测不到了。家人赶紧拨打 120,急救中心很快就派来救护车,把我送进协和医院抢救。这前前后后的过程有几个小时,我全不知道。

经过紧急抢救,我终于苏醒了过来,全家这才松了口气。医院查出了病因,是胆结石引发了肺心病,医学名称是胆心综合症。医生说,这个病很危险,幸亏送院抢救及时,再耽误几个小时就没救了。胆结石是必须摘除的,但要先治心脏病,等病情稳定后才能做手术。我只好一边治疗一边休息,两个月后的 5 月份,才由北大医院的外科张宝善主任为我开了刀。张教授在北京是最早引进微创手术的,水平很高。他只在我腹腔上切了一个两公分的口子,便顺利地取出了结石。术后,他还送给我一份特殊的礼物:这次手术的全程录像和取出的结石。没想到,这个结石还很漂亮,黑晶晶的,像钻石一样,而且体积有弹子球那样大小,怪不得它能把我疼死了过去。

祸不单行,我的危运还远没有结束。就在这次手术半年之后,在我身上又查出了更可怕的病症:肺癌。

说来也巧,也是我的命好。当年 12 月份,尔均在国防大学第二医院进行体检,我也跟着做了次 X 光检查。军队的保健工作做得好,五月份,尔均已经在 301 医院查过体,年底他们单位再一次安排查体。我手术后正在家休养,医院离家只有百米远,尔均便让我陪他一起去,顺便给我照张片子。还真应了"无心插柳柳成荫"这句话,半年前协和医院为我做过全面检查,这次照 X 光,并没当回事,想不到竟查出了大问题。我要感谢国防大学第二医院的保健大夫,更要感谢放射科的金主任,他们工作极其认真,虽然我并不是国防大学的工作人员,但由于病痛缠身,时不时就近去他们那里做一下检查,放射科一直保存有我的 X 光片。这一次,他把刚洗出的片子与存查的资料仔细对照后,发现我的肺部新增添了一个黑点。金主任当即通知尔均,并建议当天就去 301 医院做 CT 检查,千万不要耽误。果然,三天后 CT 的结果出来了:初步确认是恶性肿瘤!

这一下,全家又一次炸了锅。好在我的身体多次"地震",已经锻炼了他们的应急能力。于是全家总动员,尔均和孩子们一面同 301 医院商量,请求尽快安排手术,一面拿上 X 光片和 CT 片,到北京多家医院求证。特殊时刻,尔均和孩子们表现出非凡的效率和战斗力,短短两三天,就寻访了八个医院的专家。诊断结束,八家医院中有七家确认是肺癌,只有一家认为可以排除恶性肿瘤,但这一家却是看 CT 片最有权威的。这样就出现了两种明显不同的意见。

这中间还有一个让我们感动的小插曲:301 医院对我的手术很重视,就在这两三天内已经安排好床位,定下手术时间,并由这项手术的权威、医院胸腔外科主任亲自做。与此同时,在尔均和孩子们逐个求诊的医院中,见到一位胸部肿瘤医院的院长许绍发。许院长看片后也判定是肺癌,他说了一段感人的话:"邓在军我知道,我看过她导演的春节晚会和不少节目。这样吧,这个病人我要了,我亲自为她做手术!"当尔均告诉他,301 医院已安排某位专家为我做手术时,许院长又说:"这位专家是我的前辈,医术水平很高。但我有我的优势,我年纪比他轻,临床手术做得多,每周至少要做两三例。"301 医院的重视和许院长的热忱与关怀,都使我们全家深为感激。

因为诊断结果有分歧,在要不要做手术的问题上,家人也分成了两派:多数人认为,既然大多数专家认定是癌症,就应该尽快住院手术,千万不能耽误时间。也有的认为,我刚做完胆结石手术,元气还没有恢复,身体状况难以承受这样的大手术,何况有一位专家权威持不同意见,又有上次肝癌误诊的教训,建议观察一段时间再说。另外还有值得商榷的一个问题:如果做手术,是在 301 医院做还是在胸部肿瘤医院做?

两种意见相持不下,时间又不能拖,在这次把我排除在外的家庭会议上,尔均作了最后结论:"做与不做,都是关系到你妈妈生命存亡的大事,作为亲人都难以下决心。干脆,把情况原原本本地告诉她自己,因为她已经接受过三次大手术,对癌症手术和自己的身体状况有切身体验,也有心理承受能力。做不做,在哪个医院做,都由她自己决定。"全家人一致通过。

听了他们的情况通报,我很镇静,当即下了决心:"做!请许院长做!"

尽管如此,在命悬一线之际,亲人们的心情都万分沉重。手术前,尔均和苓苓代表亲属去医院签字,尽管此前有了一些心理准备,但是,尔均在签字时,手抖得竟提不起笔来,因为手术的有关事项中有一句话让他害怕了:"在手术过程中可能出现意外直至导致死亡"。尔均放下笔,对苓苓说:"还是不做了吧!"倒是苓苓比她爸爸果断,流着泪说:"已经到了这一步,爸爸,你就签了吧!"这天晚上,没在签字现场的许院长为这件事还亲自给尔均打来电话:"你千万不要负担太重。签字是例行程序,明天邓导的手术是我做,我有把握,你应该信任我!"这些情况,我都是后来才知道的。

当时,我自己心情也很沉重:这是我第二次癌症手术,很有可能下不了手术台。即使手术顺利,也有可能过不了术后这一关。看来有不小的概率,就此与亲爱的尔均和孩子们永别了。但我也安慰自己,人总有这一天,还是听从命运安排,把自己交给医院和大夫吧。直到上手术台那一刻,我倒变得比较镇定了,甚至还同给我动刀的许院长开起了玩笑:"想不到你的手这样大,不知道要开多么大的口子,你的手才能伸得进去呢!"

手术整整做了三个多小时,家人们全都守候在手术室外,备受煎熬。手术中途,许院长从手术室出来,把尔均叫到一旁,小声地告诉他:"已经初步检验,确认是恶性肿瘤。不过手术进行得还算顺利。"总算是一个福音!神经绷得紧紧的一家人才算是松了一口气。由于麻醉剂量大,手术时间长,术后四五个小时我才醒过来。

这次手术,对我的身体显然是又一次沉重的打击:胸部切口有一尺多长,拿掉了左侧的一叶肺。不过,许院长的手术很成功。我的术后复查,是 301 医院原来准备为我手术的资深专家负责的,

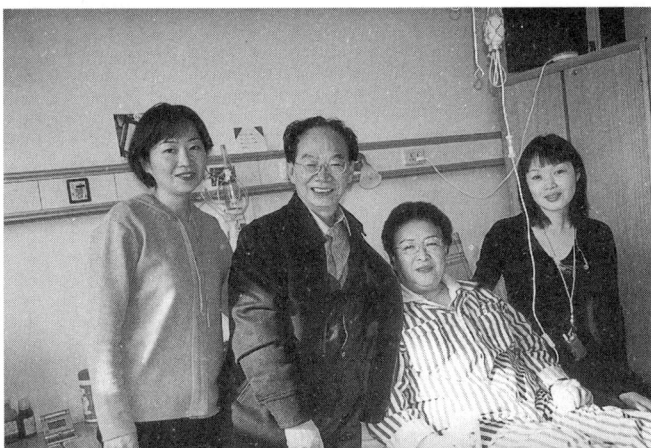

肺部手术后(2001 年)

他仔细检查后说:"许绍发我知道。从切口看,这个手术做得很不错。如果让我形容一下:我们坐的小轿车,有桑塔纳、奔驰等不同的档次,许院长给你做的这个手术是奔驰级的。"最后经检查确认,我的肺部肿瘤是原发性的,不属于1991 年那次结肠癌手术后的癌症复发或转移。

在胸部肿瘤医院住院期间,许绍发院长不但精心地为我进行检查、手术和术后治疗,又亲自安排了舒适的病房和休养条件,所有医护人员也都

热情周到地为我治疗与护理。我深深地感谢他们。

由于伤口又深又长,术后带来的疼痛是常人难以想象的。很长时间内我根本不能躺下睡觉,一换床单伤口就钻心地疼,白天黑夜都无法闭眼。尔均特地给我找来一个能够半躺半坐的单人沙发,我就在这张沙发上整整熬了两个多月。

幸运的是,由于发现得早,决心下得早,手术做得早,最终检验结果,我属于肺癌早期发现。手术日期我记得很清楚,是 2001 年圣诞节后的第二天,这样一算,从国防大学门诊部发现病灶到施行手术,包括所有咨询、检查、手术准备的时间在内,只有短短半个月。国防大学的保健医生说,在他们营院里,这样短的时间从查出病源到做手术,我是第一例。事实上,与我同时查出患肺癌的有尔均的两位同事,一位是国防大学副政委刘存康,一位是国防大学教育长徐舫艇,他俩与尔均同为国防大学党委常委成员,共事多年,又住在同一个院子里,我们都很熟悉。这两位好友都是在手术后不到一年就不幸病逝了,尔均和我十分难过。前面说过,二十年前我患结肠癌时也遇到过相似的情况。癌症确实是人类的大敌,但是,从医学的角度看,只要定期检查,及早发现,及早手术,癌症又是可以治愈的,患者朋友们对此要有信心。

回想起来挺有意思,我的身体还真是多灾多难,竟然经历了四次大手术:乳腺炎手术、结肠癌手术、胆结石手术、肺癌手术,其中两次是癌症手术。由于病痛频发,还多次被送到医院抢救,最终还是挺了过来。为此,中央电视台的《讲述》栏目对我做过专访,要我谈谈与病痛作斗争的体会。我讲了这样几点:

第一,人是要有点精神的。疾病并不可怕,怕的是精神上被恐惧所压倒。我从第一次癌症手术到今天,二十多年过去了,这期间又遭遇了几次重病,可说是九死一生。如果我一蹶不振,精神上被压垮了,整天在恐慌中过日子,身体状况恐怕不会是今天这样。在我熟悉的亲友中,也确有一些负面的事例。说实在的,每次当医生宣布我的病情时,自己确实也曾掠过绝望和轻生的念头,但最终还是在亲人和朋友们爱的力量的支持鼓舞下,精神的正能量占了上风。所以我常说,人的心态最重要。还是毛主席那句话说得好:"人是要有点精神的。"常有人问我:"你看上去不像生了大病的样子。"我总是笑着回答:"因为我还剩下有精神。"

第二,要有事业和追求。这二十多年中,我几乎年年在同病魔搏斗。恰恰在这个期间,我创作了自己一生中最重要的几部作品。比如,亚运会的电视播映;首届广场晚会《亚运前夜》的诞生;电视艺术片《百年恩来》、《毛泽东诗词》、《黄山》的创作,以及毛泽东、周恩来110周年诞辰大型晚会的执导,等等。有专家评述认为,我在艺术风格上的转型(从综艺节目到专题艺术片)与更加成熟,也正是在这个时期。朋友们鼓励我说:"很少见,你事业上的辉煌与疾病的侵袭是同步的。"我自己也感悟到,每当身体状况允许自己接受一项新的任务时,伤病带来的困扰会有所减弱;而当工作进入到紧张阶段时,常常会忘掉病痛;当工作取得成就时,成功的喜悦可以在某种程度上抵消或者减轻疾病造成的痛苦和伤害。由此我体会,对事业的执着追求,是与疾病做斗争的强大动力,能激发出强大的生命能量。

与胸部肿瘤医院许绍发院长和医护人员合影(2002年)

第三,要相信科学,相信医护人员。为我做过手术的 301 医院外科主任周礼明,北大医院外科主任张宝善,首钢医院外科主任刘京山,胸部肿瘤医院院长许绍发,做胸片检查的国防大学第二医院的金忠梅主任、王光辉院长,尤其是上海第二军医大学的吴孟超院士等等。他们医术精湛,医德高尚,不愧是一流专家,绝对值得我们依赖。我为我们国家有这样一大批德才兼备的优秀医务人员感到深深的自豪,也为此更加热爱我们的祖国,我们的党,感恩于给我第二次生命的人。

第四,有了病应尽可能地找专科医院、专科医生诊治。医学领域是一门博大精深的科学,它同时又分工细密、门类众多。而专科医院、专科医生由于所从事研究与医疗的学科相对专一,投入的时间与精力更多,钻研得更深入,临床经验也更丰富些,因此一般来说,往往能取得更好的诊断、治疗效果。比如,为我排除肝癌诊断的是治疗肝病的权威吴孟超院士,为我成功地施行肺部肿瘤手术的是胸部肿瘤医院院长许绍发博士。他们都堪称本领域当之无愧的大师。

交出"接力棒"

生命和旋律一样,都需要休止符。就在新世纪即将到来之际,我向台里交出工作的"接力棒",正式退休了。

我很坦然,也很欣慰。自己在艺术事业的岗位上奋斗了半个多世纪,取得了一些成绩,可以无愧地向她告别。同时,又经历了多次大手术,生命有点透支的感觉,也需要放缓节奏,给身体松松弦。

临别工作岗位,中央电视台文艺部的全体同志送给我一个精致的纪念座,上面题写了一句话:"不悔的追求,永远的真情"。我很感动,这既是对我几十年导演生涯的肯定和鼓励,也表达了共同奋斗过的同事们的一片真情。

如果把人的一生比作一部交响乐,退休生活,则是整部乐曲中必需的休止符。休止符之后,音乐还要延续,还应该有新的华彩乐章。所以,退休之后我又面临新的人生课题:怎样适应新的生活节奏,愉快度过晚年? 我想,只要活着,生命就需要不断追求,而这种追求,不应该因退休而停顿。总之,我希望自己的退休生活,能够继续谱写出真善美的人生篇章。

现在退休十几年了,回头看来,我觉得过得还不错,很愉快,也很幸福。

我的体会是,要想过好日子,首先要以良好的心态过好退休这一关。人们常说,退休是道"坎"。说实在的,一辈子忙忙碌碌,一朝成了闲人,无所事事,难受的滋味可想而知。多年前,一位朋友给我说过退休时的感受:"最主要的也是最苦恼的,就是空闲时间突然多起来了,不知道怎么打发才好!"另外,退休后环境发生了变化,人情冷暖有所不同,有些朋友因此心生烦恼,甚至影响身体健康。所以,退休后,心要宽,遇事想得开。

尔均在我之前三年就离休了,他的亲身实践给了我很多启发。在怎样保持良好心态的问题上,我俩有着共同语言,概括起来是四个字:"笑、俏、

不悔的追求
不变的真情

中央电视台文艺部全体同志

退休时中央电视台文艺部全体同志赠予的纪念座

跳、掉。"

"笑"。这好理解，就是要愉快、乐观，"笑口常开"。常言道："笑一笑，十年少；愁一愁，白了头。"人要知足常乐，不必自寻烦恼。上年纪的人，阅历多，见识广，容易自以为是，总担心后辈跟不上趟，同自己想的不一样，这是影响心情的一个重要因素。我虽然退出了工作岗位，但放眼看来，年轻一代成长很快，他们大多文化素质高，思想敏锐，勇于创新，完全能够接过我们的担子，而且发扬光大。"长江后浪推前浪"，"青出于蓝胜于蓝"，是社会前进的规律，值得我们天天高兴才是。我肺癌手术出院后，台里为春节晚会的事让我去接受采访录相，我发现各部门的年轻人干得很出色。在台里遇到了赵忠祥，那年我64岁，他刚满60。他好意安慰我说："大姐，我俩都年过六十了，我们这个年龄是过一天赚一天。"我哈哈一笑，认为他说的有哲理。那天，台里各工种的同志得知我刚做了手术，大家现场凑钱买来一大束鲜花，祝我手术成功，健康长寿。我心里热烘烘的，感动得流了泪。

"俏"。通俗点讲,就是要注意穿着打扮。年纪越大,越要重视。这不是说要浓妆艳抹刻意求"少";年龄毕竟是生理现象,是自然规律,不是美容和整容能够改变的。但是,这与重视仪表整洁、穿得鲜亮点并不矛盾。这样做,不仅别人看了舒服,自己也会精神焕发,心理上年轻一大截。应该相信,外表的美能导致心理的年轻。有些人把自己弄得窝窝囊囊、老态龙钟,于人于己都没有好处。这一点我倒是觉得可以向老外"学习":他们尽管七老八十了,往往不是西服笔挺,精神抖擞,就是花花绿绿,活力四射,给人的感觉就是不一样。

"跳"。这个字要广意理解,不是仅指跳舞,当然也包括跳舞。只要身体状况允许,就要让自己"活蹦乱跳":多走路,多运动,多参加点社会活动。总之,要把自己的生活圈子尽量放大些。友情无价,情意是金,经常与亲友相聚,沟通思想,有益于身心的"活血化瘀"。"饭后百步走,能活九十九",这是前人总结的宝贵经验。我从书上看到,毛主席晚年习惯于躺在床上看书批文件,从起初不愿走路到不想走路,最终导致双腿严重萎缩,行动不便,不但极大损害了自身健康,进而成为影响国家民族命运的一个重要因素。"迈开双脚",对老年人的确很重要。

"掉"。就是要敢于"自我掉价",不要妄自尊大,也不要自视清高。离退休之后,人际之间的往来自然会相应地发生变化,"门前冷落车马稀"古来如此,可谓人性特点。其实,"不在其位,不谋其政",手上"资源"少了,必然"客户"就少,自在情理之中。而且,恭维话少了,顺耳的声音少了,同时需要操劳的事情也少了,反倒有利于修身养性。我在湖南长沙岳麓书院看到一副长联,其中有这样一句话:"是非审之于己,毁誉听之于人,得失安之于数。"细细品味,这话对保持心态平衡很有好处。尔均说:我俩出身贫寒,参加革命后做了一些工作,实属微不足道,千万要把自己的位置摆正。我认为他说的很有道理。所以,离退休后,我俩时常推着小车上街买菜,购物,过着寻常百姓的生活,感到其乐融融,很舒心,很自在。我的体会是,"掉"一步,就能海阔天空。

还有一点体会是，退休以后，也要适当发挥余热，搞好工作过渡。我做了大半辈子电视导演，天天加班加点，很少有节假日。多少年来，工作的弦一直绷得很紧，如果一退下来就什么也不做，不但对事业不利，也不利于身心健康。弯子转得太急，是容易翻车的。按照一个共产党员的要求，我给自己规定了几条原则：第一，作为衔接过渡，应该继续工作一段时间，但不能过量、过久，完全"退而不休"肯定不是好事。第二，所做的事情必须遵从组织原则，既能发挥专长，又有利于充实和提高自己，丰富退休生活。第三，注重社会效益，不追求经济利益。

按照这几条原则，退休以后我也做了一点事情：

对于上级指定的社会职务、或者虽属外界聘请但具有政治社会意义的公益事业，我一般都积极承担。比如，担任中国文联委员、中国电视艺术委员会会员、中国电视家协会理事、中国人口文化促进会理事、北京影视家协会理事，以及应聘担任北京师范大学、上海交通大学、上海师范大学的客座

参加中国文联主席团会议（1996年）

在评委席上

教授等等。还有台里举办的多届舞蹈大赛评委，台里和各省、市和地方台的各种评选与研讨活动等等。参加这些活动，大多是尽义务，既是自己应该做的，也是他人对我的重视，给我的荣誉，理应尽职尽责。

对于邀请我导演晚会或拍摄各类电视片的，我就要认真考查后再作出选择。比如，应邀担任在人民大会堂举行的毛泽东、周恩来110周年文艺晚会、总政和公安部举

担任金鸡奖评委

担任中央电视台舞蹈大赛评委

办的双拥与春节晚会,全国赈灾义演晚会、谷建芬作品音乐会等大型节目的总导演,我都责无旁贷,欣然接受,全力以赴。除此之外,找我帮忙导演晚会的单位和地方很不少,有的还开出很高的报酬,一般我都婉言谢绝了。

对于电视专题片的拍摄,虽然我热爱这个事业,有兴趣也有经验,但考虑到自己的身体条件和精力不济,一般也不接。前几年在身体状况比较好的时候,我曾有选择地拍摄了两部风光艺术片:《自古华山》(8集)和《林都伊春》(6集)。人言"华山天下奇"、"黄山天下秀",我拍过"黄山"再拍"华山",我国南北两座名山的美景就都留在我的镜头里了。伊春,是东北边陲著名的森林之都,她与海南三亚,一南一北,都是我国空气质量最佳的旅游盛地。我体会,摄制风光片,可以迈开双脚,走出城市,呼吸大自然的新鲜空气;又能深入社会基层,接触普通群众,从精神上和生理上吸取双重营养。在拍摄《自古华山》的过程中,我和摄制组的同志曾8次登上华山极顶,同当年拍摄《黄山》一样,拍下了华山春夏秋冬的四季景色。艰苦的创作劳动,让我深深体验到了华山内在的美,独特的美,同时,与陕西人民

担任《谷建芬作品音乐会》总导演(左起：刘欢、邓在军、毛阿敏、谷建芬、那英。2001 年)

结下了深厚的情谊，自己也感觉良好："好女仍有当年勇"呢！《自古华山》播映后，引起各界的强烈反响，被陕西省评为一等奖。这一段经历，给我的退休生活增添了美好色彩。

再有一点，要加强体育锻炼，确保身体健康。退下来后，我全面检查了身体，诊断书上列出大小病症有 15 种之多，特别是 II 期高血压，中度心脏病，医生很为我担心。果然，后来接连又做了两次大手术。可见，安度晚年，发挥余热，把身体搞好是第一位的大事。我从自己的实际情况出发，征询专家和朋友们的意见，对改善健康状况的措施归结为两条：一是坚持服药，二是加强锻炼，二者不能偏废。现在，我每天坚持两个小时的体育锻炼，内容是游泳和走步，这两项活动运动量不算很大，但有利于全面改善身体状况，增强体力，减去多余脂肪，减轻心脏负担。我觉得，它适合于进入老年的朋友，请不妨一试。

最后一点是常与家人团聚，共享天伦之乐。过去我欠家人的很多，每年春节晚会，不光四五个月不着家，连续几年的除夕夜和大年初一、初二也

跳伞

都是在剧组过的。爱人和孩子习惯于往招待所给我送换洗衣服、吃的喝的。这亲情的欠缺,退休后终于有条件得以弥补了。现在,每周的周末我尽可能安排一顿饭,让儿孙们都回家一同欢聚。平时他们分散居住,忙于工作,见面机会不多,每周有一个固定时间回家团聚,沟通思想,既密切了亲人感情,也有利于他们的进步成长。家庭是社会的细胞,需要它保持活力,健康成长。每当这种聚会的时候,我就会深深体味到一种美妙的"天

攀登

伦之乐",觉得人间的幸福全都有了。

　　几年前,我曾应《电视生活报》之约,写过一篇有关退休生活的文章,题目是:"人间重晚晴,流霞溢光彩,彩色缤纷是晚霞。"这里请允许我把这句话,连同自己的上述心得体会,一并送给朋友们分享。

金　婚

2008年春天,我迎来了和尔均"金婚"的大喜日子。孩子们很孝顺,在北京新落成的丽晶酒店,操办了一场热烈而简朴的庆典。这次庆典,实际上有三重喜事。苓苓很聪明,她在亲手设计的请柬上,鲜明地标了三个数字:50、70、50,它们仿佛一串美丽的谜。

看到这些数字,受邀者很难一下猜到它的全部含义,但说穿了也简单:"金婚",自然要算一个"50",另一个"50",则是我与中国电视事业结缘的年头。这一年,中央电视台成立五十年了,央视从起步到腾飞,我一直与她相依相伴,不离不弃。从这个意义上讲,这两个"50",也可以说成是我在生活和事业上的双重"金婚"。"70",则是另外一个小秘密:我的70岁生日。尽管我们在请柬上已经特地注明"谢绝一切馈赠",但仍然不想把事情挑明,否则,迎来朋友们送礼,就大大不妥了。

感谢田华大姐,她给我送来一封热情洋溢的贺信,代表着所有好友们的真情:

亲爱的在军好友:

在这双喜临门的大喜吉日,我怀着最诚挚的真情祝贺您!

祝贺你从艺50周年。五十年来,您在电视导演艺术上,为广大观众创造了无数脍炙人口的光辉硕果,人们将永远感谢你;

祝贺你与周尔均伉俪最珍贵的金婚纪念。您们漫长而恩爱的50年,将是我们人生大道上学习的楷模。衷心祝愿您们未来的岁月更幸福,更美满!

田华大姐的信情真意切,让我很感动。她还不知道这天是我70岁生日,所以信中只用了"双喜临门"。多年来,她在影视艺术上给过我很多帮助,令我十分感谢!

迟来的婚纱照（中央电视台为结婚三十年以上的夫妻补拍婚纱照。**1996 年**）

金 婚

赵忠祥、倪萍的祝贺

　　赵忠祥和倪萍是电视主持人中的佼佼者，他们在聚会上的致词也热情风趣："我俩不用再申请主持春节晚会了，今天这里就是春节晚会。"这句话的背景是，当天聚会现场来了中央电视台和文艺部的领导和许多骨干，包括多届春晚的所有总导演。赵忠祥是我的老朋友了，在我担任导演后的第二年他就进到央视。聚会上，他回忆起当年文艺部全体成员举行的大合唱，当时，他和我分别担任男、女声领唱。他说："这是我们在最美好的时期有过的最美好的合作。"倪萍说，她在央视上的第一个节目，就是我导演的《多彩春宵》。她当时战战兢兢，生怕出错，"感谢邓导像母亲一样慈祥地对我说：'闺女，你特别好，特别好，很自然'。邓导的话给了我自信。"

　　导演王冼平也上来致词，她说："我向邓导学习 25 年了。她从第一天起就对我说：我是你的老师，也是你的母亲。对我导演的节目，邓导都是像妈妈看女儿的作品一样，给我以指点。"她流着泪为我唱了一首《父亲的草原，母亲的河》，让我体味到一种温馨的深情。我的老搭档陈铎，当天的主持人李扬，摄像师郑宏宇、刘文山，以及佟铁鑫、张华敏等多位好友，也纷纷上台致词和献唱。他们浓浓的友情，使我不断回忆起共同度过的难忘岁月。

使我最为激动的，是另一次庆祝中国电视事业50年"金婚"的庆典，在场有众多的影视界知名人士。在这个盛典上，当年春节晚会的总导演、中央电视台文艺部副主任陈临春，以全体电视人的名义，送给我一段热情洋溢的赠言："每一个行业都有佼佼者，但是最值得骄傲和尊敬的是它的开拓者。邓导可以说是我们电视行业名符其实的开拓者和一代杰出代表。这一代人注定会载入史册的。"他还代表电视人和观众，当场赠送我一个插有50支蜡烛的三尺大蛋糕，几千名在场观众齐呼"一、二、三！"一起陪我把蜡烛吹灭。那一刻，我激动得热泪盈眶。

对我的上述评价，自己当然受之有愧。我很清楚，50年来电视艺术的成就，是一代又一代电视人共同奋斗的成果，是集体智慧的结晶，尽管其中也包含有我的努力。抛开个人的角度，我倒是赞成，对"开拓"这两个字应该予以强化和倡导。回忆50年艰难跋涉的过程中，自己作为第一代的电视编导，第一台综艺节目、第一台春节晚会、第一台广场晚会、第一部电视专题艺术片的诞生，第一次为歌伴舞、第一次动用直升机航拍、第一次军乐队广场行进演奏、第一次把史料、采访、音乐、歌舞与现场拍摄相结合等艺术形式的运用等等，这些都为扩展电视艺术的思维空间，开拓电视艺术的前进道路，奠定了重要基础。当然，这同样也是全体编导创作人员、技术人员与演员密切协作、共同努力的结果，是经历了一次又一次的尝试、失败、修改直到最终取得成功。回顾过去，我深深体会到，追求是创作的动力，创新是艺术的灵魂。艺术的创造需要灵感，需要刻苦追求的痴情，更需要锲而不舍的精神。为了创新，常常使人身心交瘁，但同时也会带来一次次成功的喜悦和奉献的欢欣。

浓浓的亲情，浓浓的友情，在这种氛围中庆祝我和尔均的"金婚"，不能不感谢上天的恩宠。

我从来认为，做人，一要有事业，二要有朋友，三要有美满的家庭。作为一个女人，能有一个真心爱你、你也乐意以身相许的丈夫，是人生的大福分。在我看来,有了这种福分,就等于在生活的大海里有一艘永不沉没的诺亚方舟,你就能生出胆量,坦然面对各种人生风浪。我庆幸自己命好,能拥有这样一艘"诺亚方舟"。

应北京电视台邀请,做《夫妻剧场》栏目的嘉宾(2001 年)

外人可能难以相信,我们也曾有过许多经济窘迫的日子。在长达十多年的时间里,我们在筒子楼里总共只有 20 平米的一间房,要住七个人:我俩和四个孩子,再加一位保姆。我们的房子里曾经没有一把椅子,七妈来看我们时,只能请她老人家坐小凳子。我们也曾度过一个月差十块钱就得断粮断菜的生活。不过,回想起来也很欣慰,那些日子,我们虽然经济上困窘,却没有因此影响夫妻情感和家庭的温馨。转业进电视台后,我清楚自己文化程度不高,为了尽快熟悉业务,就想多学习,多实践,多看看别的导演转播节目,借鉴他们的长处。家里当时没有电视机,也没钱买,又想学习观摩,因此,只好每天大老远跑到电视台去看,刮风下雨也很少间断,经常到晚上十一二点才能回家。见我这么辛苦,尔均很心疼,也不放心。一天,家里出现一台14英寸的黑白电视机,天津产的。尔均得意地对我说:"在军,现在你可以在家里看电视了!"突然有了电视,我暗暗吃惊。果然不出所料,是尔均自作主张,拿出了家里全部存款买的。当时满打满算,好歹有了500元存款,这一下就全花完了。尔均的这一决定,虽然有点独断专行的味道,但"马屁"拍得恰到好处,我虽然有点心疼钱,心里却很温暖,对尔均的体贴非常感激。

让人苦笑的是,这台电视机带来的效果,却有点黑色幽默的味道。虽然已经进入70年代,电视机还不是大众消费的东西,很少进入一般家庭。知道我们家有了电视机,筒子楼里的孩子们欢呼起来,每天匆匆吃了晚饭,就端起小板凳在我家门口排队,催着我们快点吃饭开电视机。孩子们是天真率直不懂世故的,我们也不想让邻居和孩子们失望,因此,这台电视机没能完全实现尔均的初衷,有些晚上,我还得往电视台跑。

患难中最能见到人的真情。前面讲过,入伍填成分时,我非常愚蠢地填成了"地主",以后许多年,我为这一愚蠢付出了沉重的代价。

第三个孩子出生后,有段时间我们付不起保姆费了,家里的孩子又得有人照料,于是,我只好向妈妈求援。那时候正好精简城市人口,动员职工退职,在幼儿园工作的妈妈心疼我,就主动退职。拿了很少一点退职的钱,从重庆来到我这里,帮我带孩子,成了自带薪水的"保姆"。万万没有想到,这却给妈妈带来天大的委屈。家乡我有个远亲,见我把妈妈接来北京,她不高兴了。这位亲戚竟然"大义灭亲",写了封"揭发"信,说我们划不清"阶级阵线",把一个"地主婆"弄到了北京。她把信分别寄到北京我和尔均的单位。

当时正在搞"四清","血统论"极有市场。日本有"贱民部落"一说,印度也有"种姓制度",人还没出生就分出了高低贵贱。中国的"血统论"也差不多,所谓"地、富、反、坏、右",就是当时中国社会底层的"贱民";而一旦成了"贱民",每个"革命群众"都是有权利唾弃的。令人恼火的是,那个年代虽然荒唐,在某些问题上办事效率却极高。在北京,单位领导看到信,也吃惊了:怎么接了个"地主婆"到北京来呀,还给她上了户口! 于是立马查办。结果,帮我母亲上户口的领导和办事人都受到了批评,我母亲也被"赶"出北京。妈妈受了极大委屈,变得爱激动,因此得了脑血栓,瘫痪了十多年,最后因此不治去世。我对不起我的妈妈,在妈妈面前,我永远内疚。

与此同时,这件事也给尔均带来了压力和很坏的"政治影响"。他虽然"根红苗正",但是,找个爱人是地主出身,还把是"地主婆"的丈母娘弄到北京,上了户口,这显然是严重的"政治觉悟"不高的表现。在那个年代,对于我的"地主"成分,尔均的确缺少"政治觉悟";他给予我的,只有浓浓的爱和人性的温暖。他性格儒雅,脾气温和,但涉及此类问题,却表现得非常坚毅果敢,为人处事,辐射出美好的人性光辉。为此,我无数次暗自庆幸,当初没有嫁错人。在那个非常年代,他对我表现出的真挚的关爱,我永远铭记在心。

相濡以沫

文化大革命期间，我们更加相依为命了。虽然我们是国家总理的亲属，但恩来伯伯的处境非常微妙，他不仅难以给我们提供足够保护，有时反而会因为他的政治地位的波动给我们带来不利影响。文化大革命开始不久，尔均也在单位挨整了。他是首长秘书，造反派要求他揭发首长的问题，他不配合，自然没好果子吃。当时，他在解放军总后勤部政治部当秘书科长，由于受到一连串冲击，置身于诬陷和批判的恶浪中，人也日见消瘦，显得极度疲惫。精神的痛苦带来身体的病变，他早早地戴上了"冠心病"的帽子。而病变又加重了精神的痛苦，他还不时说出这样的话："人活着，太累！"有段时间，他甚至想到过自杀！那段时间，我总是提心吊胆，真怕他做出蠢事，一再安慰他：别想那么多，大不了我们回农村种地。患难之中，正是这种精神上的互相慰藉，让我们相依相扶，熬过了那些不堪回首的苦难岁月。

中国的政治乌云驱散后，随着中国电视艺术的发展，我个人的事业迎来了新的春天。我很清楚，这些成绩的取得，离不开尔均的鼎力扶助。

这些年来，我执导了一千多部电视文艺作品，行内人知道，这是一个比较惊人的数字。让我内疚的是，这个数字是用我母亲和妻子角色的部分失职换来的。对此，尔均从无怨言，总是毫无保留地给我以理解和支持。电视文艺时间性强，经常要突击干活，我又办事认真，一旦有了任务，就全身心扑进工作，很少顾家。比如办龙年春节晚会节目那一次，同时执导当年的元旦晚会，我有整整5个月时间没回家。到了晚会播出那一夜，作为总导演，我没时间合眼；第二天上午，又要赶到人民大会堂参加中共中央、国务院、全国人大、全国政协举办的春节团拜会。作为国防大学政治部领导人，尔均也参加了团拜会，我们在会场见面了。分别了许久，却来不及多说，千言万语浓缩成会心一笑，变成了简短问候："春节好！""辛苦了！"随后便又投进人流，去忙各自的事情。直到大年初三，我还在剧组无法脱身。尔均只好带着孩子们来到剧组和我团聚。这样的事情经常发生。

"金婚"中回忆历历往事，更让我感到，过去的这50年间，每一天都过得充实而又温馨，每一个日子都像金子一般地闪闪发光，无比金贵。

携手伴君行

人世间的"金婚"不算很多,所以珍贵,也容易出故事。

2008 年秋天,湖南卫视举办两年一届的电视金鹰节,导演登门请我去参加并担任颁奖嘉宾。他了解到我和尔均刚刚度过金婚后,大喜过望,因为他们这次预定的获奖主要剧目就是电视剧《金婚》。此后,湖南卫视的编导便悄悄地设计了一个节目,让《金婚》的男女主角张国立和蒋雯丽主持,请我俩在晚会现场亮相。有意思的是,《金婚》电视剧两位主角的经历同我俩非常相似,湖南卫视编导把它归纳为"五个一样":一样的自由恋爱(佟志追文丽,尔均追在军);一样的四个孩子(而且都是三个女儿,一个儿

张国立、蒋雯丽的祝贺(2009 年)

子）；一样的艰苦岁月（政治上和生活上饱经患难）；一样的人生风雨（文丽和在军都患了癌症）；一样的金婚（50年）。

对这个节目，湖南卫视高度重视，事先完全保密，直到晚会开始前才给我俩打招呼。导演让我们先到幕后，与舞台上的国立、雯丽与演员、观众一起，观看了两部他们预先录制的短片。一部是我俩的生活片断与《金婚》电视剧中两位主角的剧情对照。另一部是湖南卫视对韦唯、牛群、费翔、朱时茂等明星人物的采访。这两部短片我们也是第一次见到。我很感谢韦唯等好友对我俩的真情祝福和倾诉，特别是费翔说的几句话让我格外中意：

一个成功的导演最主要的是判断准确，懂得选人才。邓导就在50年前选了最好的男人。

当我俩登台时，雯丽继献花之后，提出了一个我们事先没有思想准备的问题："请告诉我们大家，您俩50年恩爱的秘诀是什么？"

幸好，回答这个问题自己并不需要任何准备。我把切身感受归纳为一句话："信任、理解与宽容。"

接着，我灵机一动，把这个话题推给了尔均，让他谈谈对"信任、理解与宽容"的看法。尔均反应很快，他说："对自己真爱的人，应该既爱她的优点，也爱她的缺点。因为她的缺点也是你真爱的一个组成部分，缺少了这个部分，你的爱就不是完整的。何况你认为的缺点，其实很可能恰恰是她的特点和优点。"

我们看到，台下一些影视明星，听得认真，频频点头，有些人还掏出手帕擦拭眼泪。

这也许就是爱的感染，爱的传导。

话说回来，朱时茂在简短的祝词中特别提到："邓导，你和老周下一次办'钻石婚'时，可别忘了通知我啊！"

是啊，"金婚"是不会让我骄傲的，前面还有"钻石婚"呢。

我想，有尔均相伴，这肯定不是问题。

尔均不仅给我提供了一个稳固的家庭大后方，工作上也经常给我以具体帮助。他爱学习，走到哪里都爱买书，文字能力强，而且政策水平高，所

笑逐颜开

以,有些节目的把关,我很乐意请他帮我出主意,当参谋。比如《毛泽东诗词》、《百年恩来》等节目,他就曾亲自字斟句酌帮助修改剧本。国防部长迟浩田上将同我俩很熟,有一次当面和我俩开玩笑说,尔均作为一名将军,"名气没有邓导大,还给邓导当参谋呢!"尔均笑着回答:"您说得对,每次我俩一起参加活动,我都自觉地往后靠,因为别人大都认识她,向她握手问好,不知道我是何许人也!"他这一谦虚不打紧,我更为有将军"当助手"而洋洋得意。

在尔均身上,我学到了一些很好的品质。他工作细致,对人对事很认真。这点我不如他,我比较粗。举个例子,有很多观众给我来信,忙起来我就忘了回信,他就会提醒我:不行,这是人家对你的信任。有时看到我实在忙不过来了,他甚至会替我回信。在做人上面,尔均非常不错。

可以说,我们两个人的性格正好互补。他比较稳重、内向;我则很直爽,有意见就想说,不让我说,两分钟我都憋不住,绝对要一吐为快。不过我一说完就很快全忘了,该笑的我还笑,该干吗的还干吗;有时实在把我惹急了,哭一场也就没事了。在我看来,夫妻之间这种不同个性,正好可以互相取长补短,使爱情常新,历久弥坚。

三年前,尔均查体发现患有肾癌,301医院及时为他做了手术。我和孩子们在医院日夜陪伴照顾,术后他身体和精神都恢复得不错。尔均另一个肾的功能也不好,几个孩子争着表态,如果需要,就用他们的肾替换。其实,他们也都是四五十岁,携家带口的人了。有如此可爱的儿女,有如此美好和谐的家庭,我和尔均什么都不怕了。我俩会继续互相勉励,相互扶持,以坚强乐观的精神,应对疾病和生活中可能出现的一切困难和挑战。

写到这里,我不禁想到了在我俩55周年结婚纪念日、也是我75岁生日这一天,尔均写给我的一封信。当我看到信时,不禁充满了幸福与自豪感。正如费翔所说的,当初没有选错了人,嫁错了人。这封信本是我的私密,一直珍藏着,现在不妨把它公之于众,同读者分享我俩发自内心的深情:

献给在军我的爱妻

你是我爱的唯一,

生命的全部寄托,

幸福和欢乐的不竭源泉!

55年前,

美丽、善良、聪颖、勤劳、坚毅、干练的你,

选择了我这个笨拙的大男孩,

从此,灿烂的阳光照亮了我的一生,

使我俩有了世间少有的幸福美好的家庭。

我不会忘记,是你的爱心和无私奉献,

扶持着我走出人生的最低谷,

支撑我们全家度过最艰难的时刻,

无时不刻不在温暖着每一个人的心灵。

我感谢上苍把你赐给了我,

也祈求着来生我俩再做恩爱夫妻,

生生世世,直到永远!

祝你生日快乐，身体健康，

天天高兴，幸福永远！

你的爱人、夫君　尔　均

2013 年 1 月 15 日

为我们的相知相爱、相濡以沫，风雨共度 50 年，阎肃好友书赠我俩诗作一首，并亲自在聚会上朗读：

伴君行

一叶扁舟浪花中，

去年海北，今岁江南，明朝河东，

任黄花碧水，青山红叶，白发秋风，

随你奔波这久，也算是五彩人生。

咽下了千杯喜，百盅泪，万盏情，

仍留得一颗心，七分月，三更梦，

淡定从容伴君行。

缘分已注定，心海早相通，

携手坎坷路，遥对夕阳红。

将惆怅、怨恼、寂寞、悲凉都抛却，

把忠诚、理解、宽容、和善拥怀中。

人生难得是相逢，

记得年年定情夜，香飘渺，月朦胧。

阎肃兄与我合作多年，他才思敏捷，功底深厚，我一直很敬佩。他这首《伴君行》，是一首深刻表述两情缱绻、生死不悔的难得佳作，也是我们收到的极好礼物。感谢阎肃老哥多年来的关心与支持。

生活在继续，每天都有太阳升起。这几年里，每当遇到喜庆的日子，孩子们都会纷纷涌到我和尔均跟前，送上礼物和鲜花。外面阳光灿烂，屋里欢声笑语。瞅着亲人们的张张笑脸，恍惚间，我觉得就像在看一部好莱坞的生活大片。好莱坞的电影里，主人公通常都会历经磨难，但到了后来，总

阎肃朗诵《伴君行》

会有一个令人欣喜的美满结局。我前面大半辈子，虽然谈不上有太多惊涛骇浪，但精神和身体也是磨难不断，一波三折，最后，靠了自己的奋斗和亲人们的扶持，也靠了命运的恩宠，让我一次次柳暗花明，遇难呈祥。

回顾过去的岁月，我感受到生活的阳光无比灿烂，全身心都洋溢着幸福的喜悦。

在这里，我还要感谢谷建芬大姐，在我俩"金婚"庆典上，她说的一段话，既真诚感人，又富有教益：

我和在军1988年相遇，一首《思念》，使我们成了不需要说任何多余的话的好友。我们有过多次愉快的合作，也常常互通电话，她称我为姐，这样，我俩就成为比朋友更深一层的姐妹。她事业有成，生活幸福。她对所有的弟子，教他们的不只是怎样当导演，怎么取得成就，而是如何做人。因此今天这个场合，营造的就是一个"情"字，我很受感动，自己也融在其中。70岁只是人生的从头开始，80是青老年，90才是中老年，活100岁没有问题。生活对我们这个年龄的人、从那个时代走过来的人，感受到的是阳光越发灿烂，世界越来越美丽。我俩既以姐妹相称，就让我们携起手来，健康再健康，快乐再快乐，一起走向最辉煌的时刻！

谷建芬的祝贺（2008年）

建芬大姐说得好，人生从70开始，生活需要健康和快乐。我很高兴地看到，现在，我的身体没有老化，每天都能在游泳池里使劲扑腾；心灵也依然活跃，不时涌动着创作激情；甚至嗓门也还响亮，人们经常能听到我的开怀大笑。生活给了我丰厚的馈赠，我很感激，我觉得我不该贪婪，应该继续奉献我的经验和智慧，回报社会，回报生活。作为个人，我很渺小，但许多"渺小"形成合力，是伟大的。

爱，让我们的人生更加美好。

爱，使我们热爱的事业不断腾飞。

爱，也让我在每个早晨，都将怀着感恩的心情，打开家门，和尔均紧紧携手，在孩子们鲜花般笑脸的簇拥下，走向我们生活的下一个站台——钻石婚。

我衷心祝愿：

天下有情人都成眷属！

天下的家庭都像我们一样美满幸福！

幸福的第三代

爱给我们带来快乐和幸福（2008 年）

邓在军艺术活动年表

1938 年

● 1 月 15 日　出生于重庆市荣昌县一个工人家庭。

1944—1949 年

● 重庆市荣昌县崇恒小学读书。

1950 年

● 重庆市荣昌县伯桥中学读书。

● 当年 9 月，参加中国人民解放军，任第 12 军 35 师 103 团宣传队队员。

1951 年—1958 年

● 先后任西南军区卫生部文工队队员、西南军区后勤文工团团员、海军政治部文工团团员、海军东海舰队文工团团员、成都军区战旗文工团团员。从事独唱、合唱、舞蹈、戏曲、话剧、歌剧等多种节目的演出，为此后从事电视综艺节目的导演奠定了良好基础。

● 师从著名音乐家、中国音乐学院林俊卿教授学习声乐，在上海戏剧学院和中央乐团进修。

● 当年 7 月，调中央电视台（原名北京电视台）文艺部，先后担任播音、音响编辑、文艺编导，是我国第一代电视播音员和第一代电视导演。

1960—1978 年

● 主要承担音乐、舞蹈、戏剧及重大政治活动、重大节目的电视导演。其中，得到社会广泛关注和好评的主要文艺节目有：

音乐舞蹈类：音乐舞蹈史诗《东方红》、《长征组曲》、《白毛女》、《天鹅湖》、《宝莲灯》、《小刀会》、《鱼美人》、《海侠》、《蝶恋花》、《红色娘子军》、《江姐》、《红珊瑚》、《洪湖赤卫队》、《吉赛尔》、《货郎与小姐》、《蝴蝶夫人》、《卖花姑娘》、小提琴协奏曲《梁祝》、钢琴协奏曲《黄河》等。

戏剧、戏曲类：《茶馆》、《骆驼祥子》、《蔡文姬》、《武则天》、《霓虹灯下的哨兵》、《伊索》、《茶花女》、《龙江颂》、《沙家浜》、《红灯记》、《奇袭白虎团》、《智取威虎山》、《李白戏权贵》等。

重大节目及自办专题文艺节目：《我们怀念您，敬爱的周总理》、《笑的晚会》、《歌唱家的聚会》、《春天的旋律》、《为祖国歌唱》、《希望的风帆》、《来自草原的歌声》、《并马高歌》、《祝您一路顺风》等。

- 摄制与国外交换用的电视文艺贺年片多部。
- 在此期间,受"文革"冲击,下放河南"五·七"干校劳动。

1979 年

- 在中国共产党十一届三中全会刚刚结束后的除夕之夜,与杨洁合作,编导播出《迎新春文艺晚会》,这是中央电视台首次在春节期间直播的综艺晚会,也是首次采取"茶座式"的展现形式,从此奠定了央视春节晚会的基础。

1980 年

- 与杨洁、黄一鹤合作,再次编导播出《80 年代第一春》春节晚会,采用多城市联播的新形式,丰富了春节晚会的形式与内容。

1981 年

- 编导国庆专题文艺节目《民族团结的赞歌》获得成功,国家民委召开颁奖大会予以表彰,揭开了中央电视台自办大型文艺晚会的新篇章。
- 导播舞剧《丝路花雨》,获中央电视台电视艺术节目奖。
- 在此前后,编导的专题文艺节目陆续在"音乐舞蹈"、"周末文艺"等栏目播出,并多次获奖。这是中央电视台最早以栏目形式举办综艺类节目。
- 加入中国舞蹈家协会。

1982 年

- 响应党中央号召,深入安徽农村采风,编导摄制了反映农村改革新气象的音乐专题片《在希望的田野上》,被称作"反映时代脉搏的杰作"。其同名主题歌风靡全国,成为经典音乐作品。
- 编导"五一"劳动节文艺晚会。在《金梭与银梭》节目中,开创了为歌伴舞的艺术表现形式。
- 编导专题艺术节目《建设者的歌》、《赵青的舞蹈艺术》。

1983 年

● 与黄一鹤共同执导,成功地直播了又一届大型春节联欢晚会,其规模与影响均超过以往。"春晚"从此成为我国人民文化生活的一道特殊风景线。

● 导演录制电视艺术片《踏花追歌》,被选送布达佩斯国际电视节。

● 编导播出国庆 34 周年文艺晚会《青春的乐章——献给母亲的歌》。

● 编导录制《延边歌舞》、《歌舞之乡》等专题文艺节目。

● 以上均获中央电视台颁发的电视艺术节目奖。

1984 年

● 困扰多年的"家庭出身"问题得到澄清,光荣地加入中国共产党,实现了多年夙愿。

● 编导播出庆祝国庆 35 周年专题文艺节目《和祖国一起成长》,获中央电视台电视艺术节目一等奖。

● 编导天安门广场焰火联欢晚会实况转播,同时获得电视艺术节目一等奖、广播电影电视部部长通令嘉奖。

1985 年

● 编导播出《欢欢喜喜度元宵》和《闽南元宵行》文艺晚会、国庆文艺晚会《祖国,您好》、专题文艺节目《妙歌从心灵深处飞出》。

● 作为中国电视代表团成员访问日本,携编导录制的电视专题片《祝您健康》参与中日电视艺术交流,得到日本电视界同行的赞扬。

● 加入中国音乐家协会。

1986 年

● 编导录制《古今戏曲大汇唱》专题文艺节目,首次采用电声乐器引入传统戏曲伴奏,此项改革受到各界观众热烈欢迎。获首届全国电视文艺"星光奖"。

● 执导国庆文艺晚会《时代的音符》。同获首届全国电视文艺"星光奖"编导奖。

● 出席中国电视艺术理论座谈会。

1987 年

● 担任兔年春节晚会总导演。这届"春晚"被媒体誉为"历届春节晚会最成功的一次"。获全国电视文艺"星光奖"最佳节目奖、最佳导演奖，并成为首届"星光奖"获奖最多的导演。

● 编导播出首届全国电视文艺"星光奖"颁奖晚会《今夜星光灿烂》。晚会本身也获得"星光奖"优秀节目奖。

1988 年

● 担任龙年春节晚会总导演并取得成功，再获全国电视文艺"星光奖"特别节目奖。

● 担任中央电视台建台 30 周年文艺晚会《愿您笑口常开》总导演。首次采用军乐队广场行进演奏、木偶伴真人表演等形式。同获"星光奖"。

● 在《人民日报》发表专题论文：《适应群众的审美意识和心理追求》，对春节晚会的形成及艺术特色从理论上进行了总结与探讨。

● 出席全国电视文艺研讨会，作题为《怎样办好大型电视文艺晚会》的发言。

● 担任 1989 年春节晚会顾问，辅佐青年导演工作。

● 被广播电视部聘为中国电视艺术委员会委员。

● 被广播电视部聘为艺术系列高、中职专业评审委员会委员。

● 被中央电视台聘为青年电视理论研究小组顾问。

● 参加中央音乐学院少年交响乐团赴瑞士、意大利访问演出。

1989 年

● 被中央电视台聘为高级编导。

● 担任国庆 40 周年大型电视文艺节目《我爱你，中国》总导演。再获全国电视文艺"星光奖"。

● 担任 12 集大型电视风光艺术片《黄山》总导演。同获全国电视文艺"星光奖"。

● 编导录制《波光水影话方圆》文艺晚会。首次在电视文艺节目中使用水上舞台。

●在中央电视台编导与技术人员评议考核中被评选为"好编导"。

1990年

●担任第十一届亚运会开幕式、闭幕式电视转播总导演。首次运用直升机在北京中轴线上空航拍。此次播出获得国内外舆论高度赞扬,编创的主题歌《同一首歌》广为流传,成为经典音乐节目。被授予亚广联"开拓时期特别奖"、全国电视文艺"星光奖"特别奖、先进工作者,并获广播电视部和亚运会组委会书面表扬。

●为准备此次现场播出,在亚运会举办前编导播出了有七万余名观众参加的大型文艺晚会《亚运前夜》。报刊评述:此次晚会"标志着中国广场艺术向新的、多维的时空迈步"。

●当年十一月,因超负荷工作住院,确认为结肠癌,施行手术。

1991年

●3月,中央电视台举办《邓在军电视艺术研讨会》。有关领导和文艺界人士100余人与会,对邓在军电视艺术成就、艺术思想的形成、发展与特色进行了深入探讨。中国音乐文学学会主席乔羽在发言中指出:"邓在军的电视艺术史,是中国电视艺术史的重要组成部分。她代表了我国电视艺术的成就。"中央电视台研究室出版了《邓在军电视艺术研讨会汇编》。

●连续三次执导《洪水无情人有情》赈灾义演晚会,为灾区募款1700多万元。中国国际减灾十年委员会颁给荣誉证书。

●应聘担任"全国民族管弦乐展播"评委。

●应邀担任《瀚海双星》文艺晚会总导演。

●同年10月,获国务院授予政府特殊津贴与证书。

1993年

●为纪念毛泽东诞辰100周年,出任21集电视系列艺术片《毛泽东诗词》总导演。播出后获得广泛好评,广播电视部领导赞誉为"当年电视文艺的精品"。

●华文出版社出版《邓在军电视艺术》专著。

●应邀担任"首届十大电影明星评选活动"评委。

- 荣获中央电视台颁发"从事电视事业 35 年荣誉证书"。
- 应邀担任中国业余国际标准舞协会顾问。

1994 年

- 着手筹拍电视专题片《百年恩来》，出任总导演。
- 加入中国电影家协会。

1995 年

- 应邀担任解放军总政治部大型"双拥"晚会《春天与你们同行》文艺晚会电视总导演。
- 应邀担任公安部《光荣啊，共和国之盾》大型文艺晚会总导演。
- 应邀担任中国国际管乐艺术节总导演。
- 导播《五·一之夜》文艺晚会。
- 应聘担任欧洲《东方卫视》节目委员会顾问。
- 被陕西渭南市电视艺术家协会聘为高级顾问。
- 国防大学出版社出版《缪斯的女儿——邓在军》专著。

1996—1998 年

- 为纪念周恩来诞辰 100 周年，以三年时间，导演摄制了 12 集电视专题艺术片《百年恩来》，播出后引起社会强烈反响。获中国电视金鹰奖、国家首届音像出版奖，主题歌《你是这样的人》获中宣部"五个一工程"奖。
- 荣获"中国流行歌坛十年成就奖"。

1998 年

- 当选首届中国百佳电视工作者。
- 被上海交通大学、北京师范大学聘为兼职教授。
- 被陕西省华山文化研究会聘为名誉顾问。
- 被北京市西城区师范学校聘为荣誉教师。
- 被南京市府西小学聘为校外辅导员。
- 7 月 1 日，从中央电视台文艺部退休。文艺部全体同志赠予纪念座，题称："不悔的追求，永远的真情"。

1998—1999 年

- 发挥余热,先后担任八集电视风光艺术片《自古华山》、六集电视风光艺术片《林都伊春》总导演。前者被授予陕西省电视文艺一等奖。
- 再次担任中国国际管乐艺术节电视总导演。
- 应日本创作学会名誉会长池田大作邀请访问东京,日本创价大学校长授予荣誉博士学位,池田大作出席典礼。

2000 年

- 参加中央电视台纪念党的 80 周年大会,作为老同志代表,在会上作了《引路之恩永不忘》的发言。
- 当选中国人口文化促进会理事。
- 担任中央电视台第一届 CCTV 舞蹈大赛评委。
- 应聘担任"中国行业电视节目展评"评委。
- 同年 5 月和 12 月,住院施行胆结石和肺部手术。

2001 年

- 当选中国文联第六届全国委员会委员。
- 当选中国电视艺术家协会第二届理事会理事。
- 应邀担任《谷建芬作品音乐会》总导演。
- 担任中国电视金鹰奖评委并颁奖。
- 被青海省西宁市委、市人民政府聘为形象大使,授予荣誉市民光荣称号,并赠予金钥匙。

2002 年

- 当选中国电视艺术家协会第三届理事。
- 担任中央电视台第二届 CCTV 舞蹈大赛评委。
- 应邀参加中国电视金鹰节,担任颁奖嘉宾。

2003 年

- 重庆出版社出版邓在军自传体文学作品:《屏前幕后——我的导演生涯》。
- 当选北京影视艺术家协会理事。

• 为纪念毛泽东诞辰 100 周年,应邀担任文化部、总政治部、北京市人民政府在人民大会堂主办的大型文艺晚会《中国出了个毛泽东》总导演,江泽民等党和国家领导人出席观看。

• 应邀担任北京歌舞剧院、北京电视台举办的《祝福你,北京》大型歌舞晚会总导演。

• 被上海师范大学聘为兼职教授。

• 被黄埔军校同学会聘为《黄埔》杂志编委。

2004 年

• 所著《屏前幕后——我的导演生涯》一书,荣获第 14 届中国图书奖。

• 应邀担任湛江电视台举办的"南珠小姐评选总决赛晚会"艺术顾问。

• 应邀参加首都迎国庆 60 周年活动专家策划会。

2005 年

• 担任中央电视台第三届 CCTV 舞蹈大赛评委。

• 被福建省漳州市农业学校聘为"周恩来班"顾问。

• 应邀担任北京好风好雨文化艺术公司艺术顾问。

• 应邀参加澳门狂欢节及澳门风情娱乐电视节目论证会。

2006 年

• 应邀担任湛江电视台"南珠小姐评选总决赛晚会"艺术总顾问。

• 被上海市侨联聘为侨联基金会顾问。

2007 年

• 应邀担任重庆市建市十周年纪念闭幕式晚会艺术顾问。

• 筹办周恩来诞辰 110 周年大型文艺晚会。

2008 年

• 为纪念周恩来诞辰 110 周年,担任在人民大会堂举行的《你是这样的人》大型文艺晚会总导演。贾庆林、曾庆红、刘云山、刘延东、王兆国等党和国家领导人出席观看。

●《你是这样的人》文艺晚会荣获中国电视金鹰奖。

●应邀出席中国电视金鹰奖颁奖典礼,获得"中国电视事业名副其实的开拓者和一代杰出代表"的高度评价。

●应邀出席"中国电视事业暨中央电视台创立50周年"高级论坛。

●应中国文联、中央电视台和多家媒体的约请,作《中国电视文艺50年的发展和创新》的长篇发言和专题论文。

2009 年

●应邀担任中央电视台第五届 CCTV 舞蹈大赛评委。

2010 年

●应邀担任重庆市春节文艺晚会艺术总顾问。

2011 年

●应邀出席"全国电视春节文艺晚会"颁奖典礼,荣获"全国电视春节晚会特殊贡献奖"。

2012 年

●应邀出席中国电视金鹰节颁奖典礼。

●应邀担任中国电视艺委会主办的全国春节电视文艺晚会终评评委。

2013 年

●应邀担任中国广播电视协会主办的第四届(2013)全国春节电视文艺晚会节目评选终评评委,并在"春晚30周年研讨会"上作专题发言。

●应邀担任在江苏淮安举办的《翔宇杯》全国周恩来纪念地讲解员讲解大会评委会主任。

●应邀出席周恩来思想生平研究会年会,并在"周恩来与文化建设"学术座谈会上作专题发言。

●应邀担任中国广播电视协会音乐工作委员会顾问。

邓在军所获主要荣誉

- 国务院颁给政府特殊津贴及证书
- 当选中国文联第六届全国委员会委员
- 广播电影电视部聘为中国电视艺术委员会委员
- 当选中国电视艺术家协会第二届、第三届理事
- 当选北京影视家协会理事
- 当选中国人口文化促进会理事
- 当选中国少数民族声乐学会理事
- 中国音乐家协会会员
- 中国舞蹈家协会会员
- 中国电影家协会会员
- 当选首届中国百佳电视工作者
- 十一次获全国电视文艺"星光奖",包括"特等奖"、"最佳导演奖"、"最佳节目奖"、"最佳表演奖"
- 多次获中国电视"金鹰奖"
- 获"全国电视春节晚会特殊贡献奖"
- 多次获中央电视台"综艺节目奖"(注:在"星光奖"、"金鹰奖"举办之前,广播电影电视部和中央电视台颁给的奖项)
- 获中宣部"五个一工程奖"
- 获首届国家音像出版奖
- 获广播电视部部长通令嘉奖
- 因十一届亚运会开、闭幕式的成功播出,获亚广联"开拓时期特别奖"、全国电视文艺"星光奖",广播电视部和亚运会组委会给予书面表扬,被评为先进工作者
- 获中国流行歌坛十年成就奖
- 获中国舞蹈家协会颁给荣誉奖章
- 获中央电视台颁发的"从事电视事业35周年荣誉证书"
- 中国人口文化促进会授予"新世纪百位杰出女性"光荣称号
- 全国妇联与天津市人民政府授予"感动中国的母亲"光荣称号

● 被青海省西宁市聘为形象大使并授予荣誉市民称号

● 英国剑桥国际传记中心理事会一致通过，以其"在电视艺术领域的突出贡献"，颁给国际勋章。

● 由日本创价学会名誉会长池田大作创办的日本创价大学，在东京授予"日本创价女子大学荣誉博士"学位

● 其自传《屏前幕后》获 2004 年中国图书奖

● 被上海交通大学聘为兼职教授

● 被北京师范大学聘为兼职教授

● 被上海师范大学聘为兼职教授

● 被陕西科技大学联合艺术学院电影学院聘为名誉教授

● 邓在军的名字被列入国内外多种名人辞典。美国名人传记协会称其为"20 世纪最有成就的人物"之一